Münchner Beiträge zur europäischen Einigung | 26

Die Reihe
„Münchner Beiträge zur europäischen Einigung"
wird herausgegeben von

Prof. Dr. Dr. h.c. Werner Weidenfeld,
Centrum für angewandte Politikforschung (C·A·P), München

Andreas Öffner

Die Macht der Interessen

Die deutsche Automobilindustrie
in der Europäischen Union

 **Nomos**

$C \cdot A \cdot P$

Die Deutsche Nationalbibliothek verzeichnet diese Publikation in der Deutschen Nationalbibliografie; detaillierte bibliografische Daten sind im Internet über http://dnb.d-nb.de abrufbar.

Zugl.: München, Univ., Diss., 2015
ISBN 978-3-8487-2678-3 (Print)
ISBN 978-3-8452-7015-9 (ePDF)

1. Auflage 2016

Vorwort des Herausgebers

Die Frage nach dem Einfluss privater Interessen und Interessengruppen auf europapolitische Entscheidungsprozesse ist ein Kernthema der politikwissenschaftlichen Europaforschung, in dem sich die Forschung gerade in den vergangenen Jahren sehr dynamisch entwickelt hat. In seiner Studie beschäftigt sich Dr. Andreas Öffner aus einer politikwissenschaftlichen Perspektive mit den gewandelten Bedingungen einer effektiven Interessenvertretung für Unternehmen und Wirtschaftsinteressen. Dabei ist es inzwischen unstrittig, dass das Mehrebenensystem europäischer Politik die Möglichkeiten und Bedingungen der Einflussnahme für Unternehmen und Interessengruppen signifikant verändert hat. Einerseits passt sich die Organisation von Interessen an die dramatische Europäisierung an, andererseits wird die bisherige Dominanz von Verbänden mehr und mehr ergänzt, ja teilweise abgelöst durch die direkte Interessenwahrnehmung seitens der Unternehmen selbst. Klärungsbedürftig ist jedoch noch immer, ob und in welcher Weise diese Möglichkeiten von den betroffenen Unternehmen und ihren Verbänden auch tatsächlich strategisch genutzt werden. An genau dieser Stelle setzt die vorliegende Studie an. Der Autor untersucht die Strategiefähigkeit privater Akteure im europäischen Mehrebenensystem. Im Rahmen der Studie soll der aktuelle Stand der Interessenvertretung der deutschen Automobilindustrie in der EU als Teilausschnitt der Gesamtproblematik geklärt werden. Dabei erhält die Thematik durch die zunehmende Bedeutung und verschärfte Perzeption der Klimapolitik eine besondere Gewichtigkeit, da der Verkehrssektor hier einen besonderen Fokus bietet. Dr. Andreas Öffner zeigt eindrucksvoll, inwieweit deutsche Unternehmen und Verbände auf nationaler und europäischer Ebene in der Lage sind, strategisch und mit entsprechenden organisatorischen Fähigkeiten die verfügbaren Gelegenheiten zu nutzen. Zu diesem Zweck unterscheidet er zwischen „einfachen", punktuell ansetzenden, und „komplexen", den Mehrebenencharakter europäischer Politik systematisch nutzenden Strategien.

Die Studie stellt eine substanzielle und zugleich beeindruckende Forschungsleistung dar, die das strategische Potenzial der Unternehmen und Verbände sehr deutlich aufzeigt. Vor diesem Hintergrund leistet die Untersuchung einen wertvollen Beitrag zum aktuellen Forschungsgebiet der

Lobbyingstrategien von Interessengruppen, indem sie neue Einsichten in die komplizierten Zusammenhänge zwischen unternehmerischer Interessenvertretung und politischen Entscheidungsprozessen in der EU liefert. Die neuen Interdependenzen werden ebenso gezeigt wie die direkte Kontaktaufnahme der Unternehmen zur Politik. Die gute Koordinierung der Lobbyingaktivitäten wird ebenso deutlich wie die erheblich größere Geschwindigkeit der diversen Aktionsformen. Die vom Autor entwickelte Unterscheidung von „einfachen" und „komplexen" Interessenvertretungsstrategien stellt darüber hinaus auch eine konzeptionelle Innovation dar.

Der Autor, Dr. Andreas Öffner, hat Politische Wissenschaft, Rechtswissenschaften und Wirtschaftsgeographie an der Ludwig-Maximilians-Universität München studiert. Nach Abschluss des Magister Artium 2007, mit Politikwissenschaft im Hauptfach, begann er 2008 den Promotionsstudiengang Politische Wissenschaft. Die vorliegende Studie wurde als Dissertation am Geschwister-Scholl-Institut für Politische Wissenschaft der Ludwig-Maximilians-Universität München 2015 eingereicht. Seit 2010 arbeitet der Autor bei Airbus Defence and Space und ist dort derzeit als Sales Director im Bereich Military Aircraft Services beschäftigt.

Mit den „Münchner Beiträgen" verbinde ich den Wunsch, der Diskussion um aktuelle Fragen des Integrationsprozesses eine wissenschaftlich-intellektuelle Plattform zu bieten. Denn die Gestaltung der Europäischen Einigung bleibt einer der ganz großen strategischen Aufgaben für die Zukunft.

All denen, die zur Realisierung dieser Veröffentlichung beigetragen haben, sei an dieser Stelle herzlich gedankt. Mein besonderer Dank gilt Prof. Dr. Edgar Grande, unter dessen Betreuung die vorliegende Studie verfasst wurde.

Prof. Dr. Dr. h.c. Werner Weidenfeld
Direktor des Centrums für angewandte Politikforschung
der Ludwig-Maximilians-Universität München

Inhaltsverzeichnis

Abbildungsverzeichnis

Tabellenverzeichnis

Abkürzungsverzeichnis

Abb.	Abbildung
ACEA	European Automobile Manufacturers' Association
ANFAC	Asociacion Espanola de Fabricantes de Automoviles y Camiones
BDI	Bundesverband der Deutschen Industrie e.V.
BMU	Bundesministerium für Umwelt
BMW	Bayerische Motoren Werke
BMWi	Bundesministerium für Wirtschaft und Technologie
BRD	Bundesrepublik Deutschland
BRIC	Brasilien, Russland, Indien, China
CAFE	Clean Air for Europe
CARS 21	Competitive Automotive Regulatory System for the 21st Century
CCFA	Comité des Constructeurs Français d'Automobiles
CEO	Chief Executive Officer
CO_2	Kohlenstoffdioxid
COP	Conference of the Parties
COREPER	Comité des représentants permanents (Ausschuss der Ständigen Vertreter)
EC	European Commission
ECCP	European Climate Change Programme
EEA	Einheitliche Europäische Akte
ENVI	Committee on Environment
EU	Europäische Union
EU-ETS	European Union Emission Trading Sheme
EUR	Euro
FAR	First Assessment Report
FAZ	Frankfurter Allgemeine Zeitung
FP7	Framework Programme 7
FuE	Forschung und Entwicklung
GB	Great Britain
GD	Generaldirektion
HC	Kohlenwasserstoff
IPCC	Intergovernmental Panel on Climate Change
ITRE	Committee on Industry, Research and Energy
KFZ	Kraftfahrzeug
MVEG	Motor Vehicles Emissions Group
NGO	Non-Governmental Organization
NOx	Stickoxid
PKW	Personenkraftwagen

REACH	Registration, Evaluation, Authorisation and Restriction of Chemicals
RP7	Rahmenprogramm 7
SMMT	Society of Motor Manufacturers and Traders
TNO	Niederländische Organisation für Angewandte Naturwissenschaftliche Forschung
UN	United Nations
UNFCCC	United Nations Framework Convention on Climate Change
USA	United States of America
VDA	Verband der Automobilindustrie
VW	Volkswagen
WBGU	Wissenschaftlicher Beirat der Bundesregierung

1. Einleitung

1.1 Relevanz und Einordnung des Themas

Laut dem UN-Klimabericht 2007 wird ein großer Teil der Klimaveränderungen auf der Erde durch anthropogenes, also menschliches Handeln verursacht. Maßgeblichen Einfluss haben die CO_2-Emissionen, die unter anderem durch die Nutzung fossiler Kraftstoffe in den Verbrennungsmotoren verschiedenster Verkehrsmittel verursacht werden (vgl. IPCC 2007: Assessment Report). Daher steht der Verkehrssektor im Fokus der globalen Klimawandel-Debatte und setzt Politik und Unternehmen unter Handlungsdruck. Eine der zentralen Aufgaben der Politik besteht darin, den Klimaschutz durch eine zweckmäßige Gesetzgebung weiter zu verbessern, ohne dabei die globale Wettbewerbsfähigkeit der betroffenen Unternehmen durch ungünstige Rahmenbedingungen nachhaltig zu beschädigen. Die Unternehmen wiederum stehen vor der Herausforderung, den politischen Entscheidungsprozess nach Möglichkeit in ihrem Sinne zu beeinflussen, da ihr wirtschaftlicher Erfolg nicht zuletzt vom Inhalt politischer Entscheidungen abhängt. Dies ist insbesondere deshalb der Fall, da die für die Rahmenbedingungen des Verkehrssektors relevante Gesetzgebung nicht global erfolgt, und somit die Gefahr besteht, dass Gesetze in einem bestimmten Land bzw. in einer bestimmten Region den dort ansässigen Unternehmen einen relativen Wettbewerbsnachteil verschaffen. Durch eine geeignete Interessenvertretung bemüht sich daher beispielsweise die Automobilindustrie, die politischen Konsequenzen der Klimawandel-Debatte von einer Bedrohung in eine Wettbewerbschance umzuwandeln. Es ist also das Ziel der Industrie, mögliche Gefahren für die Unternehmen frühzeitig zu erkennen und eigene Vorteile wahrzunehmen (vgl. Köppl 2003: 17; Coen/Wilson/Grant 2012).

Die Automobilindustrie ist einer der wichtigsten Industriezweige Deutschlands. Der Schwerpunkt der sieben in Deutschland ansässigen Automobilhersteller – Audi, BMW, Daimler, Opel, Ford, Porsche und Volkswagen – liegt in der Produktion von Personenkraftwagen. Mit einem Jahresumsatz von etwa 360 Milliarden Euro und einer durchschnittlichen Beschäftigtenzahl von über 756.000 Mitarbeitern (2013) ist die deutsche Automobilproduktion die viertgrößte weltweit – nach Japan, China und den

Vereinigten Staaten. Die wirtschaftliche Bedeutung dieses Sektors zeigt sich auch im Anteil von rund 16 % am Gesamtumsatz der deutschen Industrie (vgl. BMWi 2013: Branchenfokus Automobilindustrie).

Die europäische Gesetzgebung für den Klimaschutz stellt die gesamte europäische Automobilindustrie vor eine erhebliche industriepolitische Herausforderung. Deutsche Automobilunternehmen sind hiervon überproportional betroffen, da sie überwiegend im Premiumsegment angesiedelt sind und ihre Modellpalette somit durchschnittlich höhere Emissionswerte aufweisen. Aus diesem Grund konzentriert sich die vorliegende Untersuchung auf die drei größten deutschen Automobilkonzerne des Premiumsegments – BMW, Volkswagen und Daimler.

Ein Großteil der nationalen Gesetze und Entscheidungen, welche die politischen Rahmenbedingungen für in der Europäischen Union ansässige Konzerne prägen, haben ihren Ursprung in Brüssel. Aus diesem Grunde konzentrieren deutsche Automobilkonzerne heute ihre Interessenvertretung auf EU-Ebene. Europäisierung und Globalisierung haben gleichzeitig zu einem Paradigmenwechsel in der Interessenpolitik geführt. Die Vielschichtigkeit der Unternehmensinteressen begünstigt die Durchsetzung von Partikularinteressen jenseits der Verbandstätigkeit. Die Folge ist ein Strukturwandel in der Interessenvermittlung zwischen staatlichen und gesellschaftlichen Akteuren (vgl. Winter/Willems 2009; Callanan 2011; Chalmers 2013a).

Noch vor wenigen Jahren waren es überwiegend die Verbände, die die Interessen ihrer Mitglieder gegenüber der Exekutive und der Legislative artikulierten. Sie sind ein bedeutender Faktor in der Politik, da sie die Vielfalt gesellschaftlicher Interessen aggregieren und somit den politischen Entscheidungsprozess entlasten und vereinfachen (vgl. Grande 2000a: 16). Grande betont, dass staatliche Politik heutzutage in "Abstimmungen, Konsultationen, Beratungen, Verhandlungen zwischen staatlichen und privaten Akteuren formuliert und umgesetzt werden" müsse und hebt in diesem Zusammenhang die Rolle der Wirtschaftsverbände hervor (vgl. Grande 2000a: 16). Der erhebliche Einfluss von Verbandsaktivitäten der verschiedenen Wirtschaftssektoren auf den staatlichen Politikprozess ist unbestritten. Gleichzeitig ist die Handlungsfähigkeit von Verbänden aber auch von vielen unterschiedlichen Faktoren, wie beispielsweise der Übereinstimmung der Interessen zwischen den Verbandsmitgliedern, abhängig (vgl. Grande 2000b; Tömmel 2007; Jachtenfuchs 2008; Dür/Mateo 2012; Woll 2012; Klüver 2013a). Insbesondere die Europäisierung und Globalisierung habe "die Rolle der Verbände in der Bundesrepublik und ihre Handlungsbedingungen in den vergangenen zehn Jahren entscheidend verändert (…)" und schließlich dazu geführt, dass die Rolle der Verbände aufgrund dieser neuen Bedingungen und Anforderungen schwieriger geworden sei (vgl. Grande 2000b: 19). Die vorliegende Literatur weist darauf hin, dass die Bedeutung der durch Verbände wahrgenommenen Interessenvertretung abnimmt (Jachtenfuchs 2008; Mayntz 2009; Richardson 2012). In ihrer Untersuchung über die *„Zukunft der Wirtschaftsverbände"* betont Inge Maria Burgmer (1999) die direkten Auswirkungen des Mehrebenensystems der EU auf die Praktiken der Interessenvermittlung. Sie kommt zu dem Ergebnis, dass die Interessenvertretung zunehmend pluralistischer wird. Eine Reihe weiterer Untersuchungen deuten darauf hin, dass heute immer mehr Einzelunternehmen den direkten Dialog mit der Politik suchen (vgl. Coen 1998; von Alemann 2000; von Arnim 2005; Woll 2006b, 2007; Fuchs 2007; Bernhagen/Mitchell 2009; Klüver 2011; Dür/Mateo 2012; Bunea 2013; Chalmers 2013a; Klüver 2013b). Demnach emanzipieren sich Unternehmen zunehmend von ihren Verbänden, da sie ihre Partikularinteressen hier nicht mehr ausreichend vertreten sehen. Durch eine eigenständige Interessenvertretung und den direkten Kontakt zu den politischen Entscheidungsträgern versuchen Unternehmen, die inhaltliche Ausgestaltung wirtschaftspolitischer Entscheidungen durch eigene Expertisen mitzugestalten. Bei der Betrachtung wirtschaftlicher Interessengruppen kam Rainer Eising (2001: 453f.) beispielsweise zu dem Ergebnis, dass sich Großunternehmen in Branchen wie der Automobilindustrie im Vergleich zu den nationalen Verbänden größere Einflussmöglichkeiten gesichert haben. Gleichzeitig hat auch die Bereitschaft der Politik zugenommen, in einen direkten Dialog mit Unternehmen zu treten. Hintergrund für diese Entwicklung sind die zunehmend komplexen gesellschaftlichen, politischen und wirtschaftlichen Prozesse, deren Gestaltung viel Fach- und Detailwissen erfordert. Durch diese Entwicklungen ergibt sich ein wachsender Austausch zwischen Politik und Unternehmen. Cornelia Woll (2006b) stellt in diesem Zusammenhang die Frage nach einer „Herrschaft der Lobbyisten in der Europäischen Union", die an die von Theodor Eschenburg (1955) postulierte „Herrschaft der Verbände" zu treten scheint. Grundsätzlich ist jedoch zu konstatieren, dass die Verbände weiterhin als Akteure im Politikprozess von Bedeutung sind, obwohl strukturelle Verschiebungen stattgefunden haben. Sie ermöglichen es den Unternehmen, durch sogenanntes „Multi-Voice-Lobbying" umfassendere und effektivere Wege der Einflussnahme zu nutzen.

Die bislang dominierenden staatlich-verbandlichen Kooperationsstrukturen werden durch ein plurales Feld von Akteuren mit neuen Strategien ergänzt. Basierend auf dieser Feststellung untersucht die vorliegende Arbeit das Zusammenspiel von Politik, Industrieverbänden und eigenständigen Interessenvertretungen der Automobilunternehmen auf europäischer Ebene. Die Untersuchung hat damit zum Ziel, einen Beitrag zum aktuellen Forschungsgebiet der Lobbyingstrategien von Interessengruppen zu leisten. Gerade in den letzten Jahren hat sich die politikwissenschaftliche Literatur vermehrt mit Lobbyingstrategien beschäftigt (vgl. Beyers 2004; Thomas/Hrebenar 2009; Binderkrantz/Kroyer 2012; Woll 2012; Klüver 2013b; Dür/Mateo 2013). Wie definiert sich eine Lobbyingstrategie? Welche unterschiedlichen Lobbyingstrategien gibt es? Von welchen Faktoren hängt es ab, welche Lobbyingstrategie gewählt wird? In ihrer Untersuchung „Gaining access or going public? Interest group strategies in five European countries" verweisen Dür und Mateo (2013: 661) gleich zu Beginn auf die „(...) growing literature on interest group strategies.". Die Unterscheidung der jeweiligen Strategien und die damit verbundene Frage, welche Strategien bestimmte Gruppen verwenden ist die Grundlage der späteren empirischen Analyse und soll dazu dienen, diese zu begründen, in den größeren Forschungskontext einzuordnen und ihre Originalität zu belegen.

Abbildung 1.1: Modell der Akteure und Prozesse

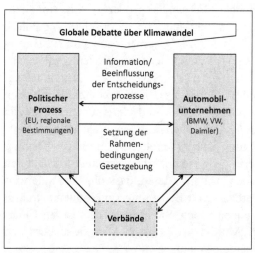

Quelle: Eigene Darstellung

Die vorliegende Untersuchung konzentriert sich am Beispiel folgender Gesetzgebungsverfahren auf die Mitwirkung deutscher Automobilhersteller am europäischen Politikprozess:

1. *Verordnung des Europäischen Parlaments und des Rates zur Festsetzung von Emissionsnormen für neue PKW im Rahmen des Gesamtkonzepts zur Verringerung der CO$_2$-Emissionen für PKW und leichte Nutzfahrzeuge*
2. *Verordnung des Europäischen Parlaments und des Rates über die Typengenehmigung von Kraftfahrzeugen hinsichtlich der Emission von leichten PKW und Nutzfahrzeugen (Euro-5- und Euro-6-Norm) und über den Zugang zu Reparatur- und Wartungsinformationen für Fahrzeuge*

Im Folgenden werden die Motive und Ziele der oben genannten Verordnungen jeweils kurz dargestellt. Mit einem Anteil von ca. 26% trägt der Verkehr erheblich zu den CO$_2$-Gesamtemissionen der EU bei. Der PKW-Verkehr ist dabei mit ca. 12% für in etwa die Hälfte der Emissionen verantwortlich (Bundesministerium für Umwelt, Naturschutz, Bau und Reaktorsicherheit 2013). Im Jahr 2007 hat die Europäische Gemeinschaft beschlossen, durch eine entsprechende Gesetzgebung den Wirkungsgrad neuer Personenkraftwagen zu verbessern, um der fortschreitenden Klimaänderung verstärkt zu begegnen. Neben der Gewährleistung eines hohen Umweltschutzniveaus innerhalb der Europäischen Union und einem Beitrag zur Verwirklichung der Kyoto-Ziele verfolgt die CO$_2$-Verordnung auch das politische Ziel, die Erforschung kraftstoffeffizienter Technologien zu fördern. Im Wesentlichen ist die Verordnung jedoch eine politische Maßnahme zur Verringerung der CO$_2$-Emissionen der in der EU verkauften Neufahrzeuge. Sie schreibt eine durchschnittliche Emission der in der EU verkauften Neuwagen von 120 g/km bis zum Jahr 2012 vor (vgl. Europäische Kommission 2007b).

Auch die zweite Verordnung hat einen umweltpolitischen Hintegrund. Die Verbrennung von fossilen Brennstoffen setzt Emissionen frei, die zur Erwärmung der Erdatmosphäre beitragen. Insbesondere durch PKW werden jährlich beträchtliche Mengen umwelt- und gesundheitsschädigender Abgase, wie Kohlenmonoxid, Stickstoffoxide und zahlreiche weitere Schadstoffe, freigesetzt. Durch „saubere" PKW kann die Gesellschaft einen erheblichen Beitrag zur Verbesserung der Luftqualität in Europa leisten. Um die Schadstoffemissionen bei PKW zu verringern, hat die EU-

Kommission als Teil einer umweltpolitischen Gesamtstrategie die sogenannten Euronormen für PKW eingeführt. Euro-Emissionsvorschriften
gibt es seit 1993. Eine Reaktion der Autohersteller auf solche Vorschriften
war beispielsweise die Ausrüstung ihre Fahrzeuge mit Katalysatoren. Um
die negativen Auswirkungen der Kraftstoffabgase weiter zu reduzieren,
hat die Kommission als Weiterentwicklung der Euro-4-Emissionsgrenz-
werte eine neue Generation von Standards festgesetzt, die im Rahmen der
sogenannten Euro-5-Norm im Jahr 2009 in Kraft traten.

Nachfolgend werden zunächst die zentralen Begriffe und ihre Merkmale erläutert, die in der vorliegenden Arbeit Verwendung finden. Im Fokus
steht dabei vor allem der Begriff des Lobbying. Ulrich von Alemann
(1989: 30) definiert organisierte Interessen als zielorientierte und arbeitsteilig organisierte Gruppen, die hierarchisch strukturiert sind und ein vitales Interesse daran haben, die Bedürfnisse ihrer Mitglieder zu realisieren.
Es gibt jedoch eine Vielzahl von Begriffen, die in der Literatur zur Beschreibung organisierter Interessen verwendet werden. Neben dem bereits
erwähnten Lobbying werden u. a. auch die Begriffe „Interessengruppe"
und „Verband" immer wieder synonym verwendet. Trotz eines ähnlichen
Aussagewertes gibt es bei den jeweiligen Bezeichnungen dennoch nen-
nenswerte Unterschiede.

Zunächst ist die Geschichte des Begriffs „Lobbying" kurz zu erläutern:
Das heutige Verständnis von Lobbying hat seinen Ursprung in der Lobby
des „Willard Hotel" in Washington, D. C. In unmittelbarer Nähe zum Wei-
ßen Haus und zum Kongress gelegen, wurde die Vorhalle dieses Hotels
Ende des 19. Jahrhunderts zu einer Art Kontaktbörse für Politiker und
Wirtschaftsvertreter. Der damalige US-Präsident Ulysses Grant prägte daraufhin den Begriff der „Lobbyisten", womit er diejenigen Personen beschrieb, die in besagter Lobby politische Kontakte knüpfen wollten, um
Politiker für ihre Zwecke zu beeinflussen und ihre Belange durchzusetzen
(vgl. Farnel 1994: 19; Köppl 2001: 218). Kennzeichnend für den Lobbyismus ist bis heute sein informeller Charakter. Die Literatur weist in diesem
Zusammenhang darauf hin, dass politische Entscheidungen vor allem im
vorpolitischen Raum der Willensbildung und des Interessenabgleichs getroffen werden (vgl. van Schendelen 1993a). Lobbyismus basiert sowohl
auf dem formellen und informellen Austausch von Informationen wie
auch auf dem steten Bemühen um formelle und informelle Einflussnahme
auf politische Entscheidungsträger (vgl. van Schendelen 1993a; Milinewitsch 2005: 23). Als Lobbyist kann dabei jede Person oder Gruppe agie-

ren – egal ob organisiert oder nicht organisiert, öffentlich oder privat (vgl. Pfeifer 1995: 13).

Die Begriffe „Lobbying" und „Interessenvertretung" beziehen sich im Folgenden auf die Vertretung von Interessen privatwirtschaftlicher Akteure (Wirtschaftsverbände und Unternehmen) gegenüber institutionellen Organen der Politik. Sie kann sowohl auf formeller wie auch auf informeller Ebene stattfinden. Lobbying ist also der Versuch seitens der Interessengruppen, den politischen Entscheidungsprozess durch gezielte Interventionen bei politischen Entscheidungsträgern zum eigenen Vorteil zu beeinflussen (vgl. von Alemann 1989: 172; Sebaldt 2004: 23). Die Verwendung von Begriffen wie Interessenvertretung oder Lobbying wirkt jedoch oftmals polarisierend. Im Allgemeinverständnis sind diese Begriffe gerade in Deutschland überwiegend negativ konnotiert, da man die Beziehungen zwischen Interessenvertretern und der Politik oftmals als illegitim erachtet. In diesem Zusammenhang beschreiben Karsten Ronit und Volker Schneider (1998: 559) die öffentliche Wahrnehmung als „secretive policy processes where illegitimate influence is sought". In der Bundesrepublik Deutschland wie auch innerhalb der Europäischen Union bietet die Einholung und Nutzung von Expertenwissen durch die Politik aufgrund mangelnder personeller Ressourcen in der Ministerialbürokratie allerdings durchaus Chancen für beide Seiten (vgl. Hennis 1985: 87; Dür 2008: 1214). In einer Mitteilung aus dem Jahre 2002 bekräftigte die Europäische Kommission unter dem Titel *„Eine bessere Wissensgrundlage für eine bessere Politik"* diesen Ansatz:

> „Expertenwissen ist ein wesentlicher Bestandteil einer dynamischen wissensgestützten Gesellschaft. Fachkenntnisse und Fähigkeiten helfen dabei, neue Möglichkeiten zu schaffen, um die Wettbewerbsfähigkeit zu verbessern und den Lebensstandard zu erhöhen. (...) Damit die politischen Maßnahmen erfolgreich sind, müssen sie sich auf das beste verfügbare Wissen stützen und entsprechend aktualisiert werden. Zu diesem Zweck muss das richtige Wissen zur rechten Zeit verfügbar sein. (...) Folglich ist das Zusammenspiel zwischen politischen Entscheidungsträgern, Sachverständigen, beteiligten Parteien und der breiten Öffentlichkeit ein entscheidender Teil der Politikgestaltung (...)." (Europäische Kommission 2002: 3).

Aus den oben dargelegten Ausführungen wird deutlich, dass die Begriffe Interessenvertretung bzw. Lobbying im Rahmen der vorliegenden Arbeit auch in einem positiven Kontext zu sehen sind. Lobbyingaktivitäten umfassen dabei aber nicht allein den Bereich der politischen Einflussnahme, sondern zielen zugleich auf die proaktive Beschaffung und Auswertung relevanter Informationen entlang des gesamten politischen Prozesses. In

Ihrem Artikel *„Comparing lobbying across liberal democracies: Problems, approaches and initial findings"* definieren Thomas und Hrebenar (2009: 136) sechs „fundamental activities of lobbying that are common to all liberal democracies":

1. „Monitoring the activities of government and other interests as they affect the group. (...)
2. The fundamental importance of making and maintaining contacts in government and with other groups. (...)
3. Building trust, credibility, and in some cases loyalty, with one's contacts, especially public officials. (...)
4. Working to create a relationship with public officials where they will want to help one's group. (...)
5. Working to insure harmony within the group and with other group allies on key lobbying issues. (...)
6. Continually refining the lobbying plan - strategy and tactics - in the light oft the changing political climate" (vgl. Thomas/Hrebenar 2009: 137).

Dabei gebe es unterschiedliche generische Elemente, die für erfolgreiches Lobbying verantwortlich sein können: „Successful lobbying involves getting the right message over to the right people in the right form at the right time on the right issue" (ebd.: 137).

Die vorliegende Untersuchung geht von einem Kreis relevanter Akteure aus, zu dem die Automobilkonzerne BMW, Daimler und Volkswagen, die nationale Regierung (BRD), die EU bzw. einige ihrer Organe sowie der nationale und der europäische Automobilverband (VDA und ACEA) zählen. Im Fokus der Fragestellung stehen die Interessenvertretungsstrategien von Unternehmen und deren potenzielle Einflussnahme auf administrative und politische Entscheidungsträger im europäischen Gesetzgebungsprozess, dargestellt an den zwei oben genannten Fällen.

Wie bereits erwähnt, haben sich die Methoden, Form und Funktionsweise der Interessenvermittlung gewandelt. Dies ist nicht zuletzt auf die eigentümlichen politischen Strukturen und Verfahren der Europäischen Union zurückzuführen, die sich von bisher bekannten Staatsformen deutlich unterscheiden (vgl. Marks 1993; Grande 1994; Benz 1998; Hix 1998; Scharpf 1999; Jachtenfuchs 2008; Benz 2009; Mayntz 2009; Benz/Dose 2010; Richardson 2012; Cini/Pérez-Solózarno Borragán 2013; Kohler-Koch/Quitkatt 2013). Die vielen verschiedenen Institutionen, Zugangs-

und Interaktionsmöglichkeiten involvieren Akteure und Institutionen von unterschiedlichen territorialen und funktionalen Einheiten in den politischen Prozess (vgl. Kohler-Koch 1999: 19). Eine detaillierte Erläuterung zum Thema "Multi-Level Governance" erfolgt in Punkt 2.1.1.

Das europäische politische System, welches sich durch eine enge Verschränkung nationaler und supranationaler Institutionen auszeichnet, begünstigt zwar eine vermehrte Beteiligung privater Akteure am Politikprozess (vgl. Eising/Kohler-Koch 2005: 13; Bomberg/Peterson/Corbett 2012; Kohler-Koch/Quitkatt 2013). Dennoch ergeben sich im Kontext des europäischen Mehrebenensystems neue Herausforderungen, u.a. die Heterogenität von Interessen der relevanten Unternehmen. Dadurch wird der Aufbau handlungsfähiger Einheiten auf europäischer Ebene beeinträchtigt. So bleibt die Interessenvertretung aufgrund wirtschaftlicher, politischer und/ oder sozio-kultureller Differenzen oftmals nur auf den kleinsten gemeinsamen Nenner beschränkt (vgl. Kohler-Koch 1992: 99). Aus diesem Grund müssen Unternehmen Lösungen finden, um ihre eigenen Interessen möglichst erfolgversprechend zu repräsentieren (vgl. Benz 1998; Eising 2000). Das politische System der EU mit seiner institutionellen Mehrebenenstruktur konfrontiert Unternehmen also mit diversen Organisations- und Einflussproblemen und stellt somit besondere Anforderungen an deren strategische Handlungsfähigkeit. Ob und wie Unternehmen dieser Herausforderung gewachsen sind, soll im Rahmen der vorliegenden Untersuchung beantwortet werden.

1.2 Forschungsfrage

In den letzten Jahren ist die Frage nach einer effektiven Interessenvertretung wieder stärker in den Fokus von Politik und Öffentlichkeit gerückt. So kritisierte der EU-Bürokratiebeauftragte Edmund Stoiber in einem Interview mit der FAZ vom 1. August 2009 die unzureichende Lobbyarbeit der deutschen Wirtschaftsverbände. Stoiber warf der deutschen Wirtschaft vor, sie sei in Brüssel zu wenig präsent und nutze die Möglichkeiten, auf politische Entscheidungsprozesse Einfluss zu nehmen, zu wenig. Daher kämen in Brüssel immer wieder Verordnungen zustande, die sich für die deutsche Wirtschaft als kostenträchtig erwiesen. Dieser Argumentation haben die Spitzenverbände der deutschen Wirtschaft sofort heftig widersprochen. Insbesondere der BDI wies anhand diverser Beispiele (z. B. REACH) darauf hin, in welchen Fällen man erfolgreich Einfluss genommen habe. Allerdings findet sich eine ähnliche Diskussion auch in der empirischen Forschung und gipfelt in der Frage: *„Why are Euro-Groups So Numerous and So Weak?"* (Jordan/McLaughlin 1993). Die Wirtschaft nehme zu wenig Einfluss in Brüssel und erkenne die sich bietenden Chancen zu spät, was insbesondere für die Automobilindustrie gelte (vgl. McLaughlin/Jordan/Maloney 1993; Jordan/McLaughlin 1993). Andere Autoren verweisen jedoch darauf, dass der Einfluss der Wirtschaftsinteressen auf den Politikprozess von Sektor zu Sektor stark variiert (vgl. Dür/ Mateo 2012; Klüver 2012, 2013a); die Chemieindustrie beispielsweise gilt als erheblich einflussreicher als andere Wirtschaftsbereiche (vgl. Greenwood 1997, 2011). Andere Autoren kommen zu dem Ergebnis, dass der Politikprozess hinsichtlich der Interessenvermittlung insgesamt asymmetrisch zugunsten von Wirtschaftsinteressen verläuft (vgl. Kohler-Koch/ Conzelmann/Knodt 2004; Greenwood/Aspinwall 1998; Bouwen 2002; Fuchs 2007; Klüver 2011, 2012, 2013a; Chalmers 2011; Dür/Mateo 2012; Bunea 2013).

Ausgehend von diesen widersprüchlichen Forschungsergebnissen postuliert diese Arbeit einen alternativen Betrachtungswinkel. Anstatt einmal mehr der Frage nachzugehen, ob und in welchem Maße die Interessenvertretung von Wirtschaftsinteressen tatsächlich ihre Zielsetzungen verwirklicht, soll hier das „Wie" der Interessenvertretung als eine notwendige Voraussetzung für die Effektivität derselben untersucht werden. Vor diesem Hintergrund wird für deutsche Automobilunternehmen als strategisch handelnde Akteure in einem politischen Entscheidungsprozess die folgende empirische Frage formuliert:

Welches Strategierepertoire haben deutsche Automobilunternehmen im Rahmen der jeweiligen Entscheidungsprozesse genutzt und auf welche Weise haben sie versucht, in den politischen Entscheidungsprozess zu intervenieren?

Im Rahmen der vorliegenden Untersuchung ist entscheidend, dass die Einflussnahme der Wirtschaft auf europapolitische Entscheidungsprozesse exemplarisch verdeutlicht werden kann. Es gilt zu analysieren, inwieweit die Industrie dazu in der Lage ist, strategisch und mit entsprechenden organisatorischen Fähigkeiten die verfügbaren Gelegenheiten zu nutzen.

Aufgrund der konkurrierenden Interessen und angesichts der zahlreichen Akteure, die den europäischen Politikprozess beeinflussen, lässt sich zwar die Frage noch nicht direkt beantworten, ob und in welchem Maße die Unternehmen und Verbände tatsächlich Einfluss nehmen. Zumindest ist aber festzuhalten, dass die strategische Organisations- und Handlungs-fähigkeit von Wirtschaftsinteressen die notwendige Bedingung für eine er-folgreiche Interessenvertretung im Politikprozess ist. Denn wenn es der Wirtschaft nicht gelingt, konzentriert und strategisch zu agieren, dann ist die Wahrscheinlichkeit, dass sie Einfluss auf den Politikprozess nehmen kann, gering. Und selbst wenn Unternehmen und Verbände dementspre-chend handeln, heißt das noch nicht, dass sie ihre Interessen auch durch-setzen. Die strategische Organisations- und Handlungsfähigkeit von Wirt-schaftsinteressen ist lediglich eine notwendige, aber keine hinreichende Bedingung, um erfolgreich Einfluss auf den Politikprozess zu nehmen.

Es geht also um die grundlegende Frage, ob Unternehmen und Indus-trieverbände überhaupt in der Lage sind, strategisch zu handeln. Wie ver-suchen Unternehmen und Verbände eines konkreten Wirtschaftssektors, auf einen politischen Entscheidungsprozess Einfluss zu nehmen? In wel-cher Phase des jeweiligen Politikprozesses hat die Industrie auf welcher Ebene welche Akteure adressiert? Mit welchen Instrumenten, mit welchen Zielen und mit welchen Ergebnissen geschah dies?

1.3 Forschungsstand

Wie bereits im einleitenden Kapitel erwähnt, stehen die Interessenvertre-tungsstrategien von Unternehmen und deren potenzielle Einflussnahme auf administrative und politische Entscheidungsträger im Fokus der vor-liegenden Untersuchung. Jüngste wissenschaftliche Veröffentlichungen zum Thema Lobbyingstrategien in Zeitschriften wie beispielsweise dem Journal of European Public Policy, Journal of Common Market Studies, Journal of European Integration, West European Politics, European Union Politics, Journal of Comparative Politics oder dem relative neuen Journal Interest Groups & Advocacy machen deutlich, dass es sich hierbei nach wie vor um ein aktuelles und außerordentlich dynamisches Forschungsge-biet handelt (vgl. Bernhagen/Mitchell 2009; Thomas/Hrebenar 2009; Klü-ver 2010, 2011, 2012, 2013a; Callanan 2011; Chalmers 2011, 2013a; Dür/ Mateo 2012; Woll 2012; Bunea 2013; Dür/Mateo 2013).

Die wissenschaftliche Auseinandersetzung mit der Frage nach der Struktur und Handlungsweise von Interessengruppen innerhalb der EU ist seit nunmehr über 20 Jahren ein zentrales Thema in der Europaforschung. Zwar gab es zuvor bereits entsprechende Studien, das Interesse an europäischer Interessenpolitik war allerdings im Allgemeinen eher gering (vgl. Almond 1983). Erst aufgrund der zunehmenden Bedeutung der Europäischen Union als Gesetzgeber und Exekutivorgan, sowie aufgrund der stark wachsenden Zahl von Interessengruppen in den 1980er Jahren, die nicht zuletzt auf die Einheitliche Europäische Akte (EEA) zurückzuführen war, wurden zahlreiche Studien zu diesem Thema vorgelegt.

Cornelia Woll (2006a: 457) unterscheidet in ihrem Aufsatz *„Lobbying in the European Union: From sui generis to a comparative perspective"* insgesamt vier Wellen der europäischen Lobbyingliteratur. Die erste Welle beschäftigte sich demnach primär mit der Interessenvertretung in den Vereinigten Staaten. Im Fokus der Untersuchungen standen dabei die Aktivitäten verschiedener Gruppen sowie ihre jeweiligen politischen Interessenkonstellationen (vgl. Herring 1929; Schattschneider 1935). In der zweiten Welle wurden darüber hinaus auch Studien über Interessengruppen anderer Länder durchgeführt. Neben der gezielten Erforschung von Interessengruppen in den jeweiligen Ländern haben Wissenschaftler auch damit begonnen, ländervergleichende Untersuchungen anzustellen (vgl. Ehrmann 1958). Eine dritte Welle verortet Cornelia Woll Ende der 1970er Jahre, als Reaktion auf die damalige Korporatismusforschung. Diese Welle zeichnete sich ihrer Ansicht nach durch das Interesse an neokorporatistischen Arrangements aus und beschäftigte sich verstärkt mit den unterschiedlichen Typen von Interessengruppen in den jeweiligen Ländern (vgl. Schmitter/ Lehmbruch 1979; Berger 1981; Wilson 1990; Richardson 1993). Als vierte Welle definiert sie schließlich die wissenschaftliche Literatur zu Interessengruppen und Lobbying innerhalb der Europäischen Union. Sie ist auf die bereits eingangs erwähnte Zunahme von Lobbyingaktivitäten in Brüssel zurückzuführen und nahm ihren Anfang Mitte der 80er Jahre.

Im Fokus dieser vierten Welle stand dabei zunächst die „Kartographierung" der europäischen Lobbylandschaft (vgl. Butt-Philip 1985; Greenwood 1997, 2011). In der Literatur wurde Lobbying im Kontext des europäischen Politikprozesses oftmals als ein Schachspiel auf mehreren Ebenen beschrieben (vgl. van Schendelen 2002): Wenn man seine Interessen im europäischen Politikprozess wirkungsvoll vertreten wolle, müsse man auf mehr als einer Ebene spielen und gleichzeitig auf jeder Ebene die relevanten Spieler beeinflussen. Es stellen sich also folgende Fragen: Auf welchen Ebenen spielen die Akteure? Wann und wo? Wann ist welche Ebene wichtig bzw. wann ist welche Ebene involviert? Gleichzeitig konzentrierte sich die Wissenschaft auf die Interaktion zwischen Interessengruppen und supranationalen Institutionen. In Fallstudien zum Lobbying in unterschiedlichen Politikbereichen wurden insbesondere die Verhaltensweisen der beteiligten Akteure empirisch untersucht. Die zentrale Frage war, auf welche Weise Interessengruppen versuchen, auf den europäischen Politikprozess einzuwirken und ob dabei so etwas wie ein Muster der Interessenvermittlung zu erkennen ist (vgl. Mazey/Richardson 1993; Wallace/Pollack/Young 2014). Neben nationalen Interessengruppen waren hierbei auch europäische Verbände Teil des Untersuchungsgegenstandes (vgl. van Schendelen 1993a/b; Bindi 1994). Darüber hinaus entstanden auch einige Praxishandbücher. In einer Art Ratgeberliteratur schilderten hier die unterschiedlichsten Akteure alle Facetten des Lobbyismus (vgl. Mack 1989; Gardner 1991; Lahusen/Jauß 2001; Köppl 2003).

Folgerichtig kritisierten einige Beiträge mit Blick auf diese Art von früher Lobbyingliteratur im europäischen Kontext, dass sie zu wenig theorieorientiert sei (vgl. Andersen/Eliassen 1995). Dennoch führte die verstärkte Auseinandersetzung mit europäischer Interessenvertretung zu einer bedeutenden Korporatismus-Pluralismus-Debatte. Wolfgang Streeck und Philippe C. Schmitter (1991) kamen zu dem Ergebnis, dass die Art der Interessenvertretung auf europäischer Ebene keinesfalls korporatistischer, sondern eher pluralistischer Natur sei. Auch andere Wissenschaftler teilten diese Einschätzung und kamen zu dem Ergebnis, dass sich in Europa vielmehr einer Art von „Elitepluralismus" herausgebildet habe (vgl. Coen 1997; Mazey/Richardson 2006; Eising 2007a). Von einer solchen Verschiebung profitierten in erster Linie die Unternehmen, da sie über die notwendigen finanziellen und personellen Mittel verfügten, um den direkten Kontakt mit allen relevanten Akteuren im europäischen Mehrebenensystem aufrechtzuerhalten (vgl. Woll 2006b: 33; Dür/Mateo 2012; Klüver 2012). Darüber hinaus gab es auch zahlreiche Studien, in denen die Probleme kollektiven Handelns von Interessengruppen verdeutlicht wurden, die insbesondere auf die Komplexität des europäischen Mehrebenensystems zurückzuführen sind (vgl. Jordan/McLaughlin 1993; Greenwood/ Aspinwall 1998; Greenwood 2002a; Klüver 2010, 2012; Knodt/Greenwood/Quitkatt 2011; Bieling/Lerch 2012; Dür/Mateo 2012; Thomas/ Hrebenar 2013).

Verschiedene Studien verweisen auf eine steigende empirische Relevanz der Untersuchung europäischer Interessenvertretungsprozesse. So haben aufgrund der stetigen Zunahme gemeinsamer politischer Kompetenzen zwischen europäischen und nationalen Institutionen insbesondere die Interessengruppen, die bislang nur auf nationaler Ebene aktiv waren, ihren Aktionsradius über die Landesgrenzen hinaus ausgedehnt (vgl. Princen/

Kerremans 2008). Durch diesen Prozess wurden Zugangsmöglichkeiten und Kanäle geschaffen, die für Interessengruppen neue Möglichkeiten bieten, potenzielle politische Konflikte zu lösen. Zum Beispiel hat sich die Zahl verschiedenster Interessengruppen auf EU-Ebene drastisch erhöht. Agierten in Brüssel zu Beginn des europäischen Integrationsprozesses in den 50er und 60er Jahren nur wenige Interessenorganisationen, so stieg ihre Zahl bis heute deutlich an. Eine Erhebung von Justin Greenwood (2011: 11) bietet einen Überblick über die verschiedenen Urheber des Lobbyismus in der EU. Demnach gab es im Jahr 2005 etwa 295 Unternehmen, 843 Verbände, 200 nationale Interessengruppen, 198 Regional- bzw. Länderbüros, 118 internationale Organisationen sowie 103 Think Tanks mit einem Büro in Brüssel. Diese Entwicklung führte dazu, dass einige Wissenschaftler, allen voran Wolfgang Streeck und Philippe C. Schmitter (1991), das europäische System als pluralistisch beschreiben. Jan Beyers et al. (Beyers/Eising/Maloney 2008a) stellen in ihrem Aufsatz *„Researching Interest Group Politics in Europe and Elsewhere: Much we Study, Little We Know?"* fest, dass verschiedene Studien über die Beziehungen von Mehrebenensystemen und Interessengruppensystemen drei Hauptgründe konstatieren, weshalb die Europäische Union ein ergiebiges Umfeld für Interessengruppen darstellt (vgl. Beyers/Eising/Maloney 2008a: 1114):

1. Im Gegensatz zu Einheitsstaaten erlauben Mehrebenensysteme mannigfaltige Ausprägungen von Interessengruppen.
2. Kulturelle, soziale und wirtschaftliche Unterschiede sind in Mehrebenensystemen ausgeprägter als in Einheitsstaaten, wodurch eine größere Vielfalt von Interessengruppen begünstigt wird.
3. In Einheitsstaaten haben Interessengruppen größere Anreize, ihre Interessen auf nationaler Ebene zu vertreten.

Das Augenmerk der Forschung zu EU-Interessengruppen lag bisher primär auf der Untersuchung derjenigen Bedingungen, unter denen europäische Interessengruppen entstehen (vgl. Greenwood/Aspinwall 1998; Mahoney 2004). Darüber hinaus beschäftigte sich die Forschung mit den Zusammenhängen zwischen der institutionellen Struktur und ihrer Auswirkung auf die Zugangsmöglichkeiten von Interessengruppen (vgl. Grande 1996). Beyers et al. (Beyers/Eising/Maloney 2008a) verweisen darüber hinaus auf die Untersuchungen von Pieter Bouwen (2002) und Rainer Eising (2007b) hinsichtlich der Strategien und Ressourcen, die ebenfalls entscheidende Auswirkungen auf den Zugang von Interessengruppen haben. Zudem gibt es zahlreiche Untersuchungen, die sich mit der Effektivität von Zugangskanälen auf den jeweiligen Ebenen befassen (vgl. Bennet 1997; Coen 1998; Eising 2004) und gleichzeitig versuchen, den optimalen Zeitpunkt für aktive Interessenvertretung festzustellen (vgl. Crombez 2002). Im Gegensatz dazu setzten sich aufgrund der Komplexität und diverser Schwierigkeiten mit dem Forschungsdesign nur wenige Untersuchungen mit dem messbaren politischen Einfluss von Interessengruppen auseinander. In diesem Zusammenhang konstatiert Heike Klüver: „Despite the central importance of interest group influence in the European Union, only few have studied it. What is more, the few existing studies are usually limited to specific group types and to one or just a few policy issues and are therefore characterized by contradictory findings." (Klüver 2013b: 2). An dieser Stelle ist Klüver's Publikation *„Lobbying in the European Union. Interest Groups, Lobbying Coalitions and Policy Change"* hervorzuheben, in welcher sie der Frage nachgeht: „Why can some interest groups influence policy-making in the European Union while others cannot?" (Klüver 2013b: 3). Die Autorin bedient sich dabei einer innovativen Meßmethode: „(...) this book introduces a new approach to measure interest group influence which draws on recently developed quantitative text analysis techniques to analyze online consultations launched by the European Commission. By extracting the policy preferences of interest groups from their consultation submissions and comparing them to the policy outcome, conclusions about the winners and the loosers of the decision-making process are drawn." (Klüver 2013b: 4). Klüver konzeptualisiert Lobbying als „(...) an exchange between interdependent actors in which the European institutions trade influence for information, citizen support, and economic power provided by issue-specific coalitions of interest groups." (Klüver 2013b: 203). Sie betont, dass „(...) it is not sufficient to conceptualize lobbying as an individual endeavour (...). Lobbying has to be conceptualized as a collective enterprise in which a multitude of interest groups is simultaneously lobbying the European institutions concerning a specific policy debate." (Klüver 2013b: 204) Dementsprechend untersuchte Klüver den eben genannten „exchange" nicht nur auf der Ebene individueller Interessengruppen sondern primär im Kontext von „lobbying coalition". Sie kommt zu dem Ergebnis, dass „(...) three characteristics in particular determine the ability of interest groups to exert influence: the provision of policy-relevant information to the European institutions, the number of citizens represented by interest groups, and the degree of economic power, that is the ability to control business investments and job creation." (Klüver 2013b: 215f.).

Im Zusammenhang dieser wissenschaftlichen Untersuchung ist von besonderem Interesse, wie die bisherige Forschung das Spannungsfeld zwischen aggregierter Interessenvertretung durch Verbände einerseits und individueller Interessenvertetung durch einzelne Unternehmen andererseits im Kontext der zunehmenden Europäisierung analysiert. Schon immer haben sich Unternehmen bemüht, ihre Interessen eigenständig zu vertreten; allerdings war man in demokratischen politischen Systemen lange Zeit bestrebt, diesen Einfluss zu kontrollieren und zu disziplinieren, indem man beispielsweise Verbänden einen privilegierten Zugang zu politischen Entscheidungsprozessen ermöglichte (vgl. Hennis 1985). In den letzen Jahren gewann allerdings die individuelle Interessenvertretung durch Unternehmen an Bedeutung und rückt seitdem zunehmend in das Blickfeld der Politikwissenschaft. Verschiedene Wissenschaftler haben in diesem Zusammenhang eine Reihe von Aufsätzen und Studien über das Lobbying privater Akteure in der Europäischen Union vorgelegt. Als einer der Ersten wies David Coen (1996, 1997, 1998) die Bedeutung einzelner Unternehmen als politische Akteure nach. Auch Justin Greenwood (Greenwood/ Aspinwall 1998; Greenwood 2002a, 2002b) publizierte in diesem Zusammenhang eine Reihe von Sammelbänden, die sich mit der Thematik der „State-Business Relations" in Europa befassten. Rainer Eising (2009) beschreibt in seiner Publikation *„The Political Economy of State-Business Relations in Europe. Interest Mediation, Capitalism and EU Policy Making"* die Herausforderungen für Unternehmen und Wirtschaftsverbände, ihre Interessen im politischen System der EU zu vertreten. Dabei konzentriert sich der Autor insbesondere auf den Zugang von Interessengruppen zu den Institutionen der EU: „This book analyses the adaption of business interest representation to EU politics (...). The aim is to identify and explain the structured relations, the enduring division of labour, the rules of the game, and the predominant strategies and modes of political behaviour that have emerged within the EU institutional context." (Eising 2009: 182). Die empirische Analyse stützt/bezieht sich dabei auf einen umfassenden Datensatz deutscher, englischer, französischer sowie europäischer Wirtschaftsverbände und Großunternehmen. Der Autor kommt zu dem Ergebnis, dass Unternehmen in der Regel einen besseren Zugang zum politischen Prozess erhalten, Ressourcen ein entscheidender Faktor sind um seine Interessen in der EU-Politik entsprechend zu vertreten und das „business interests" ihren Einfluss überwiegend durch informelle Kontakte mit den europäischen Institutionen ausüben. Somit bestätigt die Untersuchung bestehende Forschungsergebnisse, die sich ebenfalls mit diesem Thema beschäftigt haben (vgl. Coen 1998; Bouwen 2004; Tömmel 2008; Princen/ Kerremans 2008; Dür/Mateo 2013). Eising resümiert: „(...) the evolution of a multilevel polity in Europe has given rise to a multitiered system of interest groups. Placing a premium on the resources of interest organizations, multilevel policy-making makes for a notable division of labour among EU level and national groups as well as for biased interest representation. It causes moderate changes in domestic interest group systems and extensions of domestic practices to the changed institutional context." (Eising 2009: 182).

In diesem Zusammenhang untersucht auch Grande (2003) in seinem Beitrag *„How the Architecture of the EU Political System Influences Business Associations"*, wie sich das Mehrebenensystem der EU auf die Einflusschancen von Interessengruppen auswirkt. Der Beitrag basiert auf der Annahme, dass "(...) the emergence of a multi-level system of governance has changed the possibilities of interest groups to organise, mobilise and to integrate members; and it has also affected their possibilities to influence policy making." (Grande 2003: 46). Dieses neue "institutional setting" bringe sowohl Vor- als auch Nachteile für Interessengruppen mit sich (ebd.). Grande erläutert die institutionellen Eigentümlichkeiten von multilevel governance in der EU und beschreibt den Unterschied zu anderen Modellen politischer Entscheidungsprozesse anhand folgender Attribute: "(1) the non-hierarchical institutional design, (2) the non-majoritarian mode of decision-making, and (3) the dynamic relationship between the various decision making-levels." (Grande 2003: 47). "The main question to be addressed in this article is wether and how the institutional architecture of multi-level governance affects the role and the power of business associations in the EU." (Grande 2003: 49). Um diese Frage zu beantworten, untersucht Grande zunächst die Auswirkungen eines Mehrebenensystems auf die Organisationsfähigkeit von Verbänden, deren Fähigkeiten Interessen zu aggregieren, organisatorische Kapazitäten aufzubauen und Mitglieder zu integrieren (ebd.). In einem zweiten Schritt untersucht er die Einflussmöglichkeiten von Unternehmensverbänden. "(...) I will analyse their possibilities to participate in European policy-making, to influence its results, and to increase organisational power." (ebd.). Während die Organisation und Integration der Mitglieder einer "logic of membership" folge, folge die Teilnahme an der politischen Entscheidungsfindung einer "logic of influence" (Grande 2003: 50). Im Rahmen seiner Analyse kommt er schließlich zu dem Ergebnis, dass diese die Kapazitäten der Interessengruppen sich zu organisieren und im europäischen Entscheidungsprozess zu kooperieren deutlich erschwert, was tendenziell eine stärker unternehmensindividuelle Interessenvertretung begünstigt.

Besonders ausführlich hat sich auch das Journal *„West European Politics, Special Issue: The Politics of Organised Interests in Europe: Lessons from EU Studies and Comparative Politics"* in seiner sechsten Ausgabe des Jahres 2008 mit dem Thema der Politik organisierter Interessenvertretungen innerhalb der Europäischen Union befasst. Die darin veröffentlichten Artikel verfolgen das Ziel, einen Beitrag zur Entwicklung fundierter theoretischer, konzeptioneller und methodischer Grundlagen zu leisten, wobei insbesondere die Arbeiten von Sebastiaan Princen und Bart Kerremans (2008) wie auch von Andreas Dür (2008) im Kontext der vorliegenden Untersuchung hervorzuheben sind. Denn deren Auseinandersetzung mit den sich bietenden Gelegenheitsstrukturen in einem ausgeprägten Mehrebenensystem und die damit einhergehende Untersuchung des Verhaltens von Institutionen und Interessengruppen in der Europäischen Union bildet gewissermaßen die "Schneise" meiner Argumentation. Sebastiaan Princen und Bart Kerremans unterscheiden in Ihrem Aufsatz *„Opportunity Structures in the EU Multi-Level System"* zwei Perspektiven:

1. Verhalten von Interessengruppen – „Opportunity structures as a fixed external constraint on interest group behaviour" (exogene Perspektive)
2. Gelegenheitsstrukturen als Ergebnis von gesellschaftlichen und politischen Prozessen, an denen sich Interessengruppen beteiligen (endogene Perspektive)

Die Autoren untersuchen das dynamische Wechselspiel exogener und endogener Elemente der Gelegenheitsstrukturen sowie die wechselseitige Beeinflussung von Gelegenheitsstrukturen und Interessengruppenverhalten. Sie argumentieren dabei in vier Ansätzen, wobei der Ansatz des "Venue shopping" für die vorliegende Untersuchung besonders relevant ist (vgl. Princen/Kerremans 2008: 1129ff.):

1. Politische Einflussmöglichkeiten ergeben sich auf unterschiedlichen Regierungsebenen, wobei die Interessengruppen mit den vorherrschenden Bedingungen zurechtkommen müssen. Die Einflussmöglichkeiten sind dabei vor allem von der „strukturellen Offenheit" des politischen Systems abhängig sowie von der Bereitschaft, externe Informationen

einzuholen. Dies führt dazu, dass den begrenzten Möglichkeiten auf EU-Ebene größere Chancen auf nationaler Ebene gegenüberstehen. „These structures are seen as outside constraints on the activities of social movements and interest groups; they are best seen as a necessary condition for social movement activity." Princen und Kerremans bewerten die politische Gelegenheitsstruktur für Interessengruppen daher als exogen (vgl. Princen/Kerremans 2008: 1131).

2. Für Zugangsmöglichkeiten von Interessengruppen ist es außerdem entscheidend, inwieweit die Entscheidungsträger von privaten Akteuren abhängig sind. Dabei kommt es darauf an, dass beide Parteien jeweils einen Mehrwert für sich generieren können – „both parties offer something of value to the other". Im Hinblick auf die Informationsbedürfnisse der unterschiedlichen Entscheidungsträger erfordern die verschiedenen Institutionen auf nationaler und europäischer Ebene auch unterschiedliche Arten von Informationen. Das gleichzeitige Arbeiten auf mehreren Ebenen erweist sich dabei oftmals als schwierig. Hinsichtlich der „Exchange relations in EU interest representation" argumentieren die Autoren ebenfalls aus einer exogenen Perspektive. Demnach wird die Gelegenheitsstruktur aus ihrer Sicht davon bestimmt, welche Ressourcen (z. B. Informationen und Expertisen) zu welchem Zeitpunkt für die Entscheidungsträger in einer gegebenen Situation am wertvollsten sind (Princen/Kerremans 2008: 1135).

3. Eine weitere Herangehensweise ist nach Princen und Kerremans das sogenannte *„Venue shopping"*. Hierbei adressieren Interessengruppen die Institutionen und Akteure sowohl auf europäischer wie auch auf mitgliedsstaatlicher Ebene. Die Auswirkungen auf politische Entscheidungen sind dabei insbesondere von der strategischen Handlungsfähigkeit der Interessengruppen abhängig: „Policy change depends on the ability of interest groups strategically to ‚shop' for the decision-making locus which is most respective to its claims." (Princen/Kerremans 2008: 1137). Insgesamt bietet die EU zahlreiche neue Zugangsmöglichkeiten für Interessengruppen und erlaubt es ihnen, institutionelle Grenzen bzw. Beschränkungen auf nationaler Ebene zu umgehen. In diesem Kontext sprechen die Autoren von einer endogenen politischen Gelegenheitsstruktur. Demnach beeinflusst das Verhalten von Interessengruppen die Gelegenheitsstruktur. „Groups use strategic framing with the purpose of shifting policy issues to those venues that show the highest level of receptiveness to their demands and concerns." (Princen/Kerremans 2008: 1138).

4. Nach Ansicht der Autoren konstruieren die politischen Akteure selbst ihre Vorstellungen nach strategischen Gesichtspunkten und erheben sie zum Maßstab, um ihre Anliegen zu fördern. Die Konzeptualisierung der Gelegenheitsstruktur ergäbe sich demnach aus den Handlungen der politischen Akteure. Die hierbei entwickelten Maßstäbe dienen in erster Linie zur Orientierung und sind bis zu einem gewissen Punkt variabel. Die konkrete Umsetzung ist also beeinflussbar und stellt deshalb eine politische Chance für Interessenvertreter dar. Die politische Gelegenheitsstruktur ist somit endogen. Einschränkungen durch politische Gelegenheitsstrukturen führen zu einem dynamischen Zusammenspiel von Gelegenheitsstrukturen und dem Verhalten der Interessengruppen, so Princen und Kerremans (Princen/Kerremans 2008: 1144).

Trotz der Unterschiede stützt sich jeder dieser vier Ansätze auf den Begriff der Gelegenheitsstruktur, um einen Interessengegenstand zu erklären. Mit Ausnahme der radikaleren Perspektive der „construction of scale", bei der „Political actors strategically construct notions of scale in order to promote their cause" (Princen/Kerremans 2008: 1146), sind für jeden Ansatz die institutionellen Faktoren entscheidend, um den wechselseitigen Ansprüchen zwischen den Entscheidungsträgern und den Interessengruppen gerecht zu werden (vgl. Princen/Kerremans 2008: 1141).

Darüber hinaus bieten die Ähnlichkeit und die Überschneidungen der vier Ansätze interessante Möglichkeiten für theoretische Wechselwirkungen. Die Tatsache, dass die Analyse unterschiedlicher Aspekte der Interessengruppenaktivitäten von ähnlichen konzeptionellen Grundlagen ausgeht, impliziert, dass ein gemeinsamer theoretischer Rahmen verwendet werden kann, um jeden einzelnen dieser Aspekte zu verstehen. Darüber hinaus stellt sich die wesentliche Frage, wie sich die endogenen und exogenen Perspektiven aufeinander beziehen. Einerseits können sie als konkurrierende Ansätze verstanden werden, die von radikal unterschiedlichen Annahmen ausgehen. Auf der anderen Seite ist es aber auch sinnvoll, die beiden Ansätze miteinander zu kombinieren, um zu einem besseren Verständnis der dynamischen Interaktion von Interessengruppenaktivitäten und Gelegenheitsstrukturen zu gelangen. Es geht darum zu verstehen, welche Effekte die sich bietenden Gelegenheitsstrukturen auf die Aktivitäten von Interessengruppen haben. Darüber hinaus stellt sich die Frage, wie sich die Aktivitäten der Interessengruppen auf die Gelegenheitsstrukturen auswirken.

Princen und Kerremans gehen in ihrem Artikel davon aus, dass ein solcher Untersuchungsansatz es erlaube, besser zu verstehen, wie Interessengruppen innerhalb des Mehrebenensystems der EU arbeiten und wie sie in den unterschiedlichen Arenen agieren und die damit verbundenen Möglichkeiten des politischen Systems nutzen. Die beiden aufeinander bezogenen Komponenten des institutionellen Zugangs und der politischen „Empfänglichkeit" liefern den geeigneten Ausgangspunkt für eine solche Untersuchung. Sebastiaan Princen und Bart Kerremans kommen schließlich zu einem ähnlichen Ergebnis wie Gabriel Almond (1956). Demnach halten sie eine systematische Analyse der Gelegenheitsstrukturen innerhalb der Mitgliedsstaaten der EU sowie eine Klärung der Frage, inwieweit diese Strukturen das Verhalten von Interessengruppen beeinflussen, für einen sinnvollen Ansatz, um die EU-Interessenvertretung zu untersuchen (vgl. Princen/Kerremans 2008: 1141ff.).

Ein weiterer zentraler Aspekt der Lobbyingliteratur ist die Frage nach dem Erfolg der Arbeit bzw. dem tatsächlichen Einfluss von Interessenvertretern und den zugrunde liegenden Faktoren. Wie bereits erwähnt, gibt es in der Politikwissenschaft bislang nur wenige Untersuchungen, die es sich zum Ziel setzen, die Macht von EU-Interessengruppen und ihren Einfluss auf den europäischen politischen Prozess als Ganzes zu messen (vgl. Klüver 2013b). Im Gegensatz dazu existiert allerdings eine umfangreiche Literatur zum Einfluss von Interessengruppen auf nationale politische Systeme. Nach Ansicht von Andreas Dür lässt sich dies auf die Arbeiten über den Gegensatz von staatlicher Autonomie und Pluralismus (vgl. Evans/Rueschemeyer/Skocpol 1985, Almond 1988) sowie auf die Debatte über „schwache" versus „starke" Staaten (vgl. Atkinson/Coleman 1989) zurückführen (vgl. Dür 2008: 1213). Die meisten Untersuchungen, die sich mit dem Einfluss von Interessengruppen in der EU beschäftigen, konzentrieren sich auf spezifische politische Entscheidungen. Die vorhandene politische Literatur bietet zahlreiche Hypothesen, von denen jedoch viele mit Blick auf die Interessenvertretungen in den Vereinigten Staaten formuliert wurden. Bezogen auf die Europäische Union hat Andreas Dür vier Hypothesen hervorgehoben (vgl. Dür 2008: 1213f.):

1. Zunächst bezieht sich Dür auf die Ressourcen von Interessengruppen. Die meisten Wissenschaftler sind sich einig, dass diese eng verknüpft sind mit der Fähigkeit von Interessengruppen, Entscheidungsträger oder politische Ergebnisse zu beeinflussen. In der Literatur werden in diesem Zusammenhang insbesondere Geldmittel, politische Unterstüt-

zung, Wissen, Know-how und Informationen als entscheidende Ressourcen genannt. Die beiden Letztgenannten sind nach Dürs Darstellung besonders wichtig, da Interessengruppen oft über detailliertere technische Informationen verfügen, die von der Politik aufgrund ihrer Komplexität oft gar nicht generiert werden können. So trägt die externe Expertise zur Arbeitserleichterung der Entscheidungsträger bei und ist gleichzeitig eine Chance, auf den politischen Entscheidungsprozess Einfluss zu nehmen (vgl. Dür 2008: 1214; Statham/Trenz 2012). Allerdings sind nicht alle Interessengruppen mit diesen Ressourcen ausgestattet, was dazu führt, dass einige Gruppen mehr Einfluss haben als andere.

2. Einen zweiten Faktor, der sich auf den Einfluss bzw. die Macht von Interessengruppen auswirkt, sieht Dür in den politischen Institutionen. Von entscheidender Bedeutung sind hier die Zugangsmöglichkeiten gesellschaftlicher Akteure zu politischen Prozessen. Dabei ist jedoch umstritten, ob die vertikale und horizontale Machtstruktur der EU die Zugangschancen erleichtert oder erschwert (vgl. Grande 1995; 2000b; Princen/Kerremans 2008). Einige Autoren betonen, dass sich das europäische Mehrebenensystem diesbezüglich eher positiv auswirkt. In jedem Falle sind die politischen Institutionen eine wichtige Determinante für den Einfluss von Interessengruppen.

3. Nach Dürs Ansicht wirken sich sogenannte „Issue Characteristics", wie Technisierungsgrad und öffentliche Salienz, gleichfalls auf die Macht von Interessengruppen aus (vgl. Dür 2008: 1217). Einige Wissenschaftler betonen, dass Interessengruppen mehr Einfluss auf technische Fragen haben als auf sogenannte „High Politics Issues" (vgl. Greenwood 2011: 20). Allerdings gestaltet sich Lobbying immer dann schwierig, wenn die Öffentlichkeit auf genau dieses Problem aufmerksam wird (vgl. Mahoney 2007).

4. Als vierten Punkt und entscheidenden Faktor für den Einfluss von Interessengruppen nennt Dür deren Strategie, die sich u. a. aus der Kombination der eben genannten Punkte ergibt (Dür 2008: 1218): „To maximise influence, interest groups have to employ their resources effectively given the opportunities provided by the institutional structure, the characteristics of the issue, the preferences they advocate, and their past strategies."

Die Literatur zum Einfluss von Interessengruppen im europäischen Mehrebenensystem kommt insgesamt zu widersprüchlichen empirischen Befunden. Auf der einen Seite kommen Wissenschaftler zu dem Ergebnis, dass Interessengruppen in der EU äußerst einflussreich sind (Pollack 1997a; Warleigh 2000). Mark A. Pollack beispielsweise argumentiert, dass Umweltschutz- und Verbraucherschutzinteressen in der EU besonders gut vertreten werden können. Andere Wissenschaftler resümieren, dass Interessenvertreter weitgehend unfähig sind, die Ergebnisse der EU-Politik zu beeinflussen (vgl. Schneider/Baltz 2003).

Für Andreas Dür ist im europäischen Entscheidungsprozess nur eine begrenzte Interessenvertretung möglich. Die Europäische Kommission, so die Argumentation, sei in ihrer Entscheidungsfindung weitgehend unabhängig und suche nur bei Bedarf die Unterstützung derjenigen Interessengruppen, die ähnliche Absichten und Ziele verfolgen wie sie selbst. In diesem Zusammenhang hebt Dür die Forschungsergebnisse von Irina Michalowitz (2007) und David Coen (1997) hervor. Michalowitz sei zu dem Ergebnis gekommen, dass Interessengruppen nur einen sogenannten „technischen Einfluss" ausüben können. Es sei äußerst unwahrscheinlich, dass diese tatsächlich dazu in der Lage seien, die Vorschläge der Kommission im Kern zu verändern. Coen vertritt darüber hinaus die Ansicht, dass der Einfluss von Interessengruppen in hohem Maße vom „Goodwill" relevanter Entscheidungsträger in der Kommission abhänge. Zudem wirke sich die interinstitutionelle Dynamik von Kommission und Ministerrat auf den Einfluss von Interessengruppen aus. Unter Bezugnahme auf die Untersuchung von Cornelia Woll (2008), die sich mit dem Lobbying in der Handelspolitik beschäftigt, bedeute dies, dass die Kommission bevorzugt Gesetze auf den Weg bringe, die im Idealfall keine Blockadehaltung der Mitgliedsstaaten zur Folge hätten (vgl. Dür 2008: 1219).

Der Beitrag *„Trading information for access: informational lobbying strategies and interest group access to the European Union"* von Adam William Chalmers (2013a) untersucht, welche Faktoren für den Erfolg von Lobbyingstrategien verantwortlich sind: „This analysis examines the informational determinants of interest group access to the EU from a supply-side perspective; namely, how do different types of information and different tactics used to provide this information buy access to different EU decision-makers?" (Chalmers 2013a: 39). „The literature assessing how interest groups meet these informational needs and exchange information for access is rather limited and tends to focus on two points: the types of information interest group exchange for access and the tactics or strategies used during the exchange process." (Chalmers 2013a: 41). „A key advance made in this analysis is the treatment of informational lobbying in terms of both information types and information tactics. In other words, it is not just about the information provided to decision-makers but also how this information is conveyed that determines access." (Chalmers 2013a: 54). Hierbei unterscheidet die Literatur hauptsächlich zwischen „insider-" und „outsider-" Strategien, welche im späteren Verlauf der Untersuchung noch detailliert erörtert werden. Chalmers kommt zu dem Ergebnis, dass der Zugang zu Entscheidungsträgern im Wesentlichen davon abhänge inwieweit es gelingt, deren mutmaßlichen Informationsbedarf zu decken. Ein konkreter Zusammenhang zwischen „interest group types" und „information types and tactics" könne nicht festgestellt werden. Ferner betont Chalmers, dass „Groups appear to be able to draw rather freely from a broad array of different types and tactics. For information types, in particular, the preponderance of a type of evidence based lobbying leads interest groups to prioritize information types conveying an implicit cause-effect logic." (Chalmers 2013a: 55). Darüber hinaus konstatiert Chalmers, dass das „Wie" der Übermittlung von Informationen an politische Entscheidungsträger wichtiger sei als der eigentliche Inhalt der Informationen. Kurz gesagt: „(...) the medium is more important than the message. Groups can increase access to various EU decision-making bodies by sending the same information using multiple tactics and increasing the salience and urgency of information by frequently using specific tactics." (ebd.). Schließlich habe die Untersuchung gezeigt, dass sowohl „inside tactics" wie auch „outside tactics" in einem positiven Zusammenhang mit dem Zugang zu europäischen Entscheidungsprozessen stehen: „(...) both can be used by groups to increase frequency of access to EU decision-makers." (ebd.).

Auch der Artikel von Cornelia Woll (2012) sowie die gemeinsame Arbeit von Andreas Dür und Gemma Mateo (2013) beschäftigen sich ausführlich mit diesem Thema. In *„The brash and the soft-spoken: Lobbying styles in a transatlantic comparison"* untersucht Woll diverse Lobbying Styles auf der einen Seite, wie auch die unterschiedliche Bedeutung von institutionellen „opportunity structures" auf der anderen Seite. Ähnlich gestaltet sich das Projekt von Dür und Mateo. *„Gaining access or going public? Interest group strategies in five European countries"* geht der Frage nach, welche Strategien bestimmte Gruppen verwenden und welche Unterschiede dabei zu beobachten sind (zwischen Ländern, zwischen Gruppen, etc.). Eine detaillierte Darstellung der eben genannten Arbeiten von Woll sowie Dür und Mateo und zu welchen Ergebnissen die Autoren gekommen sind findet im Rahmen des Kapitels 2.3.2 statt, weshalb die entsprechenden Artikel an dieser Stelle nicht näher erläutert werden.

Auf der Basis dieser Zusammenfassung des Forschungsstandes wird deutlich, dass die Auseinandersetzung mit Interessengruppen in der Europaforschung zwar eines der am gründlichsten erforschten Themen ist, aber dennoch erhebliche Unklarheit hinsichtlich der Möglichkeiten und Bedingungen der Einflussnahme von Wirtschaftsvertretern besteht. Es scheint dabei, dass die vorhandene Literatur den Mehrebenencharakter des politischen Systems der Europäischen Union bislang nicht ausreichend berücksichtigt. Es ist zwar bekannt, dass Interessengruppen so etwas wie eine Multi-Level-Strategie verfolgen – also sowohl die nationalen als auch die europäischen Kanäle nutzen, um ihren Einfluss geltend zu machen (vgl. Eising 2004). Die Frage, welches Strategierepertoire Unternehmen wann, wo und wie tatsächlich nutzen, muss allerdings noch geklärt werden. Dies ist die Forschungslücke, zu deren Schließung diese Arbeit einen Beitrag leisten möchte.

Um sich der Beantwortung dieser offenen Fragen zu nähern, wird dabei anhand der beiden Fallstudien eine neue Unterscheidung vorgenommen, wie sie in der bisherigen Literatur nicht vorkommt, die aber im institutionellen Kontext eines Mehrebenensystems notwendig scheint. In der Regel unterscheidet die Literatur zwischen „insider-" und „outsider-" Strategien bzw. zwischen internen und öffentlichkeitswirksamen Strategien. Die vorliegende Arbeit erweitert das Spektrum um den Adressatenkreis. Aufgrund der Komplexität der Opportunitätsstruktur ist es notwendig, zwischen einfachen und komplexen Strategien zu unterscheiden. Die Frage ist ob Unternehmen eine einfache Strategie verfolgen, indem sie versuchen einen ganz bestimmten Akteur anzusprechen, oder ob sie versuchen die Komplexität des europäischen Mehrebenensystems und die darin liegenden Zugangschancen zu nutzen und ob sie in der Lage sind, komplexe Strategien zu entwickeln und zu verwenden. Dabei ist auch von Interesse, inwieweit Interessengruppen proaktiv oder reaktiv handeln: Denn je komplexer das institutionelle „Setting" ist, desto wichtiger erscheint es, eine proaktive Strategie zu verfolgen.

1.4 Arbeitsthese

Um aus der Vielzahl empirischer Informationen neue politikwissenschaftlich relevante Erkenntnisse zu gewinnen, wurde unter Berücksichtigung
der relevanten Literatur eine entsprechende Arbeitsthese aufgestellt. Die
unten formulierte, theoretisch begründete Erwartung ergibt sich vor allem
aus der Organisations- und Strategiefähigkeit von Unternehmen gegenüber
der Politik. Im Vordergrund steht hierbei zunächst das Interesse der Unternehmen an einer direkten Zugangsmöglichkeit zur Politik.

In Kenntnis vielfältiger Beiträge der politikwissenschaftlichen Literatur
(vgl. Jordan/McLaughlin 1993; McLaughlin/Jordan/Maloney 1993) würde
man im konkreten Fall folgende Feststellung erwarten:

– *Unternehmen haben nur eine schwach entwickelte strategische Kom-*
 petenz.

Die Aufsätze und Studien von David Coen (1996, 1997, 1998), Rainer Eising (2000, 2004, 2007a, 2007b, 2009, 2012) und Justin Greenwood
(Greenwood/Aspinwall 1998; Greenwood 2002a, 2002b) über "State-
Business Relations" und über die Entwicklung individueller Interessenvertretung durch Unternehmen in der Europäischen Union erlauben jedoch
eine abweichende Einschätzung. Somit lautet die These der vorliegenden
Untersuchung:

– *Unternehmen handeln strategisch und sind in der Lage, im politischen*
 Entscheidungsprozess zu intervenieren.

Um nun die Strategie- und Interventionsfähigkeit von Unternehmen gegenüber der Politik im konkreten Fall nachzuweisen, wurden folgende
Faktoren (Plausibilitätskriterien) definiert, die die strategische Kompetenz
und den Grad des Einflusses von Akteuren beeinflussen:

– **Proaktivität:** Inwieweit handeln Interessengruppen proaktiv? – Wo
 lässt sich frühzeitiges, initiatives Handeln im Gegensatz zu abwarten-
 dem, reaktivem Handeln beobachten?
– **Nutzung der Zuganschancen:** Inwieweit nutzt die Industrie die vorhandenen Zugangschancen flächendeckend? In diesem Zusammenhang
 unterscheidet Ingeborg Tömmel (2008: 180) zwischen institutionali-

sierten Formen (z. B. Beiräte in Brüssel) und nicht institutionalisierten Formen (z. B. Abendessen mit Abgeordneten).

- **Verhältnis individueller und kollektiver Handlungsformen:** In welchem Verhältnis stehen individuelle und kollektive Handlungsformen?
  - Angesichts eines breit gefächerten Handlungsrepertoires gilt es zu untersuchen, inwieweit Unternehmen einzeln, gemeinsam oder in Verbänden agieren.
- **Organisation auf nationaler und europäischer Ebene:** Wie stark ist die Industrie auf nationaler und auf europäischer Ebene organisiert?
- **Reaktionsfähigkeit auf kurzfristig veränderte Handlungssituationen:** Wie effektiv ist die strategische Reaktionsfähigkeit der Industrie auf kurzfristig veränderte Handlungssituationen? – Strategiefähigkeit zeichnet sich dadurch aus, dass Akteure auf neue Gegebenheiten dynamisch reagieren können, vor allem dann, wenn sich die bisherige Strategie als nicht erfolgreich erwiesen hat.

Dazwischen liegende Abstufungen werden zu einem späteren Zeitpunkt herangezogen, um das Gesamtbild noch etwas detaillierter zu zeichnen. Aus dem Abgleich zwischen theoretisch begründeten Erwartungen und der empirisch beobachteten Realität sollen politikwissenschaftlich relevante Erkenntnisse gewonnen werden.

Für die untersuchten Automobilunternehmen besteht aufgrund Ihrer Interessenkonstellation ein entsprechend starker Anreiz, eine komplexe Strategie zu verfolgen, die im Rahmen der vorliegenden Untersuchung dargestellt und analysiert werden soll. Die Anwendung "komplexer Strategien" bedeutet in diesem Zusammenhang, verschiedene Wege und verschiedene Instrumente zu kombinieren, um so die Erfolgschancen zu vergrößern.

1.5 Methode und Aufbau der Arbeit

Gegenstand der Untersuchung sind die Strategien/Aktivitäten deutscher Unternehmen und Verbände auf nationaler und europäischer Ebene. Die Darstellung des Forschungsstandes hat bereits gezeigt, dass die Beschäftigung der politikwissenschaftlichen Forschung mit dem Thema der Interessenvertretungsstrategien von Unternehmen noch lückenhaft ist. Um neue Forschungsergebnisse zu generieren, wurden zur Beantwortung der Forschungsfrage und zur Analyse der erwähnten fünf Kriterien eigene Erhebungen durchgeführt.

Die Untersuchung bedient sich dabei einer qualitativ-vergleichenden Methode. Im Rahmen der Problemstellung der Arbeit erschien ein solches Vorgehen aus mehreren Gründen sinnvoll. Zunächst einmal bietet der Vergleich die Möglichkeit, empirische Tatbestände auf analytische Konzepte zu beziehen, Unbekanntes und Bekanntes gegenüberzustellen und besondere Merkmale hervorzuheben sowie die Tatbestände zu systematisieren. Durch die Anwendung der vergleichenden Methode können die aufgestellten Kriterien empirisch überprüft werden (vgl. Jahn 2011: 44). Darüber hinaus ermöglicht ein solches Forschungsdesign Einsichten in die Struktur und den Verlauf eines politischen Entscheidungsprozesses. Die vergleichende Methode ist im Rahmen der vorliegenden Problemstellung ein adäquates Kontrollinstrument, um politikwissenschaftliche Phänomene auf ihre Richtigkeit hin zu überprüfen (vgl. Sartori 1991). Die vorliegende Untersuchung konzentriert sich auf einen Vergleich zweier umweltpolitischer Entscheidungsprozesse: CO_2 und Euro 5/6. Hierbei ist anzumerken, dass eine Studie mit einer derart geringen Anzahl von Fällen für keine Grundgesamtheit repräsentativ sein kann und auch keine ausreichenden Vergleichsmöglichkeiten liefert, um daraus belastbare Ergebnisse abzuleiten. Allerdings lenken Fallstudien im Rahmen der vergleichenden Methode die Aufmerksamkeit auf grundlegende fallinterne Prozesse. Besonders bei der Untersuchung der in den Fällen zutage tretenden Verhaltensmuster und ihrer Abweichungen untereinander haben sich die Fallstudien daher als geeignet erwiesen (vgl. Jahn 2011: 48).

Die Fallauswahl der vorliegenden Untersuchung beruht in erster Linie auf der wirtschaftlichen und politischen Relevanz der jeweiligen Gesetzgebung. Darüber hinaus konnten durch den systematischen Vergleich der beiden - thematisch ähnlich gelagerten - Fälle empirisch gewonnene Erkenntnisse besser eingeordnet, und die Verallgemeinerbarkeit der Aussagen gesteigert werden. Das grundsätzliche Problem der geringen Generalisierungsfähigkeit solcher Ergebnisse bleibt allerdings bestehen (vgl. Lijphart 1971). Um vergleichen zu können, bedarf es entsprechender Kriterien, wie sie bereits in Punkt 1.4 dargestellt wurden. Diese Kriterien müssen dabei auf die zu vergleichenden Phänomene gleichermaßen anwendbar sein. Die Wissenschaft spricht in diesem Zusammenhang von einem „Tertium Comparationis". Es steht für das „Gemeinsame (Dritte), in dem zu vergleichende Sachverhalte oder Begriffe übereinstimmen" (Jahn 2011: 58). Ein Vergleich setzt voraus, dass sowohl Gemeinsamkeiten als auch Unterschiede existieren. Findet sich für einen Sachverhalt eine übergreifende Kategorie, so kann auch verglichen werden. Fehlt diese Basis, so können keine sinnvollen Vergleichskriterien entwickelt werden.

Die empirisch-analytische Grundlage der Untersuchung bildet eine Auswertung von Experteninterviews und Fallstudien. Daneben wurden die Ergebnisse der mit der europäischen Interessenvertretung befassten Forschung analysiert und in die Arbeit integriert. Außerdem wurden zahlreiche offizielle politische Dokumente und Positionspapiere ausgewertet. Da es sich um ein interdisziplinäres Thema handelt, wurde auf politikwissenschaftliche wie wirtschaftswissenschaftliche Zeitschriften zurückgegriffen. Um die wissenschaftliche Qualität der Aufsätze sicherzustellen, erfolgte die Auswahl anhand von „Journal Citation Reports". Die Sortierung nach „Impact Factor" garantiert ein globales und aktuelles Ranking wissenschaftlich relevanter Journale.

Im Rahmen der Experteninterviews wurde ein halbstandardisierter Interviewleitfaden benutzt. Diese Vorgehensweise ermöglichte es, nicht nur das Gespräch auf die zentralen Punkte zu fokussieren, sondern gewährleistete auch die Vergleichbarkeit der Aussagen (vgl. Meuser/Nagel 1991). Die Auswahl der Interviewpartner ergab sich aus den Fallstudien, indem sie sich an den relevanten Akteuren der Interessenvermittlung im jeweiligen Fall orientierte. Neben den Verbänden als klassische Akteure im Bereich des Lobbying wurden auch die Interessenvertreter der Automobilkonzerne sowie Vertreter der Politik als Adressaten des Lobbying auf nationaler und europäischer Ebene befragt.

Die Interviews wurden im Zeitraum von März 2010 bis Juni 2010 geführt und bewegten sich in einen Zeitrahmen von 30 bis 120 Minuten. Insgesamt wurden zwölf Interviews geführt. Eine Liste der entsprechenden Interviewpartner findet sich im Anhang. Da den Gesprächspartnern Anonymität zugesichert wurde, sind die Interviews chiffriert. Grundsätzlich wurde versucht, mündliche Aussagen mit schriftlichen Quellen abzugleichen. War dies nicht möglich, wurden mündliche Aussagen durch Heranziehung einer zweiten Interviewquelle verifiziert.

Zum Aufbau der Arbeit

Das zweite Kapitel der vorliegenden Untersuchung betrachtet den europäischen Politikprozess. Dieser Teil besteht aus zwei Strängen:

– Der erste Strang bezieht sich auf die allgemeine Struktur des europäischen Politikprozesses. Dieser Teil befasst sich u. a. mit Multi-Level-Governance als einer institutionellen Theorie von Politik, die Aussagen über die Zugangspunkte zum Politikprozess trifft. Daraus ergibt sich schließlich die Akteurskonstellation auf Seiten der Politik. An dieser Stelle werden zunächst nur allgemeine Informationen zu den zentralen Institutionen und Akteuren zusammengetragen. Es wurde dabei versucht, die allgemeinen Eigenheiten des Politikprozesses von fallstudienspezifischen Elementen zu trennen. Bezüglich der zentralen Institutionen und Akteure findet eine Zuspitzung auf die Fälle daher erst in Zusammenhang mit den empirischen Untersuchungen in Kapitel 4 statt, obgleich es gelegentlich zu Überschneidungen kommt.
– Der zweite Strang bezieht sich auf das Verhältnis von Staat und Wirtschaft. Um die grundsätzlich denkbaren Beziehungsmuster zwischen öffentlichen und privaten Akteuren offenzulegen, werden die entsprechenden Typologien dargestellt, die entwickelt wurden, um die unterschiedlichen Ausprägungen dieses Verhältnisses zu beschreiben. Neben Korporatismus und Pluralismus sind hier Issue-Networks sowie der Klientelismus zu nennen.

Als letzter Punkt befasst sich das zweite Kapitel mit den Akteursstrategien im Mehrebenensystem der EU. Da die Fragestellung dieser Arbeit zwei spezielle Klimaschutzverordnungen untersucht, wird im dritten Kapitel auf den Klimaschutz als politisches und wirtschaftliches Problem eingegangen, um in den empirischen Teil der Untersuchung einzuführen. Dementsprechend wird in Kapitel 3 der Frage nachgegangen, welche Bedeutung dem Klimaschutz als politischem Regelungsproblem zukommt, welche Rolle die EU in diesem Zusammenhang spielt und was ihre wichtigsten Aktivitäten waren. Eine solche Darstellung des Klimaschutzproblems als Ganzes – insbesondere anhand der Frage, mit welchen Maßnahmen die EU versucht, international vereinbarte Klimaschutzziele umzusetzen – hat den Vorteil, dass abschließend die Fallstudien in das gesamte Tableau eingeordnet werden können, obgleich sie an dieser Stelle noch nicht ausführlich dargestellt werden.

Um darzustellen, worin die wichtigsten Phasen im Entscheidungsprozess bestehen und wer die relevanten Akteure sind, ist das Process Tracing im Rahmen der Fallstudien von entscheidender Bedeutung. Hierzu gilt es, die Aktivitäten der Industrie in die Prozessanalyse zu integrieren. Zuvor befasst sich das vierte Kapitel zunächst mit den relevanten Akteuren auf beiden Ebenen des Politikprozesses und bestimmt ihre Position in einer Art Organisationslandkarte. Hierzu werden die entsprechenden Akteure auf Seiten der Industrie wie auch die Adressaten auf Seiten der Politik vorgestellt. Auf diese Weise wird das gesamte Spektrum der involvierten Interessen dargestellt, wodurch ein relativ zuverlässiges Bild von den maßgeblichen Akteuren entsteht.

Die Kapitel 5 und 6 befassen sich mit den Fallstudien. Dabei werden zunächst die jeweiligen Phasen des Politikprozesses dargestellt, chronologisch geordnet und in ihrer Bedeutung als Zugangschancen erläutert. In einem nächsten Schritt werden die jeweiligen politischen Gelegenheitsstrukturen sowie die entsprechenden Lobbyingaktivitäten der Industrie untersucht. Hierbei ist herauszuarbeiten, in welchem Maße die Industrie von diesen Gelegenheiten Gebrauch gemacht hat. Am Ende jeder Fallstudie werden Aussagen über die Organisations- und Strategiefähigkeit der Industrie im jeweiligen Fall getroffen. Zur Beantwortung dieser Fragen werden die in Kapitel 1.4 erläuterten Kriterien herangezogen.

Wie bereits erwähnt, sollen aus dem Abgleich zwischen den theoretisch begründeten Erwartungen und der empirisch beobachteten Realität politikwissenschaftlich relevante Erkenntnisse generiert werden. Alle Thesen, die in der Literatur entwickelt und durch eigene Ergebnisse bestätigt oder widerlegt werden, sollen in Kapitel 6 diskutiert werden. In der vergleichenden Analyse der Fallstudien wird die Fragestellung ausführlich unter Einbeziehung der im Literatur- und Ergebnisteil angeführten Argumente diskutiert. In diesem Kapitel werden die Erkenntnisse aus dem theoretischen Teil (Literatur) und dem empirischen Teil (Fallanalyse und Expertengespräche) miteinander verbunden, um die Forschungsfrage im Rahmen einer Reflexion der Ergebnisse abschließend zu beantworten. Der Vergleich der beiden Fallstudien liefert darüber hinaus Informationen, welche Variationen es im strategischen Handlungsrepertoire von Unternehmen gibt und von welchen Faktoren es abhängt, wann, wo und wie die Unternehmen handeln. Um die beiden Fälle zu bewerten, werden abermals die bereits genannten Kriterien herangezogen. Mit ihrer Hilfe wird u. a. der Frage nachgegangen, ob es gleiche Verhaltens- und Reaktionsmuster gab, ob in beiden Fällen zum gleichen Zeitpunkt interveniert wurde und ob die Industrie jeweils mit der gleichen Systematik versuchte, ihre Interessen durchzusetzen.

Den Abschluss der Arbeit bildet Kapitel 7 mit einer theorieorientierten Interpretation und einer Bilanzierung der Forschungsergebnisse. Es wird der Frage nachgegangen, inwieweit die Automobilindustrie in den konkreten Fällen dazu in der Lage war, strategisch zu handeln und situativ zu reagieren.

2. Interessenvertretungsstrategien in der EU

Das folgende Kapitel wird zunächst die institutionelle Gelegenheitsstruktur des europäischen Politikprozesses analysieren, um anschließend die grundsätzlich denkbaren Beziehungsmuster zwischen öffentlichen und privaten Akteuren, also zwischen Staat und Wirtschaft, anhand theoretischer Erklärungsmodelle darzustellen. Um die Besonderheiten der Organisation europäischer Interessenvertretung nachvollziehen zu können, ist es erforderlich, den Mehrebenencharakter der Europäischen Union zu berücksichtigen. Denn die Strukturmerkmale eines politischen Systems bestimmen die Rahmenbedingungen bzw. die Zugangsvoraussetzungen, unter denen Akteure und Adressaten interagieren. Am Ende dieses Kapitels stehen schließlich die Akteursstrategien.

2.1 Die institutionelle Struktur des europäischen Politikprozesses

Wie bereits erwähnt, sind die Strukturen und Prozesse von Politik in Europa in den letzten Jahren deutlich komplexer geworden. Eine Folge der zunehmenden Interdependenzen zwischen den politischen Räumen besteht darin, dass immer mehr Ebenen und Arenen in den politischen Entscheidungsprozess eingebunden sind. Waren in der Vergangenheit die unterschiedlichen Ebenen (international, national, regional und lokal) in ihrem Handeln noch weitgehend unabhängig voneinander, so stehen sie gegenwärtig in einer engen Wechselwirkung (vgl. Brunngräber/Randeria 2008: 19; Benz 2009; Tömmel/Verdun 2009; Benz/Dose 2010).

Die Organisation europapolitischer Entscheidungsprozesse besitzt eine charakteristische Struktur, die sich von den nationalen Politikprozessen unterscheidet. Das europäische System ist deutlich komplexer und zeichnet sich durch eine eng verflochtene Mehrebenenstruktur aus. Um die Verschränkung unterschiedlicher politischer Ebenen zu beschreiben, prägte Fritz Scharpf (1985) den Begriff der Politikverflechtung. Obgleich dieser Untersuchungsansatz zunächst mit Blick auf die Bundesrepublik Deutschland entwickelt worden war, lässt er sich auch auf die Europäische Union übertragen. Das europäische Mehrebenensystem organisiert die "Integration von souveränen Nationalstaaten in ein zentrales internationales System mit eigenen Organen, Kompetenzen und Ressourcen" (vgl. König/Rieger/ Schmitt 1996: 16). Die zahlreichen staatlichen, privatwirtschaftlichen und zivilgesellschaftlichen Akteure, die an europäischen Entscheidungsprozessen beteiligt sind, erfordern neue und weiter verzweigte Entscheidungswege. Der Entscheidungsprozess, der zu den im Rahmen der Fallstudien betrachteten Verordnungen führte, verdeutlicht dies geradezu beispielhaft. Die Analyse darf sich nicht darauf beschränken, lediglich eine Ebene im Blick zu haben, vielmehr müssen alle Ebenen berücksichtigt werden. Gleichzeitig ist zu verdeutlichen, wie diese untereinander agieren. An der Ausgestaltung der untersuchten Fälle waren neben den supranationalen Institutionen der EU (Kommission, Parlament, Ministerrat) auch nationale Regierungen (EU-Ministerrat) und nicht staatliche Akteure (Verbände, Lobbyisten der Unternehmen) beteiligt. Die Mitgliedsstaaten haben das Monopol auf die Vertretung nationaler Interessen verloren. Nicht zuletzt deshalb wird die Europäische Union in der Literatur oftmals als ein politisches System „besonderer Art" (sui generis) bezeichnet (vgl. Jachtenfuchs 1997, 2008; Grande 1998; Woll 2006a).

Um nun entsprechende Aussagen über die relevanten Zugangswege zum Politikprozess treffen zu können, bedarf es zunächst der Einführung einer institutionellen Theorie des europäischen Politikprozesses (vgl. Bieling/Lerch 2012). In diesem Zusammenhang sind diejenigen institutionellen Ebenen (europäisch, national, subnational) zu identifizieren, die über entsprechende Zuständigkeiten und Handlungskompetenzen verfügen.

2.1.1 Multi-Level Governance

Der Begriff der „Multi-Level-Governance" hat sich seit den 90er Jahren zunehmend in der politikwissenschaftlichen Forschung etabliert und beschreibt die neue Form europäischer Herrschaftsordnung (vgl. Marks 1993; Grande 1994, 2000b; Benz 1998; Hix 1998; Scharpf 1999; Hooghe/ Marks 2001; Benz 2009; Benz/Dose 2010). Der Fokus der Betrachtungsweise liegt auf dem Mehrebenensystem und seinem komplexen Geflecht nationaler und supranationaler Institutionen. Im Zentrum dieser Perspektive steht das Zusammenspiel der verschiedenen politischen Ebenen. An dieser Stelle muss betont werden, dass bisher noch keine einheitliche Theorie zu Multi-Level-Governance vorliegt. Es gibt unterschiedliche Konzepte von "Multi-Level-Governance", die zwar grundsätzlich miteinander vereinbar sind, die aber jeweils unterschiedliche Merkmale dieses

Untersuchungsgegenstandes betonen. Um die wesentlichen Charakteristika abzuleiten, die für die Untersuchung maßgeblich sind, werden die Konzepte/Ansätze von Arthur Benz (2009), Edgar Grande (1994, 1995, 2000b) sowie von Liesbet Hooghe und Gary Marks (2001) herangezogen. Anschließend werden die politischen Probleme dargestellt, die ein Mehrebenensystem mit sich bringt.

Arthur Benz (2009: 17) definiert den Begriff „Governance" im Mehrebenensystem anhand von vier Merkmalen. Zunächst beschreibt er das Mehrebenensystem als ein politisches System, in dem sich Kompetenzen und Ressourcen auf territoriale Einheiten, also Ebenen, verteilen. Diese könnten entweder durch staatliche oder staatsähnliche Institutionen gebildet werden, wie es beispielsweise in Bundesstaaten der Fall sei. Ebenso sei es aber auch denkbar, dass sie aus losen Zusammenschlüssen von miteinander agierenden Akteuren hervorgingen, deren „Zusammenwirken durch Institutionen und Regeln geordnet und stabilisiert ist" (Benz 2009: 17). Demnach entstünden Mehrebenensysteme „durch Aufteilung von Kompetenzen und Mitteln zur Verwirklichung verbindlicher Entscheidungen auf territorial abgegrenzte Organisationen, die sich ihrerseits zu einem eigenen territorialen Gebilde formieren" (Benz 2009: 17).

Als weiteres wesentliches Merkmal der Multi-Level-Governance hebt Arthur Benz die „Ebenenverflechtung" hervor, also die ebenenübergreifende Interaktion von Akteuren zum Zweck der Koordination von Entscheidungen.

Darüber hinaus gebe es auf den jeweiligen Ebenen bestimmte Strukturen, wie beispielsweise die eines Verbands, die sich direkt auf die Politik sowohl innerhalb einer Ebene als auch zwischen den Ebenen auswirkten. Man habe es demnach "mit einer komplexen Konfiguration zu tun, die aus der Verbindung von Strukturen und Prozessen innerhalb von Ebenen ("intragouvernementale" Dimension) und zwischen Ebenen ("intergouvernementale" Dimension) gebildet wird." (Benz 2009: 18).

Das vierte Merkmal von Mehrebenensystemen bestehe darin, dass die Politik auch davon bestimmt sei, wie die Akteure interagierten. Multilevel governance schließe in diesem Zusammenhang die Möglichkeit der "aktiven Mitwirkung organisierter privater Akteure" grundsätzlich ein (Benz 2009:18). Darüber hinaus impliziere der Begriff Governance, "dass Regieren nicht von einem Zentrum aus geschieht, sondern grundsätzlich im Zusammenwirken verschiedener, relativ autonomer Organisationen verwirklicht wird." (ebd.: 18).

Der Multi-Level-Governance liegen Strukturen und Prozesse zugrunde, die aus der zunehmenden Abhängigkeit territorialer und institutioneller Bereiche hervorgegangen sind. Das Konzept der Muli-Level-Governance basiert also auf dem Zustandekommen von Entscheidungen und den Verhandlungsprozessen von Regierungen der unterschiedlichen territorialen Ebenen im Zusammenwirken mit supra- und subnationalen sowie nicht staatlichen Akteuren (vgl. Braun/Santarius 2007: 101; Benz 2009). Dabei stehen die Bedingungen des Regierens im Mittelpunkt, die verschiedenartigen Ebenenverschränkungen und die spezifische Spannung zwischen „nationaler" und „supranationaler" Politik (vgl. Rieger 1995).

Beim institutionellen Zugang werden die entsprechenden Handlungsebenen charakterisiert (Europa, Nationalstaat, Regionen). Gleichzeitig wird hinterfragt, inwiefern diese zum Zustandekommen einer politischen Entscheidung beitragen. Dennoch bleiben zahlreiche Charakteristiken des europäischen Mehrebenensystems unberücksichtigt. Da auch private und öffentliche Akteure in erheblichem Umfang am politischen Entscheidungsprozess partizipieren, muss die institutionelle Betrachtungsweise durch ein funktionales Verständnis des Mehrebenensystems ergänzt werden. Aus Sicht einer funktionalen Betrachtungsweise setzt sich ein Mehrebenensystem aus interdependenten politischen Akteuren und Politikarenen zusammen, wobei diese formal unabhängig bleiben. In einem solchen Mehrebenensystem existiert eine Vielzahl sowohl vertikaler (territorial definierter) als auch horizontaler (funktional definierter) Arenen und Verhandlungssysteme (vgl. Grande 1995; Benz 1998: 558; Grande 2000b: 14; Grande/Hartenberger 2007). Erst durch ein funktionales Verständnis, so die These von Edgar Grande (2000b), lässt sich die Komplexität europäischer Politikprozesse real erfassen.

Wir haben es also mit einem vielschichtigen Verhandlungssystem verschiedenster Politikarenen zu tun, die jeweils ineinandergreifen (vgl. Grande 2000b: 14). Zum besseren Verständnis der Grundstruktur des Mehrebenensystems hat Grande (2000b: 15) vier Verhandlungsebenen identifiziert, indem er zwischen nationalen und supranationalen Akteuren und Arenen unterscheidet. Dabei nennt er konkret:

1. die Ebene, auf der neben supranationalen Akteuren (EU-Kommission) auch transnationale Organisationen (europäische Interessengruppen) in supranationalen Politikarenen agieren;

2. die Ebene, auf der nationale Akteure (Fachminister, Experten, Interessengruppen etc.) auf supranationaler Ebene (in den Räten und Ausschüssen) aktiv sind;
3. die Ebene, auf der nationale Akteure (öffentliche und private) im nationalen politischen Umfeld aktiv sind, um die entsprechenden nationalen Ansichten zu europäischen Politiken zu verifizieren.
4. Darüber hinaus sind supranationale Akteure auch auf der nationalen Politikarena aktiv, indem sich beispielsweise Kommissionsbeamte bei den Mitgliedsstaaten um Unterstützung für ihre Vorschläge bemühen.

Augenscheinlich verfügt jede Ebene jeweils über entsprechende Akteure, Institutionen und Verfahren, wobei alle Ebenen eng und auf vielfältige Weise miteinander verwoben sind. Im Laufe eines Entscheidungsprozesses werden meist alle Ebenen durchlaufen, was ein weiteres Indiz dafür ist, dass der europäische Politikprozess als hochkomplex umschrieben werden kann (vgl. Grande 2000b: 15).

So impliziert der Begriff der Mehrebenenpolitik, dass Staaten nach wie vor existieren und als politische Akteure relevant sind. Darüber steht die Multi-Level-Governance innerhalb der EU für den Grundsatz, dass die Staaten in ein vertikal differenziertes Entscheidungssystem eingebunden sind. Sie werden also in alle wesentlichen Aspekte des Entscheidungsprozesses einbezogen (vgl. Grande 2000b). Im Weißbuch *„Europäisches Regieren"* bezeichnet die Kommission Europa als eine Union, in der auf mehreren Ebenen jeder nach „besten Kräften und Fähigkeiten" zum Erfolg beitrage, wobei die eigentliche Herausforderung darin bestehe, klare Regeln für einvernehmlich geteilte – nicht voneinander abgegrenzte – Kompetenzen aufzustellen (Weißbuch der Europäischen Kommission, 2001: 45). Obgleich es zunächst den Anschein hat, als würden sich in der Europäischen Union alle nationalen Kompetenzen auf die supranationale Ebene verlagern, greift diese Annahme zu kurz. Europäische Politik läuft weder nach hierarchischen Mustern ab, noch lässt sie sich sektoral begrenzen. Vielmehr ist das Beziehungsgeflecht zwischen den Ebenen zu berücksichtigen. Politik in Europa basiert heutzutage auf Netzwerken, findet auf den verschiedensten Ebenen statt und involviert mehrere Akteure gleichzeitig in den Entscheidungsprozess.

Eine klare Trennung der Aufgaben ist nicht mehr möglich. Folglich kann kaum noch nachvollzogen werden, wo ein Politikprozess seinen Anfang genommen hat. In seinem Aufsatz über das Regieren jenseits der Staatlichkeit beschreibt Markus Jachtenfuchs (2003: 495) dieses neue

Konzept folgendermaßen: "Regiert wird nicht nur von den Regierungen, also idealtypisch der Spitze einer Hierarchie, sondern auch von anderen Akteuren, die in einem nicht-hierarchischen Verhältnis zueinander stehen." Die Handlungs- und Entscheidungsebenen im europäischen Mehrebenensystem unterliegen also keiner festen Rangordnung. Es ist keinesfalls so, dass sich nationale Politik europäischer Politik unterzuordnen hat. Vielmehr sind die verschiedenen Handlungsebenen voneinander abhängig und aufeinander angewiesen. Fritz W. Scharpf (1985) prägte im Zusammenhang mit diesem ineinander verwobenen Mehrebenensystem den Begriff der „Politikverflechtung". Auf den Punkt gebracht wird das europäische Mehrebenensystem dadurch charakterisiert, dass Ergebnisse nicht auf Befehlsgewalt, sondern auf geschicktes Verhandeln und Taktieren zurückzuführen sind. Demzufolge entsteht in jeder Hinsicht ein verstärkter politischer Koordinierungsbedarf.

Darüber hinaus verweisen Gary Marks et al. (Marks/Hooghe/Blank 1996) auf eine Degeneration des Einflusses staatlicher Akteure auf die europäische Politik. Zwar verfolgen die Regierungen der Mitgliedsstaaten zweifellos nach wie vor ihre Interessen auf europäischer Ebene, ihre frühere Monopolstellung haben sie allerdings eingebüßt. Die staatlichen Akteure stehen nun im Interessenkampf mit ökonomischen, gesellschaftlichen und vor allem supranationalen Akteuren, wie der Kommission oder dem Europäischen Parlament (vgl. Knodt/Große Hüttmann 2006: 230f.; Burns 2013).

Nach Ansicht von Liesbet Hooghe und Gary Marks lässt sich der Ansatz der Multi-Level-Governance anhand von drei Bedingungen konzeptualisieren (vgl. Hooghe/Marks 2001: 3f.):

1. Die Kompetenzen verteilen sich auf verschiedene Ebenen und somit auch auf mehrere Akteure. Dabei liegt die Zuständigkeit nicht nur bei den nationalen Regierungen, sondern auch bei den supranationalen Organen wie dem Europäischen Parlament, der Kommission und dem Europäischen Gerichtshof. Im Modell der Multi-Level-Governance agieren diese als autonome Partner und nicht als Adlaten der mitgliedsstaatlichen Regierungen. " (...) supranational institutions (...) have independent influence in policy making that cannot be derived from their role as agents of national executives." (Hooghe/Marks 2001: 3).
2. Das Treffen von Entscheidungen auf supranationaler Ebene führt zwangsläufig zu einem Kompetenzverlust der Mitgliedsstaaten. "Lowest common denominator outcomes are available only on a subset of

EU decisions, mainly those concerning the scope of integration. Decisions concerning rules to be enforced across the EU (...) have a zero-sum character and necessarily involve gains or losses for individual states." (Hooghe/Marks 2001: 4).

3. Eine klare Trennlinie zwischen nationalen und supranationalen politischen Entscheidungsebenen lässt sich nicht mehr ziehen. "(...) complex interrelationships in domestic politics do not stop at the national state but extend to the European level. The separation between domestic and international politics, which lies at the heart of the state-centric model, is rejected by the multi-level governance model." (Hooghe/Marks 2001: 4). Um erfolgreich zu sein, müssen subnationale Akteure (Regionen, Länder) sowohl auf nationaler wie auch auf europäischer Ebene aktiv werden.

Allen Ansätzen ist gemein, dass sie sich mit der Aufteilung von Herrschaftskompetenzen, der Ressourcenaufteilung auf den unterschiedlichen Ebenen und der daraus resultierenden Interaktion der involvierten Akteure beschäftigen (vgl. Bache/Flinders 2004; Isleib 2010: 21). Auch wenn sich die dargestellten Konzepte als sehr ähnlich erweisen, so konzentrieren sie sich dennoch auf jeweils unterschiedliche Aspekte. Während Arthur Benz (2009) das politische Mehrebenensystem eher statisch anlegt und insbesondere die politischen Strukturen beschreibt, begreifen Hooghe und Marks (2001) den Ansatz der Multi-level Governance etwas umfassender bzw. prozesshafter, indem sie auch die Dynamik innerhalb politischer Strukturen und Prozesse erfassen, wie sie in modernen politischen Prozessen vorzufinden ist (vgl. Isleib 2010: 21f.). In diesem Zusammenhang werde Politik als "Ergebnis dauerhaft angelegter Verhandlungen, institutionellen Regeln und Akteurs-/Interessenvielfalt (egoistisch, kompetitiv, kooperativ)" beschrieben (vgl. Isleib 2010: 22).

Im Rahmen der vorliegenden Untersuchung sind im Bezug auf multilevel governance drei Merkmale hervorzuheben. Zum einen die Kompetenzen- und Ressourcenaufteilung auf die unterschiedlichen Ebenen und die damit einhergehende Notwendigkeit einer ebenenübergreifenden Koordination politischer Prozesse. Ein zweites Merkmal politischer Mehrebenensysteme ist die Unterscheidung von hierarchischen Relationen zwischen territorial definierten und funktional definierten Arenen und Verhandlungssystemen (vgl. Grande 1995; Benz 1998: 558; Grande 2000b: 14; Grande/Hartenberger 2007). Darüber hinaus wird der Handlungsspielraum der relevanten Akteure durch die institutionelle Ausgestaltung politischer

2. Interessenvertretungsstrategien in der EU

Mehrebenensysteme bestimmt. In diesem Zusammenhang nennt Sören Isleib drei maßgebliche Strukturmerkmale politischer Mehrebenensysteme:

- "Festlegung über die territoriale Struktur und die politische Differen-
  zierung und Ausbildung der einzelnen Ebenen nach territorialen oder
  funktionalen Gesichtspunkten;
- Festlegung über die eigentliche Verteilung von Kompetenzen und Ressourcen auf die einzelnen Ebenen, wobei Kompetenzen/Ressourcen interessante Güter für die involvierten Akteure darstellen;
- Regeln zur Gegenseitigen Machtbegrenzung, so dass dezentrale Einheiten an zentralen Entscheidungsprozessen beteiligt werden." (vgl. Isleib 2010: 25).

Vor diesem Hintergrund sieht sich die Union mit charakteristischen Problemen konfrontiert, die auf ihre innere Heterogenität zurückzuführen
sind. Das Gefüge der Europäischen Union führt dazu, dass sich Europapo-
litik stets mitgliedsstaatlicher Integrität versichern muss, gleichzeitig aber
der Formulierung einer gemeinsamen Position verpflichtet bleibt. Folglich
werden die entsprechenden Entscheidungsverfahren zunehmend kompli-
ziert. Hinzu kommen die bereits erwähnten neuen Formen der Verschränkung von politischen Ebenen. Somit erhöht sich nicht nur das Konfliktpotenzial zwischen den Staaten der Europäischen Union, es kommt auch zu
kontroversen Auseinandersetzungen zwischen den Mitgliedsstaaten und
der Union (vgl. König/Rieger/Schmitt 1996: 17). Eine besondere Problematik ergibt sich im Kontext des europäischen Mehrebenensystems für die
Organisationsfähigkeit gesellschaftlicher Interessen. Zwar bemühen sich
die nationalen Verbände, trotz der gegebenen Umstände weitgehend autark
und für ihre Mitglieder attraktiv zu bleiben. Allerdings kommen sie dabei
nicht umhin, sich den neuen Bedingungen anzupassen, denn europäische
Politik betrifft nationale Verbände und ihre Mitglieder gleichermaßen.

Natürlich bleibt die eben skizzierte Mehrebenenstruktur nicht ohne Folgen für das Regieren in der Europäischen Union. Edgar Grande (2000:
18ff.) nennt in diesem Zusammenhang mehrere Aspekte, die richtungs-
weisend für das Regieren in Mehrebenensystemen sind und gleichzeitig
die Divergenz zu unitarischen Nationalstaaten verdeutlichen. Diese Betrachtungsweise lässt sich wie folgt zusammenfassen:

- Zum einen erhöht sich der Koordinationsbedarf staatlicher Politik erheblich, da es mehrere Handlungsebenen, Politikarenen, Institutionen

und Akteure gibt, die sich auf dem „Spielfeld" des europäischen Mehrebenensystems bewegen. Die verzweigten und unübersichtlichen institutionellen Bedingungen erschweren die Abstimmungen europäischer
Politiken zusätzlich.

– Des Weiteren entsteht in Mehrebenensystemen ein „neuer Typus von
politischen Akteuren" (Grande 2000b: 18). Diese fokussieren sich auf
die Schnittstellen der politischen Handlungsebenen, was wiederum
eine strukturelle Verschiebung der Macht zur Folge hat.

– Als dritten Punkt nennt Grande den Zuwachs bzw. die Erweiterung
strategischer Handlungsoptionen. Sie ergeben sich nicht zuletzt aus den
neu hinzugekommenen Kanälen politischer Einflussnahme (vgl. Richardson 1997; Greenwood/Aspinwall 1998) und eröffnen den Akteuren zusätzliche strategische Beweglichkeit.

– Für Parteien und Verbände hingegen stellt sich die Frage, wie sie sich
organisieren und auf welche Weise sie ihren Einfluss geltend machen.
In einem Mehrebenensystem stellt beides für solche intermediären Organisationen ein Problem dar. Parteien haben auf europäischer Ebene
kaum Einfluss auf die politische Willensbildung und spielen – anders
als auf nationaler Ebene – nur eine untergeordnete Rolle. Ihre eigentliche Funktion, nämlich als Sprachrohr und Mittler zu fungieren, kommt
im Rahmen des europäischen Mehrebenensystems nicht zum Tragen.
Auch Verbände sehen sich mit den Herausforderungen einer effektiven
Einflussnahme konfrontiert. Zwar bieten Mehrebenensysteme eine
Vielzahl von Zugangskanälen zum politischen Entscheidungsprozess,
dennoch erschwert die sogenannte „Dachverbandsproblematik" (vgl.
Scharpf 1978) die effektive Wahrnehmung von Einflusschancen. Im
Klartext bedeutet dies, dass die Dachverbände keine bedeutende Rolle
im europäischen Politikprozess spielen, da sie nicht autonom (d. h. hin-
reichend unabhängig von ihren Mitgliedsverbänden) handeln können.
Dementsprechend schwierig gestaltet es sich, eine eigenständige Ver-
handlungsposition zu entwickeln. Die daraus resultierende Kraftlosig-
keit europäischer Interessenverbände führte zu einer eklatanten Modifikation der Interessenvertretung auf europäischer Ebene (vgl. Eising/
Kohler-Koch 1994; Kohler-Koch 2000; Cini/Nieves Pérez-Solózarno
Borragán 2013). Neben den bis dahin dominierenden Interessenverbänden etablierten sich informelle „Round Tables" und eigenständige Vertretungen in Brüssel. Vor allem die bedeutenden nationalen Wirtschaftsverbände sowie die Konzerne selbst haben sich durch solche lo-
kalen Repräsentanzen von den Verbänden emanzipiert, um ihre Interes-

sen ungefiltert in den politischen Entscheidungsprozess einzubringen. Daher berücksichtigen die wissenschaftlichen Untersuchungen von Mehrebenenbeziehungen neben den Regierungen auch andere Akteure aus Staaten, internationalen Organisationen und aus dem privaten Sektor (vgl. Benz/Dose 2010).

- Ein weiterer Aspekt, der sich als wesentlich für das Regieren in Mehrebenensystemen darstellt, sind die Interaktionseffekte, die aus dem Zusammenwirken vernetzter Verhandlungssysteme resultieren. Grande (2000) hebt in diesem Zusammenhang das Problem bzw. den Effekt der Entscheidungsblockade hervor, der auf die Abhängigkeiten der politischen Entscheidungsebenen und der damit einhergehenden Konsolidierung der Entscheidungen zurückzuführen sei. Zugleich betont er, dass verzweigte Mehrebenensysteme auch positive Interaktionseffekte ermöglichten, wie sie aus föderativen Systemen bekannt seien.
- Auch das Problem der strukturellen Kontroll- und Verantwortlichkeitslücken ist für die Eigenheiten des europäischen Mehrebenensystems typisch. Aufgrund der bereits erläuterten Komplexität sind kontrollierende oder gar sanktionierende Maßnahmen von Seiten des Parlaments nur sehr bedingt möglich.

2.1.2 Zentrale Institutionen und Akteure

Wie die Darstellung des Multi-Level-Governance-Ansatzes bereits gezeigt hat, sind in der Europäischen Union verschiedenste Akteure an der Gestaltung von Politik beteiligt. Dazu gehören neben den Regierungen und den europäischen Verwaltungseinheiten auch Lobbyisten, Verbände und Parlamentarier. Dabei hängt die Konstellation der Akteure nicht allein vom Politikfeld, sondern auch von der jeweiligen Phase im Policy-Cycle ab. Aufgrund der großen Anzahl relevanter europäischer Akteure und angesichts der vielen betroffenen und integrierten nationalen Akteure ergeben sich mannigfaltige Koalitionsoptionen. Nur in einem gut konstruierten Netzwerk, in dem die Akteure die Möglichkeit haben, Arenen und Interessen auf einer soliden Basis miteinander zu verbinden, können brauchbare Ergebnisse erzielt werden (vgl. Bongardt 2007: 51). Die Erläuterung der zentralen Institutionen und Akteure wird an dieser Stelle bewusst sehr allgemein gehalten, um zunächst einen Überblick zu geben. Eine detaillierte und auf die Fallstudien bezogene Beschreibung der Akteure im Politikprozess folgt in Kapitel 4.

Die EU-Kommission

Die EU-Kommission ist aufgrund ihrer mannigfaltigen Kompetenzen im institutionellen System von zentraler Bedeutung. Diese Kompetenzen umfassen Initiativ-, Exekutiv- und Kontrollaufgaben. Neill Nugent (2010: 122) unterteilt diese „*Responsibilities*" folgendermaßen: „Whilst recognising that there is some overlap between the categories, the responsibilities of the Commission may be grouped under six mayor headings: proposer and developer of policies and legislation, executive functions, guardian of the legal framework, external representative and negotiator, mediator and conciliator, and promoter of the general interest." Dabei ist insbesondere das Initiativrecht von Belang, denn es ermächtigt die Kommission, Gesetzesinitiativen auf den Weg zu bringen. Da der Ministerrat in den meisten Fällen nur auf Vorschlag der Kommission legislative Entscheidungen vereinbaren kann, kommt das Initiativrecht einem Initiativmonopol gleich, das die Kommission in die Lage versetzt, die Richtlinien europäischer Politikinitiativen vorzugeben. Dennoch bleibt sie auf die Mehrheit im Rat und bei Anwendung des Mitentscheidungsverfahrens auch auf die Mehrheit im Parlament angewiesen (vgl. Knill 2008: 89; Nugent 2010: 121f.).

Die Europäische Kommission hat also stets ein vitales Interesse daran, bereits in der für den politischen Entscheidungsprozess zentralen Phase des „Agenda Setting" die Grundlagen für einen möglichst breiten Konsens zu schaffen. Auf der Arbeitsebene findet hier ein intensiver Austausch mit den Mitgliedsstaaten statt, der durch die ebenso wichtige Einbeziehung relevanter Interessengruppen und durch eine regelmäßige Abstimmung mit dem Parlament ergänzt wird. Hierzu werden die zuständigen nationalen Beamten, Abgeordneten und Interessenvertreter von der Kommission eingeladen (vgl. Kohler-Koch/Conzelmann/Knodt 2004: 114). Insbesondere privatwirtschaftliche Akteure nutzen diesen Kanal, um die Aufmerksamkeit auf ihre Interessen und Vorstellungen zu lenken, und erhalten dadurch zunehmend die Möglichkeit, politische Entscheidungsprozesse zu beeinflussen. Die zentrale Rolle der Kommission spiegelt sich auch darin wieder, dass sie ihre Vorschläge jederzeit revidieren kann.

Obgleich die Kommission formal über das Initiativmonopol verfügt, steht es sowohl dem Parlament als auch dem Ministerrat frei, die Ausarbeitung entsprechender Vorschläge bei der Kommission zu beantragen, um sie in den legislativen Prozess einzubringen. Nicht zuletzt durch die Konsultation der Regierungen erhöhen sich die Akzeptanz und somit auch die Realisierungschancen eines Kommissionsvorschlags (vgl. Hrbek

1996: 181). Trotz dieser Einschränkungen behält die Kommission ihre Schlüsselposition bei der Konzeption von Regulierungsmaßnahmen. Im Rahmen der obligatorischen Verhandlungen im Ministerrat kommt es zwar oftmals zu diversen Modifikationen der eingereichten Vorschläge, die elementaren Inhalte werden dabei aber nur in den seltensten Fällen in Frage gestellt.

Im Rahmen der vorliegenden Arbeit ist auch auf die umweltpolitische Bedeutung der Kommission kurz einzugehen. Denn vor dem Hintergrund zunehmender Umweltprobleme wurden viele erfolgreiche Initiativen für eine kollektive Umweltpolitik anfangs fast ausschließlich von der Kommission initiiert. Inzwischen werden umweltpolitische Aktivitäten ebenso häufig von den Mitgliedsstaaten, insbesondere durch entsprechende Appelle des Ministerrates, angestoßen. Dabei verfolgen die nationalen Regierungen in erster Linie das Ziel, ihre Einflusschancen zu optimieren, um umweltpolitische Initiativen der Gemeinschaft zu ihren Gunsten zu beeinflussen (vgl. Knill 2008: 90).

Organisation und Arbeitsweise

Entscheidungen über Initiativen und Vorschläge trifft die Kommission mit der Mehrheit ihrer Mitglieder. Das Kollegium setzt sich aus 27 Kommissaren zusammen, wobei jeder für einen bestimmten Aufgabenbereich verantwortlich zeichnet. Den Kommissaren unterstehen dabei entsprechende Generaldirektionen und Dienststellen, die sich mit der Vorbereitung der Vorschläge befassen. Um eine effektive Koordination zu gewährleisten, gibt es die sogenannten Kabinette. Jeder Kommissar verfügt über ein solches Kabinett, um eine reibungslose Kommunikation zwischen dem Kollegium und den Generaldirektionen sicherzustellen (vgl. Knill 2008: 90; Wessels 2008: 92ff; Nugent 2010: 105ff.).

Zu den maßgeblichen exekutiven Aufgaben der Kommission gehört es, eine Basis für die Realisierung von Gesetzesvorhaben zu schaffen und die dafür notwendigen Schritte zu organisieren und umzusetzen. Letztendlich geht es dabei also um die Ausgestaltung von Richtlinien. Hierzu müssen entsprechende Ausschüsse in den Prozess einbezogen werden, die die Kommission zum einen bei der Bewältigung dieser Aufgabe beratend unterstützen, zum anderen aber auch die Kommission in ihrem Handeln beschränken (vgl. Knill 2008: 92; Nugent 2010: 125f.). In diesem Zusammenhang verwendet man den Begriff der Komitologie (vgl. Pollack

1997b; Wessels 1996, 2008; Nugent 2010: 128ff.). Die Ausschüsse und Beiräte sind zugleich wichtige Zugangskanäle für jegliche Art von Interessenvertretung. Interessenvertreter sind bestrebt, die Formulierung der Regierungspolitik zu ihren Gunsten zu beeinflussen und ihre Vorstellungen optimal zu positionieren. Dieses Ziel verfolgen sie, indem sie der Kommission ihr Expertenwissen zur Verfügung stellen. Fraglos müssen diese Informationen äußerst fundiert und zuverlässig sein, um auch künftig Gehör bei der Kommission zu finden. Gleichzeitig besteht kein Zweifel, dass keine eindeutigen Grenzen zwischen Einfluss und Information zu ziehen sind, da neben harten Fakten immer auch persönliche Präferenzen und Interpretationen eine Rolle spielen. Zudem kann sich der Staat durch eine frühe Integration von Interessengruppen derer Mitwirkung bei der Vorbereitung und Implementierung seiner „Policies" versichern (vgl. Pappi/ Schornpfeil 1996).

Der Ministerrat

Die maßgebende Institution im Entscheidungsgefüge der Europäischen Union ist der Ministerrat. Er entscheidet über die Verabschiedung von europäischen Rechtsakten, wie Richtlinien und Verordnungen (vgl. Hix/ Hoyland 2011; Bomberg/Peterson/Corbett 2012). Zwar konnte das Europäische Parlament durch die Änderung der Europäischen Verträge seine Mitspracherechte erheblich ausweiten, während die Chancen einzelner Staaten, den Ausgang des Entscheidungsprozesses zu beeinflussen, deutlich gesunken sind. Dennoch spielt der Rat weiterhin die dominierende Rolle im europäischen Politikprozess (vgl. Knill 2008: 93; Nugent 2010: 140). Nach Fiona Hayes-Renshaw und Helen Wallace (2006: 325) umfassen die Hauptfunktionen des Ministerrates als wichtigstes Entscheidungsgremium der EU die Entwicklung und Ausarbeitung von Gesetzen (Legislative), die Ausübung exekutiver Aufgaben sowie die zukünftige Ausrichtung der Union. Darüber hinaus soll der Ministerrat ein Forum bieten, in dem die Regierungen der Mitgliedstaaten zu einer konvergenten Position finden.

Trotz seiner erheblichen Bedeutung ist der Ministerrat dennoch nicht der bevorzugte Adressat der Interessenvertreter. Wenn es darum geht, Regierungsvertreter bzw. die nationale Position in einem europäischen Entscheidungsprozess zu beeinflussen, dann geschieht dies vorwiegend auf nationaler Ebene (vgl. Wessels 2008: 90f.; Nugent 2010: 249). Darüber hinaus ist der Ministerrat im Gegensatz zur Kommission und zum Parlament auch keine personell kontinuierlich besetzte Einrichtung (vgl. Nugent 2010: 142ff.). Ständig „vor Ort" ist nur eine überschaubare Anzahl von nationalen Ministeriumsvertretern. Sie delegieren und koordinieren die Arbeit der oftmals parallel tagenden Arbeitsgruppen der Kommission (vgl. Nugent 2010: 144f). Neben der Beschaffung von Informationen über die Tätigkeit der Arbeitsgruppen von Kommission und Rat streben Interessengruppen in erster Linie danach, ihre Standpunkte einzubringen. Dieses Bemühen wird zumeist von weiteren Lobbyingstrategien gegenüber Kommission und Parlament begleitet.

Generell sind die Möglichkeiten der Einflussnahme auf Kommission und Parlament sehr viel größer, so dass es sinnvoll erscheint, hier aktiv zu werden. Trotzdem können Akteure im Rahmen einer proaktiven Strategie, also bereits vor dem Zustandekommen eines Rechtsetzungsverfahrens, ihre Interessen wirksam im Rat einbringen bzw. eine Gesetzesinitiative bewirken. Dies ist auf die Tatsache zurückzuführen, dass ein Großteil der von der Kommission initiierten Rechtsetzungsprozesse auf entsprechende Anregungen des Rates oder der Mitgliedsstaaten zurückzuführen ist (vgl. Strauch 1993: 82; Knill 2008: 93ff.; Wessels 2008: 90ff.).

Die Zusammensetzung des Ministerrates ist variabel und hängt davon ab, welche Sachmaterie von einer legislativen Maßnahme betroffen ist. Während es in den 90er Jahren noch 22 Ratsformationen gegeben hat, wurde ihre Zahl im Jahre 2002 auf 9 reduziert. Seit dem Inkrafttreten des Vertrags von Lissabon am 01. Dezember 2009 existieren 10 Räte mit unterschiedlichen Ressorts (vgl. Weidenfeld/Wessels 2013: 326). Der Kreis ihrer Mitglieder setzt sich aus den jeweils zuständigen nationalen Fachministern zusammen, die an die Weisungen und Aufträge ihrer Regierungen gebunden sind. Somit werden im Ministerrat die Interessen der Mitgliedsstaaten auf europäischer Ebene repräsentiert, wobei jedes Ratsmitglied das Ziel verfolgt, die jeweiligen nationalen Interessen bestmöglich auf EU-Ebene durchzusetzen (vgl. Knill/Liefferink 2007: 62; Knill 2008: 93; Nugent 2010: 142f.). Der Umweltrat tritt etwa viermal im Jahr zusammen. Darüber hinaus finden in unregelmäßigen Abständen mehrerer informelle Treffen der EU-Umweltminister statt.

Die zentrale Aufgabe des Ministerrates ist die Rechtsetzung. Nachdem die Kommission ihren Vorschlag dem Rat vorgelegt hat, beginnt ein Prozess, in dessen Verlauf der Kommissionsvorschlag gemeinsam mit dem Europäischen Parlament diskutiert, verändert und gegebenenfalls ergänzt wird, bevor er endgültig als Rechtsakt verabschiedet wird. Ebenso ist denkbar, dass es zu keiner Entscheidung kommt, da sich die nationalen Vertreter auf keine gemeinsame Position einigen können. Die Beschlussfassung erfolgt je nach Politikbereich mit qualifizierter Mehrheit oder einstimmig (vgl. Knill 2008: 94; Nugent 2010: 154 ff.).

Ein wichtiges Gremium hinsichtlich der Vorbereitung von Ratssitzungen ist der Ausschuss der Ständigen Vertreter der Mitgliedsstaaten. Die Mitglieder des COREPER, also der Ausschuss der ständigen Vertreter der Mitgliedsstaaten bei der EU, sind den nationalen Regierungen gegenüber weisungsgebunden. Bevor sich der COREPER mit einer Thematik befasst, werden im Vorfeld offene Detailfragen in entsprechenden Arbeitsgruppen diskutiert. Diese setzen sich aus nationalen Beamten zusammen, die oftmals auch in den von der Kommission konsultierten Gremien sitzen (vgl. Nugent 2010: 144f.). Nur wenn sich der Ausschuss der Ständigen Vertreter und die Arbeitsgruppen nicht einigen können, werden Angelegenheiten an den Ministerrat weitergeleitet. Um die politische Lösung eines Problems zu erreichen, wird ihm die geplante Maßnahme zur Beratung vorgelegt. Im Regelfall stimmen die Ratsmitglieder den Vereinbarungen, die auf der Arbeitsebene entwickelt wurden, zu. Die endgültige Entscheidung liegt jedoch stets beim Ministerrat (vgl. Knill 2008: 95).

Im diesem Zusammenhang ist zudem die Rolle der Ratspräsidentschaft hervorzuheben. Diese wechselt turnusgemäß alle sechs Monate und erlaubt es dem jeweils amtierenden Mitgliedsland, die Verhandlungen im Ministerrat zu dirigieren. Einen guten Überblick über *„The main tasks of the Presidency"* liefert Neill Nugent (2010: 149f.), indem er folgende fünf Aufgaben identifiziert:

1. „To arrange (in close association with the General Secreteriat) and to chair most Council meetings from ministerial level downwards. (...)
2. To build a consensus for initiatives. (...)
3. To offer leadership. (...)
4. To ensure continuity and consistency of policy development. (...)
5. To represent the Council in dealings with outside bodies. (...)"

Entscheidend ist, dass ein Land auf diese Weise die Möglichkeit erhält, seine eigenen politischen Prioritäten ganz oben auf die Agenda zu setzen (vgl. Knill/Liefferink 2007: 64).

Das Europäische Parlament

Im Vergleich zu nationalen Parlamenten verfügt das Europäische Parlament nur über geringe legislative Kompetenzen. Diese liegen, wie bereits erwähnt, primär beim Ministerrat. Neben seiner Funktion als parlamentarisches Kontrollorgan besteht eine weitere Aufgabe des Parlaments in seiner Beteiligung am Gesetzgebungsverfahren, wobei es allerdings lediglich auf eine Mitwirkungsfunktion beschränkt bleibt. Dennoch beteiligt sich das Europäische Parlament intensiv an der Gesetzgebung. Dies zeigt sich insbesondere an der hohen Anzahl genehmigter Verordnungen. Im Rahmen seiner Plenarsitzungen bewilligte das Parlament in der Periode von 2004-2009 insgesamt 2.924 Texte, davon 1.355 legislative Dokumente (vgl. Nugent 2010: 179). Neill Nugent beschreibt in diesem Zusammenhang mehrere Möglichkeiten des Parlaments, auf Art und Inhalt des legislativen „outputs" einzuwirken (vgl. Nugent 2010: 179ff.): Zunächst gebe es die Möglichkeit, bereits zu einem sehr frühen Zeitpunkt („at the pre-proposal legislative stage" S. 179) das Gespräch mit der Kommission zu suchen. Diese könne Ideen einbringen, noch bevor ein Parlamentsausschuss oder dessen Mitglieder solche politischen Initiativen überhaupt bei der Kommission vorschlagen. Darüber hinaus könne das Parlament seine eigenen Vorschläge formell verabschieden. Zudem bietet das jährliche Haushaltsverfahren diverse Möglichkeiten, legislativen Einfluss auszuüben.

In seiner Zusammensetzung und Arbeitsweise lässt sich das Europaparlament mit den nationalen Parlamenten vergleichen. Direkt gewählte Abgeordnete bilden unterschiedliche Fraktionen, deren Zusammensetzung von der Parteizugehörigkeit bestimmt wird. Die Nationalität spielt dabei keine Rolle. Die anstehenden Entscheidungen werden in diversen Ausschüssen vorbereitet, deren Zuständigkeiten sich weitgehend an den Generaldirektionen der Kommission orientieren (vgl. Knill 2008: 96; Judge/ Earnshaw 2009; Hix/Hoyland 2011; Burns 2013). Dabei haben insbesondere die Ausschussvorsitzenden und die Berichterstatter großen Einfluss auf den parlamentarischen Willensbildungsprozess (vgl. Eising 2004: 498). Ein Berichterstatter wird vom jeweiligen Ausschuss ernannt und ist für den Entwurf eines Ausschussberichts zuständig, der zu dem entsprechenden Kommissionsvorschlag Stellung nimmt. Auch hier folgt eine effektive Interessenvertretung der Regel „Je früher, desto besser". Erste Interventionen der Lobbyisten sollten den zuständigen Berichterstatter erreichen, bevor der Ausschussbericht dem Plenum vorgelegt wird. Politische

Einflussnahme zu einem späteren Zeitpunkt gestaltet sich zunehmend schwierig.

Der Umgang mit den Interessenvertretern verhält sich bei den Parlamentariern nicht anders als bei den Kommissionsbeamten. Hier wie dort sind sie gern gesehene Gäste, denn im Regelfall profitieren beide Seiten von einer Interessenskonvergenz. Die „Win-win-Situation" gestaltet sich folgendermaßen:

- Die Parlamentarier erhalten Informationen, die sie aufgrund ihrer knappen Ressourcen und angesichts einer maximalen Auslastung nicht selbst generieren können. So sind die Informationen, die von den Interessengruppen zur Verfügung gestellt werden, eine optimale Ergänzung zu den Auskünften, die ansonsten überwiegend bei der Kommission eingeholt werden (vgl. van Schendelen 1993a). Dies führt auch zu einer verbesserten Wahrnehmung der Kontrollfunktion gegenüber der Kommission, da ein gut informiertes Parlament die Entwürfe der Generaldirektion kritisch beurteilen kann und nicht gezwungen ist, diese aufgrund eines Mangels an Informationen blindlings zu akzeptieren bzw. billigend in Kauf zu nehmen.
- Dem stehen die Erwartungen der Interessengruppen gegenüber. Sie erhoffen sich in erster Linie einen Einfluss auf die Gesetzgebung. Obgleich dem Parlament entscheidende Kompetenzen fehlen, gibt es dennoch beachtenswerte Chancen der Einflussnahme. Diese Gelegenheiten ergeben sich speziell im Rahmen der bereits erwähnten Zusammenarbeits- und Mitentscheidungsverfahren, da die Kommission die Änderungsvorschläge des Europäischen Parlaments berücksichtigen muss, wobei die letzte Entscheidung beim Europäischen Rat liegt. Hierbei ist zu konstatieren, dass dieser in der Vergangenheit einen Großteil der Parlamentsvorschläge akzeptiert hat. Da diese parlamentarischen Anliegen zu einem sehr frühen Zeitpunkt in das Verfahren eingebracht werden, ist es für Interessengruppen äußerst attraktiv, bereits in dieser Phase die mit dem Vorgang befassten Ausschüsse von ihren Standpunkten zu überzeugen.

Für das Mitentscheidungsverfahren gilt, dass Rat und Parlament paritätisch an der Verabschiedung eines Gesetzes beteiligt sind. Einvernehmliche Entscheidungen, die im Bedarfsfall auch über einen Vermittlungsausschuss erzielt werden, sind in diesem Verfahren der Mitentscheidung obligatorisch. Da nahezu 75 % der Entscheidungen in der EU auf diesem Entscheidungsweg getroffen werden, gilt das Mitentscheidungsverfahren als wichtigstes Gesetzgebungsverfahren.

Gleichwohl erfordert wirkungsvolles Lobbying beim Europäischen Parlament ein maximales Engagement, das mit erheblichen Kosten und hohem zeitlichen Aufwand verbunden ist. Demzufolge bleibt dieses Feld der Interessenvertretung überwiegend finanzkräftigen Akteuren vorbehalten.

Das Europaparlament hat die Möglichkeit, auf verschiedene Arten beim Gesetzgebungsprozess mitzuwirken. Zum einen gibt es hier das Anhörungsverfahren, das es dem Parlament erlaubt, zu einem Kommissionsvorschlag Stellung zu nehmen. Hierbei kommt dem Parlament jedoch nur eine beratende Funktion zu, die für den Ministerrat nicht verbindlich ist. Eine weitere Option ergibt sich aus dem bereits erwähnten Verfahren der Zusammenarbeit, das dem Europaparlament Gesetzgebungsbefugnisse für alle binnenmarktrelevanten Entscheidungen einräumt, wozu auch umweltpolitische Maßnahmen zählen. Auch hier hatte ursprünglich der Ministerrat das letzte Wort. Mit dem Vertrag von Maastricht erfuhr das Parlament allerdings eine entscheidende Erweiterung seiner Mitwirkungsrechte. Seitdem sind Ministerrat und EP im Rahmen des Mitentscheidungsverfahrens gleichberechtigt (vgl. Knill 2008: 96; Nugent 2010: 179ff.; Hix/Hoyland 2011; Burns 2013).

Abbildung 2.1: Das Mitentscheidungsverfahren

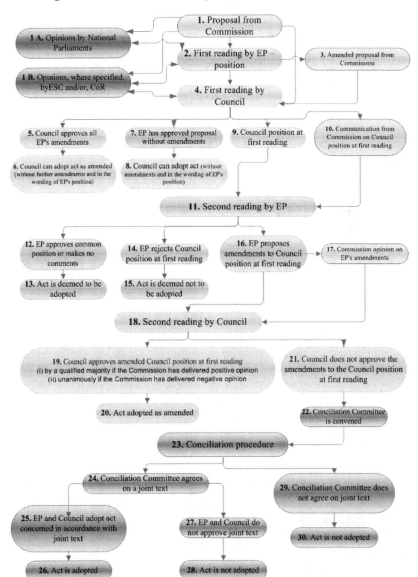

Quelle: Europäische Kommission 2004.

Da dieses legislative Verfahren zwischen Rat und Parlament im Rahmen der in den Fallstudien untersuchten Gesetzgebungsprozesse zur Anwendung kam, soll der Ablauf des Verfahrens im Folgenden kurz dargestellt werden (vgl. Consilium: "Mitenscheidungsverfahren", http://www.consiliu m.europa.eu/uedocs/cmsUpload/CodecGuide.DE.pdf; Bundeszentrale für politische Bildung 2010):

Ziel des Mitentscheidungsverfahrens ist es, in mehreren Stufen ein Übereinkommen zwischen Rat und Parlament zu erreichen. Dabei können sowohl der Rat als auch das Parlament den Gesetzentwurf zu Fall bringen. Zunächst wird das Verfahren durch die Kommission initiiert. Im Rahmen ihres Initiativrechts erarbeitet sie einen entsprechenden Vorschlag und leitet diesen zeitgleich an den Rat und an das Parlament weiter. Daraufhin nimmt das Parlament in einer ersten Lesung Stellung zu dem vorgeschlagenen Rechtsakt und teilt seinen Standpunkt mit eventuellen Änderungsvorschlägen der Kommission und dem Rat mit. Es folgt die erste Lesung im Ministerrat, der dann seinerseits eine Stellungnahme abgibt, wobei er das Ergebnis der ersten Lesung des Parlaments entweder billigt – in diesem Fall ist der Rechtsakt angenommen – oder ablehnt und im Bedarfsfall auch eigene Änderungen beschließt. In diesem Fall wird ein „gemeinsamer Standpunkt" des Rates formuliert und dem Parlament zur zweiten Lesung unterbreitet. Der „gemeinsame Standpunkt" wird dem Parlament und der Kommission vorgelegt. An dieser Stelle sei noch einmal darauf hingewiesen, dass der Ausschuss der Ständigen Vertreter nicht selten die Entscheidungen des Rates vorbereitet. Allerdings sind die Ständigen Vertreter weisungsgebunden. Da sie als instruierte Delegierte nicht von ihren Instruktionen abweichen dürfen, stellen sie insofern auch keine bedeutenden Ansprechpartner für Lobbying dar.

Im Rahmen der zweiten Lesung hat das Europäische Parlament die Möglichkeit, auf den „gemeinsamen Standpunkt" zu reagieren. Der federführende EP-Ausschuss prüft diesen Standpunkt des Rates und erarbeitet eine Empfehlung, die dem Plenum vorgelegt wird und auf deren Grundlage eine Abstimmung im Parlament erfolgt. Hierbei können sich die drei folgenden Situationen ergeben:

1. Das Parlament billigt den „gemeinsamen Standpunkt" des Rates. In diesem Fall gilt der Rechtsakt als erlassen.
2. Das Parlament lehnt den „gemeinsamen Standpunkt" mit der absoluten Mehrheit seiner Mitglieder ab. In diesem Fall gilt der vorgeschlagene Rechtsakt als nicht erlassen.

3. Eine dritte Variante ermöglicht es dem Europäischen Parlament, mit der Mehrheit seiner Mitglieder den „gemeinsamen Standpunkt" des Rates abzuändern. Diese Änderungen sind an den Rat und die Kommission weiterzuleiten.

In gleicher Weise hat der Rat die Möglichkeit, auf die vom Parlament verabschiedeten Änderungen in zweiter Lesung zu reagieren. Der Rat kann sie annehmen oder ablehnen. Allerdings muss er zuvor die Stellungnahme der Kommission berücksichtigen. Stimmt die Kommission den Änderungen des Parlaments zu und werden diese auch vom Rat gebilligt, so genügt die qualifizierte Mehrheit seiner Stimmen, um den Rechtsakt in der abgeänderten Form des „gemeinsamen Standpunktes" zu erlassen. Sollte sich die Kommission in ihrer Stellungnahme gegen die Änderungen aussprechen, so muss der Rat einen einstimmigen Beschluss fassen, um den Rechtsakt zu erlassen.

Kommt es nach der zweiten Lesung zu keiner Einigung zwischen Rat und Parlament, da der Rat die Änderungsvorschläge des Parlaments ablehnt, so muss unverzüglich ein Vermittlungsausschuss einberufen werden. Dieser setzt sich aus je einem Vertreter jedes Mitgliedsstaates und aus einer gleichen Anzahl von EU-Parlamentariern zusammen. Um eine Annäherung der Standpunkte des Rates und des Parlaments zu erreichen, beteiligt sich auch die Kommission an der Arbeit des Vermittlungsausschusses. Soll ein Scheitern des Verfahrens verhindert werden, so muss der Ausschuss binnen sechs Wochen einen Kompromisstext entwerfen, der von ihm mit qualifizierter Mehrheit zu billigen ist.

Dieser gemeinsame Entwurf ist anschließend dem Rat und dem Parlament zu einer dritten Lesung vorzulegen. Um schließlich den betreffenden Rechtsakt zu erlassen, ist zunächst eine qualifizierte Mehrheit im Rat erforderlich. Darüber hinaus muss das Parlament den Kompromiss mit absoluter Mehrheit bestätigen. Sollte eines der beiden Organe den vorgeschlagenen Rechtsakt ablehnen, gilt er als nicht erlassen.

Interessenverbände und Unternehmen

Am politischen Entscheidungsprozess beteiligen sich nicht nur europäische Institutionen und Behörden, sondern zunehmend auch gesellschaftliche Interessengruppen und die Unternehmen selbst. Viele große Firmen, allen voran multinationale Konzerne, betreiben ein zunehmend aktives

Lobbying gegenüber den EU-Institutionen. Dies zeigt sich nicht zuletzt an den etwa 250 Brüsseler Konzernrepräsentanzen (vgl. Nugent 2010: 245). Neill Nugent betont in diesem Zusammenhang insbesondere die direkten Lobbyingaktivitäten der Automobilindustrie: „The car industry is an example of a sector where direct lobbying by firms, and not just European firms, is common – as is indicated by the fact that most large car firms in Europe have lobbying/Information offices in Brussels." (vgl. Nugent 2010: 246).

Besonders nach Verabschiedung der Einheitlichen Europäischen Akte (EEA) stieg die Zahl der in Brüssel vertretenen Interessenverbände erheblich an (vgl. Greenwood/ Aspinwall 1998; Mazey/Richardson 2006; Greenwood 2011). Gegenwärtig haben sich mehr als 940 EU-Verbände in Brüssel etabliert. Allein der Industriesektor ist mit 279 Verbänden vertreten (vgl. Platzer 2008: 188). Die Beteiligung von Verbänden an der europäischen Politikgestaltung ist dabei ausdrücklich vorgesehen (vgl. Weißbuch der Europäischen Kommission, 2001). Zu den wesentlichen Aufgaben der Verbände gehört, dass sie ihre Mitglieder durch intensives Monitoring über aktuelle Entwicklungen in Brüssel auf dem Laufenden halten, deren Interessen bündeln und gegenüber den Gemeinschaftsorganen vertreten (vgl. Knill 2008: 100).

Betrachtet man die Strukturen europäischer Interessengruppen, so stellt man fest, dass die Verbände auf europäischer Ebene unterschiedlich organisiert sind. Meistens handelt es sich um föderative Zusammenschlüsse, die einen europäischen Dachverband für die nationalen Verbände der jeweiligen Branche bilden. Gegenwärtig existieren zudem mehrere Verbände, die für individuelle Akteure, wie beispielsweise einzelne Unternehmen, eine direkte Mitgliedschaft vorsehen (vgl. Greenwood/Aspinwall 1998; Knill 2008). So gehören zum Beispiel die untersuchten Unternehmen BMW, Volkswagen und Daimler nicht nur dem nationalen VDA (Verband der Deutschen Automobilindustrie) an, sondern sind als individuelle Akteure auch Mitglieder des ACEA, des europäischen Dachverbandes der Automobilindustrie.

Um den Politikprozess durch Interessenvertretungen vorteilhaft zu beeinflussen, bedienen sich die Verbände und Unternehmen unterschiedlicher Kanäle. Dabei ergeben sich die besten Möglichkeiten der Einflussnahme innerhalb der europäischen Institutionen auf informeller Basis (vgl. Knill 2008: 101). In Abhängigkeit von der Phase des Politikprozesses, in der ein Verband oder Unternehmen seine Interessen vertritt, unterscheiden sich auch die jeweiligen Zugangsmöglichkeiten.

Im Prozess der Politikformulierung ist sicherlich die Kommission, aufgrund ihrer bereits genannten zentralen Kompetenzen, der wichtigste Ansprechpartner. Zudem wäre sie aufgrund ihrer begrenzten personellen Ressourcen mit der Ausarbeitung von Vorschlägen überfordert und ist deshalb auf die Expertisen von außen angewiesen. Außerdem gewährleistet die Einbeziehung der Verbände eine breitere Akzeptanz der Vorschläge seitens der Gesellschaft. Um sich nicht dem Vorwurf auszusetzen, bestimmte nationale Positionen zu bevorzugen, sucht die Kommission primär Kontakte zu Verbänden, die auf EU-Ebene organisiert sind (vgl. Nugent 2010: 250).

Neben der Kommission zählt auch das Parlament – spätestens seit der erheblichen Ausweitung seiner Entscheidungsbefugnisse – zu den maßgeblichen Ansprechpartnern der Verbände und Unternehmen. Von besonderem Interesse für Lobbyisten sind dabei die folgenden Befugnisse des Parlaments (vgl. Nugent 2010: 251): die Erstellung von Initiativberichten, um den Weg für die Kommission zu ebnen, entsprechende Vorschläge vorzulegen; das Recht, die Kommission formell dazu aufzufordern, einen Rechtsakt zu unterbreiten; sowie der Zugang zu Fraktions- und Ausschusssitzungen, in denen die Gesetzgebung im Rahmen offizieller Sitzungen wie auch am Rande von Sitzungen (inoffiziell) besprochen werden. Aus diesem Grund suchen/nutzen Verbände und Unternehmen den Kontakt zu den Parlamentariern, um ihre Interessen gezielt zu lancieren und den Gesetzgebungsprozess entsprechend zu beeinflussen. Ein weiterer Adressat (indirekt) der Interessengruppen ist der Ministerrat. Aufgrund seiner entscheidenden Rolle im europäischen Gesetzgebungsprozess stehen die nationalen Regierungen ebenso wie die Ministerialverwaltungen im Fokus lobbyistischer Aktivitäten. Daher versuchen die Verbände gelegentlich, den Ministerrat über die nationalen Verbände zu beeinflussen (vgl. Knill 2008: 101).

Obwohl die genannten Einflusskanäle allen Interessengruppen gleichermaßen zugänglich sind, gibt es beträchtliche Unterschiede hinsichtlich der Nutzung von Einflussmöglichkeiten auf europäischer Ebene. Besonders deutlich wird dies, wenn man umweltpolitische und ökonomische Interessen einander gegenüberstellt. Da Wirtschaftsverbände über deutlich mehr finanzielle und personelle Ressourcen verfügen als Umweltverbände, sind Umweltinteressen folglich unterrepräsentiert (vgl. Holzinger 1994: 127; Knill 2008: 101). Die Ursachen hierfür liegen zum einen darin begründet, dass sich die Umweltinteressen erst spät auf europäischer Ebene organisieren konnten, und zwar nachdem die umweltpolitischen Kompetenzen der

EU – insbesondere durch die EEA und den Vertrag von Maastricht – verstärkt wurden. Zum anderen wurde die Europäische Union in erster Linie als Wirtschaftsgemeinschaft gesehen. Nicht zuletzt spielt es eine Rolle, dass die Organisation von Umweltinteressen grundsätzlich schwerfälliger verläuft als die von ökonomischen Interessen (vgl. Knill/Liefferink 2007: 71; Knill 2008: 101f.).

2.2 Typen der Interessenvermittlung

Die Grundstruktur des EU-Verbändesystems hat ihre Wurzeln in den späten 1990er-Jahren, als die EU aus 12 Mitgliedsstaaten bestand. Etwa ein Drittel dieser Mitgliedsstaaten war zur damaligen Zeit korporatistisch organisiert. Die Situation in Frankreich wurde häufig als etatistisch bezeichnet. In Ausnahmefällen, wie beispielsweise im Agrarsektor, beschrieb man die Organisation in Frankreich auch als korporatistisch (vgl. Wilson 1990). Der Großteil der Mitgliedsstaaten war der pluralistischen Tradition verpflichtet (vgl. Schmitter/Streeck 1999). Ausgehend von diesen Gegebenheiten entwickelt sich inzwischen offenbar eine neue Form der Interessenvermittlung auf europäischer Ebene.

Betrachtet man zum Beispiel den Bereich der Forschungs- und Technologiepolitik, so stellt man fest, dass die ersten Forschungsprogramme der EU-Kommission fast ausschließlich mit Unternehmensvertretern verhandelt wurden. Auf der anderen Seite gibt es Politikfelder, in denen Interessenvertretung und Einflussnahme eher unstrukturiert ausgeübt wurden und werden. Im Bereich des Verbraucherschutzes beispielsweise existieren viele kleine Organisationen, die ihre Interessen bei der Kommission in einem tendenziell eher pluralistischen Umfeld vertreten. Auf dem Feld der Agrarpolitik sind die Akteure in hohem Grade klientelistisch organisiert. Es gibt also kein einheitliches System der Interessenvermittlung auf europäischer Ebene. Selbst innerhalb einzelner Politikbereiche finden sich Variationen. Die Verwendung von Typologien erweist sich daher als problematisch. Es ist schwierig, Prognosen darüber abzugeben, welches Muster von Interessenvermittlung in einem konkreten Politikfeld angewendet wird, da dieses stets in hohem Maße sektorspezifisch geprägt ist. In einem Fall dominieren die Unternehmen, in einem anderen Fall spielen Verbände die Hauptrolle bei der Interessenvermittlung (vgl. Greenwood/Ronit1994).

Daher ist es in diesem Kontext notwendig, vorab die verschiedenen Typologien darzustellen, die in der Vergangenheit dazu dienten, die charakteristischen Muster der Interessenvermittlung zwischen staatlichen und privaten Akteuren typologisch nachzuvollziehen. Hierbei ist es entscheidend, die Interaktionsmuster von Staat und Wirtschaft zu identifizieren. Es stellt sich die Frage, welches dieser Muster empirisch tatsächlich vorkommt und welche Gelegenheitsstruktur man vorfindet. Inwieweit führen diese Typologien zu Aussagen über den behandelten Untersuchungsgegenstand? Dazu bedarf es entsprechender Konzepte, die es erlauben, derartige Gelegenheitsstrukturen zu modellieren. Für die vorliegende Untersuchung haben sich die Typologien des Korporatismus, des Pluralismus, der Issue-Networks und des Klientelismus als besonders relevant herausgestellt. Diese Typologien wurden entwickelt, um die unterschiedlichen Ausprägungen des Verhältnisses von Staat und Wirtschaft zu erfassen. Vorab ist anzumerken, dass keine dieser Theorien eine allgemeingültige Begründung für den Wandel der organisierten Interessen in der Europäischen Union bietet. Vielmehr beziehen sich die verschiedenen Theorien jeweils auf bestimmte Teilaspekte. Ulrich von Alemann hat in diesem Kontext betont, dass man die verschiedenen Theorien nicht als rivalisierende Modelle sehen sollte, sondern als gegenseitige Ergänzung (vgl. von Alemann 1989: 20).

2.2.1 Korporatismus

Der Begriff des Korporatismus hat sich in der Politikwissenschaft der 70er Jahre als Theorie der Interessenvermittlung etabliert. Er kontrastierte die damalige Forschung, indem er Verbände und Interessengruppen nicht länger nur als Akteure darstellte, die sich lediglich auf ihre eigenen Partikularinteressen fokussierten und dementsprechend versuchten, den politischen Entscheidungsprozess zu beeinflussen. Beate Kohler-Koch et al. (2004: 229) schreiben hierzu: „(...) es wurde ein Erklärungsmodell für die beobachteten Strukturen und Prozesse geboten und es wurden die Bedingungen für eine erfolgreiche Beteiligung der Verbände genannt".

Die Korporatismustheorie basiert auf der Fragestellung, wie die verschiedenen Formen von Interessenvermittlung entstanden sind und welche Folgen sich daraus für die Regierbarkeit innerhalb politischer Systeme ergeben. Sie beschäftigt sich primär mit der zunehmenden Institutionalisierung von Interessengruppen im Kontext des politischen Entscheidungsprozesses. Dabei geht es "(...) nicht mehr um die Einflussnahme partikularer gesellschaftlicher Interessen auf den das Gemeinwohl verkörpernden Staat, sondern um die Funktionsleistung von Verbänden für effizientes Regieren."(vgl. Kohler-Koch et al. 2004: 229). Als wichtigste Vertreter der Korporatismusdiskussion gelten Philippe C. Schmitter und Gerhard Lehmbruch. Erstgenannter unterteilt Korporatismus in eine staatliche und eine soziale Variante, Lehmbruch unterscheidet zwischen autoritären und liberalen Korporatismus (vgl. Schmitter 1979a; Lehmbruch 1979b: 53; Schmitter 1981: 292ff). Der staatliche sowie der autoritäre Korporatismus zeichnen sich demnach dadurch aus, dass wirtschaftliche und gesellschaftliche Organisationen obligatorisch in hierarchische Entscheidungsverfahren eingebunden werden. Im Gegensatz dazu beruhe der liberale Neo-Korporatismus auf einer freiwilligen Teilnahme gesellschaftlicher Organisationen mit dem Ziel, die verschiedenen Interessengruppen an gemeinsam getroffene Vereinbarungen zu binden.

Philippe C. Schmitter unterscheidet den Korporatismus als System der Interessenvermittlung und politische Formation, wohingegen Gerhard Lehmbruch die Wirkung des Korporatismus auf die öffentliche Politikgestaltung betont (vgl. Kaiser 2006: 62). Der Pluralismus wird durch korporatistische Politik im Rahmen entsprechender Arrangements abgelöst (vgl. Lehmbruch 1979a: 152; 1979b: 53). Der Unterschied beider Ansätze besteht darin, dass nach Schmitter der Korporatismus „als gesamtgesellschaftlicher Systemzusammenhang" andere Systeme ablöst. Im Gegensatz dazu geht Lehmbruch davon aus, dass bestehende Systeme ergänzt werden. Christian Kaiser (2006: 62) fasst die unterschiedlichen Ansätze folgendermaßen zusammen: „Kurz gesagt bezieht sich der Systemcharakter (Schmitter) auf das System der Interessenvermittlung und die Strukturvariante (Lehmbruch) betont die politische Formation des Korporatismus". Dabei betont er, dass der Korporatismus in beiden Ansätzen auf einer staatlich-verbandlichen Beziehung basiere, „die in tripartistischer Form einen Interessengegensatz der beteiligten nichtstaatlichen Akteure enthält" (Kaiser 2006: 63).

Bezeichnend für diese Theorie ist die sogenannte „Austauschlogik" (vgl. Glagow/Schimank 1983: 544). Demnach zeichnet sich im Korporatismus ein privater Akteur dadurch aus, dass er enge Verhandlungsarrangements mit dem Staat eingeht. Die Zusammenarbeit zwischen den Verbänden und der Politik besteht darin, dass Interessengruppen an institutionalisierten Prozessen beteiligt werden und somit Aufgaben übernehmen, die bislang ausschließlich dem Staat vorbehalten waren. Durch diese staatlich-verbandliche Verschränkung können die Interessengruppen an der Implementation von Politik partizipieren. Diese theoretische Sichtweise beschreibt somit eine Restrukturierung der Beziehung zwischen Staat und

Interessengruppen. Obgleich die Verbände am politischen Entscheidungsprozess beteiligt werden, bleiben sie dennoch selbstständig. Darüber hinaus erhalten nicht alle Verbände die gleichen Zugangsmöglichkeiten. Insbesondere den Spitzenverbände der Wirtschaft wird eine privilegierter Zugang zu institutionalisierten Prozessen eingeräumt (vgl. Heinze 1981).

Solche Arrangements funktionieren jedoch nur, wenn bestimmte Bedingungen erfüllt werden. Nach Schmitter zeichnet sich korporatistische Interessenvermittlung dadurch aus, dass nur eine begrenzte Anzahl von Verbänden existiert, die in keiner Konkurrenz zueinander stehen. Zudem gibt es eine hierarchische Struktur sowie eine gegenseitige funktionale Abgrenzung. In der Definition von Schmitter sind die wenigen Verbände darüber hinaus staatlich anerkannt und nicht selten auf eine staatliche Gründungsinitiative zurückzuführen. Dieser Definition zufolge müssen die Verbände jedoch als Gegenleistung für ein etwaiges Repräsentationsmonopol, das ihnen bisweilen zugestanden wird, staatliche Auflagen bzw. Zugeständnisse erfüllen (vgl. Schmitter 1979b: 93ff.).

Darüber hinaus betrachtet der Neokorporatismus die Verbände als Mittler zwischen den verschiedenen Akteuren. Ihre Aufgabe liegt konkret in der wechselseitigen Interessenvermittlung zwischen Verbandsmitgliedern und der Politik – abseits jeglicher Form des Wettbewerbs (vgl. von Alemann 1981).

Kritiker bemängeln jedoch einige Nachteile der Theorie. Probleme ergeben sich zum einen aus dem Machtverlust der Parlamente, zum anderen beklagen Wissenschaftler die Verlagerung von Entscheidungen aus dem institutionellen Umfeld hin zu nicht legitimierten Akteuren (vgl. Grande 1996; Czerwik 1999: 425, Kaiser 2006: 63). Philippe C. Schmitter und Wolfgang Streeck (1991) argumentieren, dass Korporatismus auf europäischer Ebene eigentlich nicht realistisch sei. Korporatismus setze engere Beziehungen und ein höheres Maß an Organisationsfähigkeit voraus als in Europa vorhanden seien. Aufgrund der institutionellen Besonderheiten sei es unwahrscheinlich, so die Autoren, dass sich in der EU ein korporatistisches Muster der Interessenvermittlung herausbilde. Zu erwarten sei allenfalls eine wie auch immer strukturierte pluralistische Form von Interessenvermittlung (vgl. Streeck/Schmitter 1991).

2.2.2 Pluralismus

Im Gegensatz zum Korporatismus gibt es im Pluralismus einen privaten Akteur, der im Wettbewerb mit anderen privaten Akteuren versucht, seine gesellschaftlichen, wirtschaftlichen und politischen Interessen besser durchzusetzen als die Konkurrenz. Die Rolle des Staates besteht im Wesentlichen darin, für eine Balance zwischen den unterschiedlichen Interessen zu sorgen. Zudem fungiert der Staat als eine Art Schiedsrichter, der gewährleistet, dass ein bestimmter Wertekodex eingehalten wird (vgl. Schmitter 1979b: 94; Fraenkel 1991: 291). Dabei verfolgen die gesellschaftlichen Gruppen ihre Ziele (gegenüber dem Staat) im Rahmen der Möglichkeiten des politischen Systems autonom und gleichberechtigt. Generell bieten sich im Pluralismus vielfältige Zugangs- und Beteiligungsmöglichkeiten innerhalb des politischen Systems. Die politische Partizipation erfolgt jedoch ausschließlich extern und nicht in Zusammenarbeit mit dem Staat, wie dies beim Korporatismus der Fall ist. Ein pluralistisches System zeichnet darüber hinaus durch eine wechselseitige Machtbeschränkung zwischen den verschiedenen Gruppen aus. Dies führt nicht nur zu einem Mächtegleichgewicht, sondern auch zu einer Chancengleichheit (vgl. Kohler-Koch et al. 2004: 228). Dieses gilt jedoch nur im Idealfall, was unter realen Bedingungen kaum zu erwarten ist (vgl. von Alemann 1989: 43).

Dieser Definition des Pluralismus folgt auch der Politikwissenschaftler Ernst Fraenkel. Er bekräftigt die Notwendigkeit von vielfältigen Interessen und Weltanschauungen und verweist gleichzeitig auf einen gemeinsamen Wertekanon als Grundvoraussetzung für diesen politikwissenschaftlichen Ansatz (vgl. Fraenkel 1991: 291f.). Im Unterschied zu Fraenkel und in Abgrenzung zum Korporatismus definierte Philippe C. Schmitter den Idealtypus des Pluralismus „als ein System der Interessenvermittlung, dessen wesentliche Bestandteile in eine nicht näher bestimmte Anzahl freiwilliger, in Wettbewerb stehender, nicht hierarchischer und autonomer (was die Art und Umfang des Interesses betrifft) Gruppen organisiert sind. Diese Gruppen besitzen weder eine besondere staatliche Lizenz, Anerkennung oder Unterstützung, noch sind sie auf staatliche Initiative hin gebildet worden oder unterliegen staatlicher Kontrolle hinsichtlich der Rekrutierung von Führungspersonal oder der Interessenartikulation. Außerdem können sie kein Repräsentationsmonopol innerhalb der von ihnen vertretenen Bereiche in Anspruch nehmen." (vgl. Schmitter 1979b: 94).

Wie es die Wortbedeutung bereits nahelegt, ist die „Vielfalt" ein zentrales Kriterium des pluralistischen Systems. Entscheidend ist, dass die vielfältigen individuellen Interessen und Vorstellungen aller Gruppen respektiert werden. In diesem Zusammenhang bemängeln Kritiker des Pluralismus, dass dieser sich keinesfalls in allen Bereichen der Gesellschaft widerspiegele, da bevorzugt die starken sozialen Gruppen ihre Interessen durchsetzten (vgl. von Alemann 1989: 43). Insbesondere die amerikanische Pluralismusdiskussion lässt deutlich werden, dass es z. B. starke Ungleichgewichte zwischen den einzelnen Interessen gibt und dass nicht jedes Interesse gleichermaßen durchsetzungs- und organisationsfähig ist. Darüber hinaus wird kritisiert, dass die Herrschaft des Staates einer Herrschaft verschiedener Gruppen weiche. Obgleich die Theorie dadurch nicht entkräftet oder gar obsolet wird, erfährt sie dennoch eine Relativierung.

2.2.3 Issue Networks

Betrachtet man die Muster der Interessenvermittlung in ihrer Geschichte, so waren frühe Varianten der Pluralismustheorie in hohem Maße gruppentheoretisch fundiert, da sie die Gruppe als zentralen Akteur von politischen Entscheidungsprozessen gesehen haben (vgl. Bentley 1949). Im Vergleich zur klassischen Gruppentheorie haben spätere Varianten der Pluralismustheorie berücksichtigt, dass das Einflussspektrum zum einen vielschichtiger ist, dass die Interessenberücksichtigung asymmetrischer ist und das die Beziehungen weniger offen sind. In diesem Zusammenhang wurden Konzepte entwickelt die versucht haben, solche Entwicklungen (Machtasymmetrien zwischen Interessen, Verfestigung von Beziehungen zwischen bestimmten Interessen und staatlichen Akteuren etc.) in den Blick zu nehmen. In den 80er Jahren fand u.a. das Konzept der Politiknetzwerke zunehmend Eingang in die politikwissenschaftliche Diskussion (vgl. Mayntz 1993; Knill 2000).

Bereits in den 70er Jahren standen sogenannte „Iron Triangles" im Zentrum der Diskussion. Hier ging man davon aus, dass pluralistischer Wettbewerb nicht mehr funktioniere und an seine Stelle eine spezielle Interessenkonstellation zwischen Politik, Bürokratie bzw. Verwaltung und Unternehmen getreten sei (vgl. Hanf/Scharpf 1978). Nach Ansicht von Hugh Heclo existieren diese „Iron Triangles", also derartige klientelistischen Strukturen, nicht mehr. Heclo argumentiert, dass dieses Konzept die Rolle der „few who are powerful" überbewerte und den Einfluss vieler anderer

Gruppen übersehe (vgl. Heclo 1978: 88). Im Umkehrschluss bedeute dies aber nicht, dass man nun ein pluralistisches Muster der Interessenvermittlung vorfinde. Vielmehr sei ein Kompromiss entstanden, nämlich sektorspezifische Netzwerke. In seinem Aufsatz „Issue Networks and the Executive Establishment" definiert Heclo diese Netzwerke folgendermaßen:

„An issue network is a shared knowledge group having to do with some aspect (or, as defined by the network, some problem) of public policy. (…) those in the networks are likely to have a common base of information and understanding of how one knows about policy and identifies its problems." (vgl. Heclo 1978: 103 f.).

Der Issue-Networks-Ansatz geht also davon aus, dass sich je nach Problemstellung themenorientierte Netzwerke, sogenannte Issue-Networks, bilden (vgl. Kirst et al. 1984). Heclo betont allerdings, dass trotz ihres kollektiven Handelns Issue-Networks nicht mit Koalitionen gleichzusetzen seien. „Shared knowledge" bedeute nicht automatisch, dass alle Parteien den gleichen Lösungsansatz a priori für richtig halten müssten. Solange innerhalb dieser Netzwerke keine Verhandlungen stattfänden bzw. eine gemeinsame Sprachregelung getroffen werde, blieben Interessen und Positionen der Akteure variabel. In diesem Zusammenhang spielen Ergebnisorientierung und gemeinsame Überzeugungen eine zentrale Rolle (vgl. Schneider et al. 2009: 165).

Darüber hinaus definiert Heclo dieses Konzept als ein Konstrukt, in dem es zahlreiche Akteure gebe, die gut etabliert seien, allerdings mit einem unterschiedlichen Ausmaß an Verpflichtung oder Abhängigkeit gegenüber anderen. Prinzipiell seien in sektorspezifischen Netzwerken die Interessen schwächer ausgeprägt und hielten sich gegenseitig in Schach, weshalb sie sich nicht ohne Weiteres durchsetzen könnten.

2.2.4 Klientelismus

Im Klientelismus verfügen bestimmte Sektorinteressen über einen privilegierten Zugang zu Entscheidungsprozessen. Dies ist in erster Linie auf die Ressourcenabhängigkeiten der Staaten von diesen Interessen zurückzuführen. Zudem haben sie eine enge, zum Teil symbiotische Beziehung zu staatlichen Instanzen entwickelt. In der Literatur wird im Zusammenhang mit organisierten Interessen immer wieder der Begriff des „Capture" gebraucht (vgl. Bernstein 1955; Weber 1957: 22). Die Capture-These geht davon aus, dass es mächtigen Wirtschaftsakteuren – in diesem Zusammenhang weniger Verbänden, sondern eher einzelnen Unternehmen – in stark vermachteten Industriezweigen gelingt, die staatliche Verwaltung mehr oder weniger für sich zu vereinnahmen und ihre Interessen nahezu unmittelbar durchzusetzen.

Im Unterschied zum Pluralismus und zu den Issue-Networks ist der Klientelismus ein Muster der Interessenvermittlung, das auf einer sehr engen Koppelung zwischen staatlichen Akteuren (Ministerien, Regulierungsbehörden etc.) und einem bestimmten gesellschaftlichen Interesse (Verbände oder Unternehmen) basiert. Darüber hinaus zeichnet es den Klientelimus aus, dass er keine gegnerischen Akteure einschließt, wie dies beispielsweise im Korporatismus der Fall ist. Es handelt sich zwar – ähnlich wie beim Korporatismus – um eine enge Beziehung, dabei gibt es aber keine gegnerischen Interessen, sondern es existiert ausschließlich ein gemeinsames Interesse. Wenn es keine starken Konkurrenten gibt und gleichzeitig die staatliche Verwaltung aufgrund ihres eigenen Auftrags in eine Abhängigkeit gerät, dann ist es grundsätzlich vorstellbar, dass der Pluralismus in einem bestimmten Regelungsbereich vom Klientelimus abgelöst wird.

Zwischenfazit

In Bezug auf die europäischen Politikprozesse stellt sich die grundsätzliche Frage, inwieweit die bestehenden Typologien geeignet sind, die Realität zu beschreiben. Darüber hinaus ist zu überlegen, ob die Interessenvermittlung in einem Mehrebenensystem nicht einer abweichenden Logik folgt. Es ist eine theoretisch plausible Annahme, dass sich aufgrund unterschiedlicher Traditionen und einer abweichenden Setzung von Schwerpunkten in jedem Mitgliedsstaat eine neue Form von Interessenvermittlung etabliert. Im Hinblick auf die vorliegende Untersuchung, die ihren Fokus auf die Automobilindustrie legt, lautet die zentrale Frage, inwieweit das dominierende Muster der Interessenvermittlung die strategischen Möglichkeiten zur Einflussnahme von Unternehmen prägt. In diesem Zusammenhang wären die in einem Regelungsbereich dominanten Muster der Interessenvermittlung gewissermaßen typische Gelegenheitsstrukturen für strategische Einflussnahme. Darüber hinaus ist zu fragen, ob sich der konkrete Entscheidungsprozess in diesem Sektor von gängigen Mustern der Interessenvermittlung unterscheidet. Prinzipiell geht es darum, die Strategiefähigkeit von Unternehmen bei bestimmten politischen Entscheidungsprozessen zu analysieren. In diesem Zusammenhang ist zu klären, welche Faktoren begünstigend und welche Faktoren blockierend wirken. Ein Beispiel soll dies verdeutlichen: Wäre Korporatismus in einem bestimmten Regelungsbereich das dominierende Muster der Interessenvertretung, dann hätten es Einzelunternehmen sehr schwer, unmittelbar Einfluss zu nehmen, da sich Korporatismus dadurch definiert, dass die Interessenvermittlung über eine kleine Anzahl von hierarchisch strukturierten Interessenverbänden mit Vertretungsmonopol erfolgt.

2.3 Akteursstrategien im Mehrebenensystem der EU

Die Problemlösungskompetenz angesichts politischer Herausforderungen ist ein zentraler Erfolgsfaktor für Unternehmen. Die strategische Handlungsfähigkeit von Unternehmen in einem Gebilde „sui generis" (vgl. Jachtenfuchs 1997, 2008; Woll 2006a), wie es die Europäische Union mit ihren komplexen und instabilen politischen Bedingungen darstellt, ist notwendig (aber nicht hinreichend), um in einem solchen Umfeld bestehen zu können und wettbewerbsfähig zu bleiben.

Der Schlüsselbegriff der vorliegenden Arbeit lautet „Strategie". Konkret geht es dabei um Strategien mit dem Ziel der Einflussnahme auf politische Entscheidungsprozesse. Im folgenden Kapitel soll zunächst der Strategiebegriff theoretisch durchdrungen werden, um seine Bedeutung im Rahmen der Untersuchung entsprechend zu definieren. Dabei stellt sich zunächst die Frage: Was ist mit Strategie in einem politikwissenschaftlichen Kontext gemeint und woraus setzt sie sich zusammen? Es ist entscheidend zu klären, was operationalisiert werden soll und welche Aspekte in der Untersuchung zu berücksichtigen sind. Kurz gesagt geht es darum, den Strategiebegriff - konkret auf den Untersuchungsgegenstand bezogen - politikwissenschaftlich zu fundieren.

In der Politikwissenschaft gibt es unterschiedliche Vorstellungen von Strategie. Was Innenpolitik betrifft, so ist der Strategiebegriff von Raschke und Tils sicherlich der prominenteste. Obwohl dieser Ansatz ursprünglich für nationale Parteien entwickelt wurde, lassen sich die Aussagen von Raschke und Tils auch auf europäischer Ebene sowie jenseits von Parteien anwenden. Die Autoren betonen in diesem Zusammenhang, dass ihr Konzept auch auf andere Ebenen und Akteure übertragbar sei, wenngleich sie es in Ihrer eigenen Operationalisierung anders machen (vgl. Raschke/Tils 2012: 28). Auch im englischsprachigen Raum hat man sich intensiv mit Strategie und ihrer Auswirkung auf den politischen Prozess, vor allem im

Zusammenhang mit "Political Leadership", beschäftigt. An dieser Stelle sind die Arbeiten von Howard Elcock (2001) und Robert Elgie (1995) hervorzuheben. Beide Autoren setzen sich intensiv mit dem Konzept der politischen Führung auseinander, indem sie politische Prozesse und ihre Ergebnisse untersuchen. Im Zentrum von Elcock´s Untersuchung *"Political Leadership. New Horizons in Public Policy"* steht dabei die Frage, wie politische Entscheidungsträger ihre Fähigkeit zu Führen optimieren können (vgl. Elcock: 2001). In seinem Werk *"Political Leadership in Liberal Democracies"* untersucht Elgie sowohl die Ressourcen, wie auch die Einschränkungen von Steuerungsversuchen politischer Entscheidungsträger in heutigen politischen Systemen. Unter Berücksichtigung der jeweiligen institutionellen Strukturen und des politischen Umfelds vergleicht er hierzu sechs Länder (Großbritannien, Frankreich, Deutschland, Italien, Japan, Vereinigte Staaten), um das Potenzial und die Wirksamkeit politischer Führung politikwissenschaftlich zu untersuchen. Können die jeweiligen Entscheidungsträger den politischen Entscheidungsprozess überhaupt beeinflussen? Elgie argumentiert, dass sich die Bedingungen in den vergangenen Jahren zwar erschwert haben. Dennoch gebe es in liberalen Demokratien nach wie vor genügend Möglichkeiten für eine effektive Führung (Elgie: 1995). Die Literatur aus dem angloamerikanischen Raum wird in der vorliegenden Arbeit jedoch nicht weiter berücksichtigt, da es sich hierbei überwiegend um individuelle Akteure (v.a. Regierungschefs) handelt, die in einem anderen politischen System agieren, welches mit dem der Europäischen Union nicht vergleichbar ist. Darüber hinaus beschäftigt sich die Politikwissenschaft auch und insbesondere aus einer IB-Sicht mit Strategie. Hierbei geht es jedoch primär um die Strategien von Staaten in den Internationalen Beziehungen.

Die politikwissenschaftliche Literatur zu politischen Strategien wie die von Raschke und Tils (2012) bildet den ersten Teil des analytischen Zugangs, da hierin einige grundsätzliche Aussagen zum Thema Strategie getroffen werden. In diesem Kontext gehört auch eine an Umfang zunehmende Literatur zu Lobbyingstrategien (vgl. Thomas/Hrebenar 2009; Woll 2012; Dür/Mateo 2013), anhand derer der entsprechende Strategiebegriff letztlich definiert wird. Darauf aufbauend lassen sich innerhalb der EU verschiedene Interessenvertretungsstrategien unterscheiden (siehe P. 2.3.2). Sofern sie für die vorliegende Studie relevant sind, werden die hieraus gewonnenen Ergebnisse zu einem späteren Zeitpunkt herangezogen, um die verschiedenen Strategiemodelle zu kombinieren und dann empirisch zu verifizieren. Am Ende dieses Kapitels steht schließlich die Unterscheidung von komplexen und einfachen Strategien (siehe P. 2.3.3).

2.3.1 Strategiebegriff

Der Begriff „Strategie" hat seine Wurzeln im politisch-militärischen Bereich (vgl. Freedman 2013). In den vergangenen Jahrzehnten hat sich insbesondere die betriebswirtschaftliche Literatur mit Strategien im Kontext des Wettbewerbs zwischen Unternehmen beschäftigt. Stellvertretend sei die Definition von Richard Rumelt genannt, der Strategie als „a cohesive response to an important challenge" bezeichnet (Rumelt 2012: 6).

In der politikwissenschaftlichen Forschung existiert noch immer weder eine systematisierte Strategieforschung noch gibt es ein gemeinsames Grundlagenverständnis oder einen einheitlichen Bezugsrahmen politikwissenschaftlicher Strategieanalysen (vgl. Tils 2005: 41; Raschke/Tils 2012: 77; Raschke/Tils 2010; Wiesendahl 2010). Ein generelles Problem des Strategiebegriffs liegt also darin, dass er in der Politikwissenschaft häufig gebraucht wird, ohne ihn entsprechend zu systematisieren. Politikwissenschaftler wie Raschke und Tils kritisieren zudem die praxisferne Auseinandersetzung, wenn es um die politikwissenschaftliche Klärung von Strategiefragen geht (Raschke/Tils 2012: 5). Es gibt nach wie vor viele Unklarheiten hinsichtlich der eigentlichen Bedeutung politischer Strategien sowie ihrer Zusammensetzung. Eine allgemeine Orientierung und eine adäquate Anwendung des Begriffs auf den konkreten Fall erweist sich daher oftmals als schwierig. Um eine systematische Grundlegung von Fragen der Strategie für die Politikwissenschaft zu leisten, haben Joachim Raschke und Ralf Tils eine intensive wissenschaftliche Strategieanalyse vorgenommen (vgl. Raschke 2002; Tils 2005). Die wichtigsten Ergebnisse wurden unter dem Titel „Politische Strategie: Eine Grundlegung" publiziert (Raschke/Tils 2012). Hier diskutieren sie den Strategiebegriff umfassend und operationalisieren ihn gleichzeitig.

Die Definition des Strategiebegriffs basiert oftmals nur auf „(...) Adhoc-Aussagen, allgemeinen Formeln, unsystematisch aus strategischem Management und Kriegswissenschaft zusammengetragenen Versatzstücken" (vgl. Raschke/Tils 2012: 12). Eine durch wissenschaftliche Erkenntnisse untermauerte theoretische Grundlage existiere also nicht. Das mangelnde Grundlagenwissen auf diesem Gebiet ist ein zentrales Problem innerhalb der Politikwissenschaft. Dementsprechend zufällig sind die Ergebnisse (Raschke/Tils 2012: 12). Obgleich der Bedarf an Strategien aufgrund der komplexen politischen Systeme in der Praxis stetig zunimmt, ist die Nachfrage nach politikwissenschaftlicher Beratung zum Thema Strategie und Strategiefragen nur sehr gering (vgl. Glaab 2008b: 286). Dies sei u. a. darauf zurückzuführen, dass die politische Elite eine Art Kompetenzmonopol bezüglich der Strategieentwicklung beanspruche (vgl. Glaab 2007a: 92). Nach Ansicht von Raschke und Tils findet eine politikwissenschaftliche Auseinandersetzung mit diesem Thema auch deshalb kaum statt, weil es eine „Arbeitsteilung" gebe, derzufolge Strategie und Taktik zum Handwerk der Praxis gehörten und sich somit der wissenschaftlichen Analyse entzögen (Raschke/Tils 2012: 13). Generell bestehen von Seiten der politischen Praxis Zweifel, ob strategisches Handeln überhaupt möglich sei (vgl. Machnig 2005: 10). Dennoch finden sich genügend Beispiele, die belegen, dass die Realität eine Anwendung politischer Strategien erlaubt. Als Beispiel nennen Raschke und Tils u. a. die strategische Wahlkampfführung (Raschke/Tils 2012: 13). Es ist dabei keineswegs davon auszugehen, dass jede Strategie zum Erfolg führt. Sie kann ebenso gut wirkungslos bleiben. Entscheidend ist aber die Möglichkeit, entsprechende Reaktionen bzw. die ausbleibende Wirkung von Strategien zu erkennen und auszuwerten.

Darüber hinaus ist eine Strategie stets rational begründet. Denn die eigene strategische Handlungsfähigkeit bewahrt vor möglichen Wettbewerbsnachteilen gegenüber der Konkurrenz, wenn diese gleichfalls strategisch handelt. „Wer mit Strategiehandeln Dritter rechnet und dadurch Wettbewerbsnachteile zu befürchten hat, muss sich selbst strategisch handlungsfähig machen" (Raschke/Tils 2012: 13).

Um dieser Aufgabe Herr zu werden, bedarf es aber gewisser Voraussetzungen. Raschke und Tils betonen in diesem Zusammenhang die Bereitschaft zur permanenten strategischen Selbstreflexion, den Einsatz strategischer Instrumente, die Anerkennung von strategischer Kompetenz, die Bereitstellung von Ressourcen sowie die Akzeptanz einer Anwendung von Strategien als Führungsaufgabe (vgl. Raschke/Tils 2012: 14). Auf politischer wie auch auf politikwissenschaftlicher Seite wird politische Führung zunehmend als strategischer Faktor verstanden (vgl. Glaab 2007b: 303).

Entgegen der Feststellung von Raschke und Tils, wonach Strategie grundsätzlich möglich ist, gibt es aber auch kritische Argumentationen aus Wissenschaft und Praxis, die diese These in Frage stellen. Es muss zwar berücksichtigt werden, dass die Umsetzung perfekter Ergebnisrationalität in einer von Unsicherheit und Komplexität geprägten Umwelt nur bedingt realisierbar ist. Dennoch unterstützt die vorliegende Untersuchung den Ansatz von Raschke und Tils (2012: 18), die ebenso wie Renate Mayntz und Fritz Scharpf (2005) auch mit Blick auf die Realität von der Wirksamkeit und dem Potenzial politischer Steuerungsversuche überzeugt sind. Empirische Belege für diese Position werden zu einem späteren Zeitpunkt der Arbeit – im Rahmen der Fallstudien – aufgezeigt. Der Vollständigkeit halber sollen aber auch die existierenden Vorbehalte gegen eine strategische Politik reflektiert werden. Einen zentralen Kritikpunkt formuliert die These von der Unmöglichkeit, politische Strategien zu entwickeln (vgl. Schimank 2005; Wiesenthal 2006). Darüber hinaus existieren normative Bedenken sowie der Vorwurf der Praxisferne (vgl. Raschke/Tils 2012: 17).

Erstgenannter Kritikpunkt sieht die Probleme vor allem im sachlichen, sozialen und zeitlichem Kontext: Generell existiere ein hohes Maß an Unsicherheit und Komplexität. Informationen könnten nicht entsprechend verarbeitet werden, da es den Akteuren an den dafür notwendigen Ressourcen fehle (sachlicher Aspekt). Hinzu komme ein unweigerlich erhöhtes Konfliktpotenzial zwischen den beteiligten Akteuren im Entscheidungsprozess (sozialer Aspekt) sowie der stete Zeitmangel (zeitlicher Aspekt). All diese komplexen Faktoren begrenzten die Möglichkeiten der Akteure, rationale Entscheidungen zu treffen (vgl. Schimank 2005: 196). Raschke und Tils betonen in diesem Zusammenhang, „wie begrenzt die Möglichkeiten der Akteure (und der Politik insgesamt) zur gezielten, rationalen Herbeiführung gewünschter Ergebnisse sind. Instabile kollektive Handlungsfähigkeiten, multiple Zeithorizonte, verschränkte Akteurskonstellationen, inkompatible Handlungslogiken, asymmetrische Machtverteilungen, mangelnde Problempartizipation, kognitive Begrenzungen, fehlende Kriterien ,angemessener' Problemlösung, ausbleibende Alternativensuche, -bewertung und -auswahl, unvollständige Implementation, oberflächliche Evaluation sind nur einige der hierfür relevanten und bekannten Stichwörter." (vgl. Raschke/Tils 2012: 17). Grundsätzlich ist dieser Analyse nicht zu widersprechen, allerdings machen solche in der Tat komplexen Ausgangsbedingungen eine politischen Einflussnahme bzw. eine Steuerung keineswegs unmöglich. Vielmehr zeigt sich hierin die Notwendigkeit strategischen und rationalen Handelns, um die eben genannten Hürden, die aus Unsicherheit, Komplexität und begrenzter Ergebnisrationalität hervorgehen, überwinden zu können (vgl. Raschke/Tils 2012: 18).

Darüber hinaus existieren auch normative Bedenken gegenüber strategischen Steuerungsversuchen in der Politik. Im Zentrum der Kritik steht der Vorwurf der Elitenzentrierung, der Herrschaftstechnik sowie der Partizipations- und Diskussionsfeindlichkeit. Moniert wird insbesondere, dass Strategien im Grunde demokratiefeindlich seien. Allerdings bezieht sich die Kritik in dieser Debatte allzu oft auf verschiedene Instrumente wie Marketing oder Public Relations, die häufig mit Strategie gleichgesetzt werden, was zu einer verzerrten und zugleich negativen Wahrnehmung von strategischem Handeln führt (vgl. Raschke/Tils 2012: 19f.). Zudem verweisen Kritiker auf einen unzureichenden Praxisbezug. Auch wenn die Politikwissenschaft darauf abzielt, Strategien und Taktiken zu systematisieren, analytisch zu differenzieren oder gar entsprechende Theorien zu entwickeln, so unterscheidet sich die Praxis stets deutlich von der wissenschaftlichen Herangehensweise.

Trotz dieser teilweise entmutigenden Kritikpunkte – seien sie nun berechtigt oder unberechtigt – betonen Raschke und Tils, dass es keinen Grund gebe, vor einem politischen Gestaltungsanspruch zu resignieren. Entscheidend sei vielmehr das richtige Verständnis von Strategie. Um den Strategiebegriff zunächst allgemein zu erläutern, legt die vorliegende Arbeit u.a. den von Raschke und Tils zur Analyse politischer Strategien entwickelten Ansatz zugrunde.

Auch wenn dieser Ansatz in erster Linie die strategische Führung durch Politik erörtert, so lässt sich dennoch einiges auch auf Unternehmen und Verbände anwenden. Um den Strategiebegriff vollständig zu fundieren, wird zu einem späteren Zeitpunkt weiterführende Literatur, speziell zu Lobbyingstrategien, herangezogen (vgl. Thomas/Hrebenar 2009; Woll 2012; Dür/Mateo 2013).

Nach Raschke und Tils sind Strategien „erfolgsorientierte Konstrukte, die auf situationsübergreifenden Ziel-Mittel-Umwelt-Kalkulationen beruhen" (vgl. Raschke/Tils 2012: 127). Strategien bzw. Konstrukte werden in diesem Zusammenhang als „praxissteuernde Handlungsanleitungen" definiert (ebd.). Dabei sei es nicht entscheidend, ob es sich um ein vollständig ausgearbeitetes Konzept oder um einen gedanklichen Entwurf handle. Strategien zeichneten sich in erster Linie dadurch aus, dass sie mithilfe entsprechender Neujustierungen stets an die sich verändernden Bedingungen angepasst werden können (vgl. Fischer et al. 2008: 319). Das zuvor festgelegte strategische Ziel dürfe dabei aber nicht aus den Augen verloren werden. Generell bemesse sich die Qualität einer Strategie nicht am Grad ihrer Ausarbeitung. Es gehe vielmehr um die Identifizierung und Konzentration auf erfolgversprechende Handlungen, wobei sich die Zielrichtung aus den bereits erwähnten Ziel-Mittel-Umwelt-Kalkulationen ergebe (vgl. Raschke/Tils 2012: 127).

Diese Ziel-Mittel-Umwelt-Kalkulationen bilden ein zentrales Element strategischen Denkens. Laut Raschke und Tils (2012: 129) bezeichnen sie „auf gewünschte Zustände (Ziele) gerichtete, systematisierende und berechnende Überlegungen (Kalkulationen) für zielführende Handlungsmöglichkeiten (Mittel) mit Blick auf den situationsübergreifenden relevanten Kontext (Umwelt)". Diese „Grundfigur strategischen Denkens" soll im Folgenden näher erläutert werden (vgl. Raschke/Tils 2012: 129f.):

Das strategische Ziel definieren die Autoren in diesem Zusammenhang als ein gewünschtes Ergebnis, das die Akteure durch strategische Operationen anstreben (vgl. Raschke/Tils 2012: 129). Strategische Ziele sind für den gesamten Strategieprozess von zentraler Bedeutung. Sie beeinflussen und bestimmen u. a. den Aufbau von Strategiefähigkeit. Strategiefähigkeit ist eine Grundlage politischer Strategie und setzt sich aus den Elementen Führung, Richtung und Strategiekompetenz zusammen, die im Folgenden zu erläutern sind. Hinzu kommen die Strategiebildung sowie die strategische Steuerung. Erstere bezeichnet die Entwicklung von erfolgsorientierten Konstrukten, die auf den strategischen Zielen basieren. Strategiebildung strukturiert sich dabei über die „Einzelschritte von Lageanalyse, Optionenbildung und Entscheidung" (vgl. Raschke/Tils 2012: 542). Strategische Steuerung meint die Verwirklichung bzw. Umsetzung einer Strategie durch einen strategischen Akteur, wobei Ausführung, Adaption und Revision der Zielerreichung dienen (vgl. Raschke/Tils 2012: 387 ff., 544).

Wirklich erreichbar sind strategische Ziele jedoch nur, wenn sie eindeutig definiert werden. Erst durch Zielgewissheit kann ein Strategieprozess gesteuert werden. Jede Ungenauigkeit bei der Zieldefinition würde zwangsläufig zu strategischer Unsicherheit führen. Strategische Qualität erreichen die gesetzten Ziele jedoch erst durch die Formulierung operationalisierbarer Zielbestimmungen, d. h., „die formulierten Ziele müssen strategischen Ziel-Mittel-Umwelt-Kalkulationen zugänglich sein" (vgl. Raschke/Tils 2012: 145).

Zu den strategischen Mitteln zählen einzelne Maßnahmen bzw. Handlungen, die zum Erreichen politisch anvisierter Ziele führen. Entsprechende Handlungsmöglichkeiten – also auf das strategische Ziel fokussierte, erfolgsorientierte Handlungen – ergeben sich dabei sowohl auf formeller als auch auf informeller Ebene (Raschke/Tils 2012: 129) und werden von diversen Faktoren bestimmt. Raschke und Tils betonen in diesem Zusammenhang, dass solche Wege, die zu Einfluss auf Entscheidungen führen, über „jeweils eigene Handlungslogiken, Legitimitätsausstattungen und Ressourcenanforderungen" verfügen. Dies habe „instrumentelle Konsequenzen für die Verfolgung des strategischen Ziels" (Raschke/Tils 2012: 129). Insbesondere die Ressourcen sind ein wichtiger Faktor bei der Wahl der Mittel. Doch auch wenn die Fähigkeit zum Handeln zu einem großen Teil von den zur Verfügung stehenden Ressourcen bestimmt wird, ergibt sich erst durch das „Zusammenwirken möglicher Maßnahmen, Wege und Ressourcen der springende Punkt für strategische Kalkulationen" (vgl. Raschke/Tils 2012: 150).

Als strategische Umwelt wird das „Spielfeld" charakterisiert, auf dem strategische Akteure tätig werden. Diese Akteursumwelt besteht aus „Interaktionsakteuren, Arenen und sonstigen institutionell verfestigten und gelegenheitsoffenen Gegebenheiten" (vgl. Raschke/Tils 2012: 130). Sie ist höchst heterogen und umfasst alle Facetten kollektiver und individueller Akteure (z. B. konkurrierende, strategiefähige, nicht strategiefähige Akteure usw.). Diese unterschiedlichen Kategorien (individuell vs. kollektiv) sowie die Zusammensetzung von stabilen und nicht stabilen Elementen führt allerdings beim Treffen strategischer Entscheidungen zu einem hohen Maß an Unsicherheit. Diese Unsicherheit zieht jedoch keineswegs die Unmöglichkeit strategischen Handelns nach sich. Vielmehr ist es erforderlich, permanent auf neue Ereignisse und Entwicklungen zu reagieren und die Strategie stets diesen Veränderungen anzupassen, ohne dabei das eigentliche Ziel aus den Augen zu verlieren.

> „Strategische Umwelt ist keine statische Größe. Auf- und abtauchende Akteure, neue Konstellationen, modifizierte institutionelle Gegebenheiten schaffen veränderte äußere Bedingungen für strategisches Handeln. Daraus folgt: die Beobachtung der dynamischen Umwelt und die Berücksichtigung von Kontextänderungen in der strategischen Kalkulation wird zur fortlaufenden Aufgabe rekursiv vernetzter Strategiebildung und strategischer Steuerung." (vgl. Raschke/Tils 2012: 155)

Für strategische Kalkulationen ist es nun entscheidend, diese strategischen Faktoren kausal miteinander zu verknüpfen und somit „gedachte Wirkungszusammenhänge zwischen den angesteuerten Zielen, vorhandenen Mitteln und relevanten Umweltausschnitten" herzustellen, um „erfolgsorientierte Vorteilsberechnungen" anstellen zu können (vgl. Raschke/ Tils 2012: 130). Die Aufgabe eines strategischen Akteurs besteht nun darin, diese Kalkulationen systematisch miteinander zu verknüpfen, um auf dieser Grundlage strategisch handeln zu können. Strategisches Handeln steht dabei in einem sachlichen, sozialen und zeitlichem Kontext und orientiert sich zugleich an strategischen Berechnungen, die „begrenzte Rationalitäten, Interaktionen zwischen Akteuren, instabile Rahmenbedingungen

und die Unvorhersehbarkeit des politischen Prozesses berücksichtigen"
(vgl. Raecke 2011:1).

Die Grundkonstellation von Strategie setzt somit einen strategischen
Akteur voraus, der die strategischen Elemente (Ziel, Mittel und Umwelt)
kalkulierend kombiniert und das Ergebnis dieser Berechnungen bzw. Analysen in strategisches Handeln übersetzt. Als das wesentliche Element für
die Entwicklung und Umsetzung von Strategien kennzeichnet den strategischen Akteur seine Strategiefähigkeit, die sich wiederum aus den grundle-
genden Komponenten Führung, Richtung und Strategiekompetenz zusam-
mensetzt. Aus diesem Dreiklang ergibt sich der Grad der Strategiefähigkeit. Im selben Zusammenhang ist Führung als Richtungsnavigation, Füh-
rungssicherung, Entscheidungsdurchsetzung, Mobilisierung und Orientierung zu verstehen (vgl. Raschke/Tils 2012: 540; Glaab 2007b). Raschke
und Tils betonen dabei die drei folgenden Aspekte:

– „Die Führungsfrage muss hinreichend geklärt sein, das heißt die Nr. 1
  steht fest und findet ausreichende Akzeptanz. Manifeste Führungs-
  kämpfe sollten eingestellt werden, latente Führungskonflikte begrenzt
  sein.
– Ein strategisches Zentrum muss um die Spitzenfigur herum aufgebaut
  werden. Es führt auf der Grundlage hohen wechselseitigen Vertrauens
  Personen zusammen, die relevante Beiträge zur Beratung, Entscheidung und Durchsetzung strategischer Politik leisten können. Die Fragmentierung der politischen Struktur und die Mehrdimensionalität von
  Politik sind in der Binnendifferenzierung eines erfolgreichen strategischen Zentrums zu berücksichtigen.
– Die Organisierung eines mehrstufigen Strategieprozesses ermöglicht
  die Einbeziehung professionellen strategischen Know-hows. Strategische Führungskunst besteht auch darin, Reibungen zwischen strategischer Denkweise, Erfahrung und Intuition praxisgeschulter Spitzenpo-
  litiker und der Analyse, Systematik und Synthese methodisch geschul-
  ter Strategieexperten produktiv zu kanalisieren." (vgl. Raschke/
  Tils 2012: 314–315).

Die Richtung, die der Akteur einschlägt, steht für seine „Selbstdefinition"
und dient der Orientierung im „politischen Koordinatensystem" (vgl.
Raschke/Tils 2012: 542). Dabei orientiert sie sich an seinen Werten, Zielen und Interessen (vgl. ebd.). Eine im politischen Kontext festgelegte und
verfolgte „Richtung" definieren die Autoren dabei wie folgt:

„Richtung ist eine Rahmenvorgabe, die ein Feld möglicher Positionsbestimmungen begrenzt. Sie grenzt sich vor allem durch Grundwerte, Leitideen und Kerninteressen von anderen Akteuren ab. (…) Richtung bekommt ihre spezifischere Bedeutung durch fortlaufende Politik und Interpretation. (…) Darüber erweitert sich der Spielraum für strategische Intentionen und Handlungen." (vgl. Raschke/Tils 2012: 319f.).

Strategiekompetenz bezeichnet die Fähigkeit, „Anforderungen an strategisch handelnde Kollektivakteure entsprechen zu können" (vgl. Raschke/ Tils 2012: 542). Worauf es in diesem Zusammenhang ankommt, sind Wissen und Managementfähigkeiten. Ersteres umfasst in der Praxis erlernte Strategiekenntnisse wie auch professionelles Strategiewissen. Sie liefern die notwendigen Grundlagen, um Strategien zu entwickeln und steuern zu können. Managementfähigkeiten (Organisierung, Koordinierung, Durchsetzung etc.) ebnen schließlich den Weg zu einer systematischeren Verfolgung strategischer Ziele (vgl. Raschke/Tils 2012: 320). Ein zentrales Element der Strategiekompetenz ist die Bündnisfähigkeit, denn strategische Bündnisse können die Erfolgschancen zur Durchsetzung von Zielen wesentlich erhöhen (vgl. Tils 2005: 123; Raschke/Tils 2012: 326f.). Erst aus diesen Komponenten ergibt sich die strategische Kompetenz eines Akteurs.

Abbildung 2.2: Elemente der Strategiefähigkeit

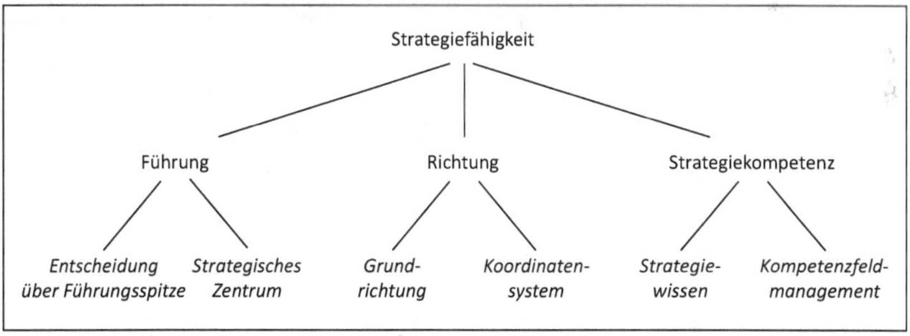

Quelle: Raschke/Tils 2012: 281

In seiner Funktion als strategisch denkender und agierender Handlungsträger kann der strategische Akteur dabei als Individuum oder als Kollektiv in Erscheinung treten. Raschke und Tils vertreten allerdings die Ansicht, dass kollektive Akteure, wie beispielsweise Interessenverbände, ein größeres strategisches Potenzial besitzen. Daher werde die strategische Wirksamkeit individueller Handlungsträger heutzutage primär vom Kollektivakteur bestimmt. „Die Strategiefähigkeit des kollektiven Akteurs entscheidet darüber, ob die Herstellung einer kollektiven Realität durch individuelles Handeln gelingt oder das Kollektiv in der ‚Kakophonie' der Stimmen vieler versinkt." (vgl. Raschke/Tils 2012: 140). Obgleich das strategische Handeln hierbei dem Kollektivakteur zugeschrieben wird, ist an dieser Stelle anzumerken, dass politische Strategien nicht durch eine Gesamtorganisation entwickelt werden, sondern auf Konzepten von Individuen, kollektiven Teileinheiten (z. B. Strömungen innerhalb des Kollektivs) oder formal repräsentierenden Einheiten (z. B. einem Präsidium) basieren (vgl. Raschke/Tils 2012: 140f.). Zudem wird der Strategieprozess maßgeblich von den „Führungsleistungen" einzelner Akteure bestimmt. Glaab (2007b: 307) betont in diesem Zusammenhang, dass dies insbesondere dann der Fall sei, wenn sich der Kreis der strategierelevanten Akteure angesichts unvorhergesehener Ereignisse auf wenige Führungsakteure verenge.

In diesem Zusammenhang ist es erforderlich, intentionale Strategien von strategischen Mustern abzugrenzen. Es ist zwar denkbar, dass sich eine Strategie durch diverse „Experimentierprozesse" der beteiligten Akteure im Laufe des politischen Prozesses entwickelt – und somit nicht nur auf strategischer Planung beruht (vgl. Mintzberg 1990, 1995). Dennoch halten Raschke und Tils an einem intentionalen Strategiebegriff fest, indem sie zwischen objektivem Muster und subjektiver Absicht unterscheiden (vgl. Raschke/Tils 2012: 133). Unbewusste und unbeabsichtigte Handlungen, die zu einem Ergebnis führen, könnten noch nicht als Strategie bezeichnet werden. Erst durch die konkrete und zielgerichtete Handlungsabsicht eines Akteurs werde ein vorhandenes strategisches Muster zur Strategie. Entscheidend sei, dass „die relevanten Repräsentanten ihr politisches Handeln intentional an strategischen Überlegungen auszurichten versuchen – seien sie als erkennbares Handlungsmuster oder als konzeptionelles Konstrukt entstanden". Generell gelte: „Das strategische Handeln beginnt erst nach kognitiven Verarbeitungs- und Kalkulationsprozessen in den Köpfen der Akteure." (vgl. Raschke/Tils 2012: 133).

Eine Schwierigkeit besteht nun darin zu unterscheiden, was tatsächlich strategisch ist und was nicht bzw. was nur auf den ersten Blick strategisch zu sein scheint. Die zentrale Frage ist, ob bestimmte politische Handlungen tatsächlich auf strategische Absichten/Intentionen der Akteure zurückzuführen sind oder ob es sich lediglich um unbewusste strategisch relevante Aktivitäten handelt, die nachträglich zu einer „Strategie" erklärt werden (vgl. Raschke/Tils 2012: 133). Für Wissenschaftler sei es oft nicht möglich, so Raschke und Tils (2012: 133f.), die Intentionen des strategisch

Handelnden tatsächlich in Erfahrung zu bringen. Der empirische Nachweis von Strategie erweist sich daher als ausgesprochen schwierig. Im Rahmen einer wissenschaftlichen Analyse kann diesem Problem jedoch begegnet werden, indem man sich diverser Quellen bedient, die es zumindest partiell erlauben, die Strategie von Handlungen bzw. die Ausrichtung des strategischen Handelns abzulesen. Es gilt der Grundsatz, dass „auch unsicheres Wissen über Interaktionsakteure besser als kein Wissen ist" (vgl. Raschke/Tils 2012: 134). Raschke und Tils verweisen in diesem Zusammenhang auf folgende Hilfsmittel: „Das sind beispielsweise Informationen über strategisch relevante Personen (Präferenzen, Denkstile, Netzwerke, Beziehungen, biographische und andere Hintergrundfaktoren) oder über Beratungs- und Entscheidungsprozesse, erkennbare konsistente Handlungsketten über längere Zeit, öffentlich mitgeteilte Ziele, Begründungen, Argumentationen und Gegenpositionen sowie Hintergrundinformationen (z. B. Recherche massenmedialer Quellen, direkte Informationen)." (vgl. Raschke/Tils 2012: 134).

Zum klareren Verständnis von Strategie ist es darüber hinaus erforderlich, diesen Begriff von dem der politischen Planung abzugrenzen. Fritz Scharpf definiert politische Planung als eine „Technik der vorwegnehmenden Koordination einzelner Handlungsbeiträge und ihrer Steuerung über längere Zeit" (Scharpf 1973: 38). Konkret geht es darum, die Ziele und Zielerreichungsmittel zu definieren sowie den zeitlichen und instrumentellen Aufwand bereits im Vorfeld zu kalkulieren, um die benötigten Ressourcen entsprechend festzulegen (vgl. Schmidt 2004: 552f.; Raschke/Tils 2012: 134).

Demgegenüber konzentriert sich Strategie eher auf das strategische Zusammenspiel von Akteuren. Darüber hinaus werden instabile Umweltbedingungen sowie die bereits erwähnten Ziel-Mittel-Umwelt-Kalkulationen verstärkt berücksichtigt. Beide stehen gleichzeitig in einem sachlich, zeitlich und sozial übergreifenden Kontext: „Strategisch ist das Denken in Kontext- und Wirkungs-Ketten sowie die Fähigkeit, aus solchen Wechselbeziehungen strategische Schlüsse zu ziehen." (vgl. Raschke/Tils 2012: 135). Die strategische Analyse zeichnet sich dadurch aus, dass sie eben keinen Masterplan im Sinne einer finalen Handlungsanleitung zum Ziel hat, sondern einen flexiblen Handlungsspielraum für sich verändernde Ausgangsbedingungen lässt. Das eigentliche Ziel des Strategieakteurs bleibt dabei jedoch unverändert (ebd.).

Anwendung auf den konkreten Untersuchungsgegenstand von Lobbyingstrategien

Die Definition des Strategiebegriffs von Raschke und Tils ist recht allgemein gehalten und somit auf vielfältige Bereiche anwendbar, in denen Akteure strategisch handeln. In Anbetracht des Untersuchungsgegenstandes der vorliegenden Arbeit soll jedoch der Versuch unternommen werden, den Begriff der Strategie stärker mit Blick auf das eigentliche Lobbying im Kontext eines politischen Systems zu definieren.

Der Artikel *„Comparing lobbying across liberal democracies: Problems, approaches and initial findings"* von Thomas und Hrebenar (2009) liefert hierzu einen passenden Beitrag. Die Autoren definieren den Begriff Lobbyingstrategie als „(...) an overall plan for gaining access and influence and securing specific policy goals. (...) It is understanding the formulation and execution of strategy (...) that constitutes the essence of the study of lobbying and which, with an appropriate methodology or methodologies, can throw light on successful versus unsuccessful lobbying operation." (Thomas/Hrebenar 2009: 135). Diese Definition steht nicht im Widerspruch zu den oben genannten allgemeineren Ausführungen von Raschke und Tils, sondern spitzt sie vielmehr in für den vorliegenden Kontext geeigneter Weise zu. Im Folgenden Kapitel soll dieses Konzept entsprechend konkretisiert werden.

2.3.2 Interessenvertretungsstrategien in der EU

Um Einfluss auf die Politik zu nehmen, nutzen Interessengruppen verschiedenartige Strategien. Hierzu gibt es eine Reihe von Untersuchungen, die sich mit den unterschiedlichen Formen der „interest group strategies" befasst haben. Interessengruppen bezeichnen in diesem Zusammenhang „An association of individuals or organizations, or a public or private institution, usually formally organized, that attempts to influence public policy" (Thomas/Hrebenar 2009: 133).

Die Literatur unterscheidet in der Regel zwischen „inside" und „outside" Strategien (vgl. Kollman 1998; Kriesi/Tresch/Jochum 2007). Dür und Mateo (2013: 662) definieren „inside lobbying" als „(...) activities that are directly aimed at influencing decision makers" und „outside lobbying" als „(...) activities that aim at mobilising and/or changing public opinion."

In diesem Zusammenhang verweist die Untersuchung von Cornelia Woll (2012) auf erhebliche Unterschiede der "Lobbying Styles" zwischen der EU und den Vereinigten Staaten. In Ihrem Artikel „*The brash and the soft-spoken: Lobbying styles in a transatlantic comparison*" vergleicht Cornelia Woll sowohl die jeweiligen „Lobbying Styles", als auch die unterschiedliche Bedeutung von institutionellen „Opportunity Structures". So kommt sie beispielsweise zu dem Ergebnis, dass "(…) lobbying styles (…) are linked to the nature of the political systen (…)." (2012: 193). Während in den USA beispielsweise vergleichsweise aggresives Lobbying betrieben werde, zeichne sich Europa durch einen eher konsensorientierten bzw. kooperativen Lobbyingstil aus: „(...) observers of lobbying in the US and the EU have noted markedly different lobbying styles: frequently aggressive advocacy approach in the US and a more consensus-oriented informational lobbying in the EU. While US groups and lobbyists oftentimes defend their immediate interest by trying to exert pressure on public officials, EU representatives seem to be more soft-spoken in their approach and are said to work in a more constructive manner with bureaucratic and political representatives." (Woll 2012: 193).

Darüber hinaus gehören auch „access politics" sowie „information and protest politics" (Beyers 2004), „administrative", „parliamentary", „media" und „mobilisation" Strategien (Binderkrantz 2008), wie auch „judical politics", „grassroots lobbying" und „schmoozing" (Nowens/Freeman 1998) zum umfangreichen Spektrum von Interessengruppenstrategien (vgl. Dür/Mateo 2013: 662).

Wovon hängt es nun ab, für welche Strategie sich eine Interessengruppe entscheidet? Die politikwissenschaftliche Auseinandersetzung mit den „determinants of interest group strategies" (vgl. Schlozman/Tierney 1983; Binderkrantz 2005; Beyers 2008; Berkhout 2010) zeigt, dass vor allem „group type" (Schlozman/Tierney 1986), „group resources" (Grant 2000; Dür/Mateo 2013) und „issue characteristics" (Beyers 2008; Binderkrantz/ Kroyer 2012) einen Einfluss auf diese Entscheidung haben.

Generell sei also anzunehmen: "(...) group type is relevant to the choice of strategy." (Dür/Mateo 2013: 663). Dabei unterscheiden die Autoren drei Typen von Interessengruppen: „*Business associations* are groups that have either firms, or associations of firms, as members. (...) *Professional associations* champion the interest of a specific profession (...). *Citizen groups* have a potentially broad membership and defend interests that are not directly related to the professions of their members or supporters (...)." (Dür/ Matteo: 2013: 663).

Während die einen den direkten Zugang zu politischen Entscheidungs-trägern suchen (inside lobbying), bevorzugen andere den Weg über die Öf-fentlichkeit (outside strategy), indem sie beispielsweise entsprechende Kampagnen lancieren und versuchen, über das Instrument der Mobilisie-rung Einfluss zu nehmen. "Some mainly try to gain access (i.e., have di-rect contact with decision makers), whereas others tend to "go public" by launching campaigns that aim to mobilise the broader public. (...) group type (...) is a major determinant of the choice of strategy. The effect of group type, however, is conditional on the group's endowment with mate-rial resources and the issue context (...)". (Dür/Mateo 2013: 660). Das Mittel der Wahl steht also in einem engen Zusammenhang mit den jeweili-gen „group types", deren Zugang zu Ressourcen bzw. ihrer finanziellen Ausstattung sowie der Thematik der angestrebten Lobbyingkampagne.

Inside lobbying stelle im Vergleich zu outside lobbying die effektivere Strategie dar wenn es darum geht Entscheidungsträger zu beeinflussen (vgl. Grant 2000; Mahoney 2008). Dennoch konzentrieren sich „citizen groups" überwiegend auf öffentlichkeitswirksames Lobbying, wohingegen sich „business groups" bevorzugt auf die vielversprechenderen „inside strategies" fokussieren (vgl. Binderkrantz 2008; Berkhout 2010: 115). Der Grund dafür liegt zum einen in einer vergleichsweise schwach ausgepräg-ten Organisations- und Konsensfähigkeit von „citizen groups": „Groups struggling with collective action will always have an incentive to engage in outside lobbying." (Dür/Mateo 2013: 664). Darüber hinaus verfügen „business groups" zumeist über umfangreichere fachliche Informationen und dementsprechend entscheidungsrelevantes Wissen, welches ihnen den Zugang zu politischen Institutionen und Entscheidungsträgern erleichtert. (vgl. Bouwen 2004; Dür/Mateo 2012). Kurz gesagt geht es um „(...) mobi-lise information in exchange for access" (vgl. Dür/Mateo 2013: 664). Im Gegensatz dazu beschränken sich die Ressourcen von „citizen groups" überwiegend auf das Engagement von Freiwilligen, was für die taktische Umsetzung von outside lobbying durchaus von Bedeutung ist. Die Gruppe der Berufsverbände verfügt zwar über entsprechendes Fachwissen. Aller-dings führen „collective action problems" dazu, dass trotzdem auf das Ins-trument der outside strategy zurückgegriffen werden muss.

In der Forschungsliteratur finden sich auch Untersuchungen zu den Auswirkungen materieller Ressourcen. Grant (2000) beschreibt beispiels-weise einen direkten Zusammenhang zwischen der finanziellen Ausstat-tung einer Interessengruppe und den damit verbundenen Zugangschancen. Auch Dür und Mateo (2013: 664) kommen zu dem Ergebnis, dass „(...) resource-rich associations to be more likely to engage in inside lobbying than resource-poor associations." Ebenso relevant für die Strategieauswahl ist das Thema der Lobbyingkampagne und sein Konfliktpotenzial: „(...) the level of conflict on an issue should matter to the choice of strategy." (vgl. Dür/Mateo: 665). Die institutionellen Rahmenbedingungen (vgl. Beyers 2004; Mahoney 2008; Woll 2012) bzw. der Einfluss von "country characteristics" hingegen hätte keine direkten Auswirkungen. In europäischen Ländern gebe es nur geringe Unterschiede in Bezug auf die zum Einsatz kommende Lobbyingstrategie. Dabei spiele es keine Rolle, ob es sich um kleine (Österreich, Irland, Lettland), große (Deutschland, Spanien), korporatistische (Österreich, Irland und Deutschland) pluralistische (Letland, Spanien), alte (Österreich, Deutschland und Irland) oder neue Demokratien handle (Dür/Mateo 2013: 666). Dür und Mateo (2013: 677) kommen zu dem Ergebnis, dass "(...) the differences across (European) countries in lobbying strategies are relatively minor, compared to other variables (...)."

Der politische Entscheidungsprozess innerhalb der Europäischen Union bietet eine Vielzahl von Zugangsmöglichkeiten. Dabei stellen die spezifischen institutionellen Strukturen und Verfahren der EU eine nicht zu unterschätzende Herausforderung dar. Auf der einen Seite ist die Handlungsfähigkeit der Akteure aufgrund einer gewissen „Steuerungs- und Widerstandsfähigkeit gegenüber den agierenden Individuen und Gruppen" deutlich eingeschränkt, auf der anderen Seite ergeben sich aber auch entscheidende Handlungsoptionen (vgl. Peschke 2001: 34). Unbestreitbar ist jedoch, dass die Vielfalt der beteiligten und voneinander unabhängigen Institutionen diverser funktionaler und territorialer Einheiten sowie die sich daraus ergebenden Interaktionsmöglichkeiten den Zugang für einzelne Interessengruppen erschweren. Nicht ohne Grund wurde die EU daher als ein politisches System sui generis konzeptualisiert (vgl. Jachtenfuchs 1997; Grande 1998; Woll 2006a). Gerade die komplexe institutionelle Architektur des europäischen Mehrebenensystems verlangt von den Interessengruppen erhebliche Anstrengungen, um die sich bietenden Zugangschancen effektiv zu nutzen (vgl. Peschke 2001: 53). Eine besondere Herausforderung ergibt sich aus der Tatsache, dass ein zentraler Zugangspunkt fehlt, um wirkungsvolles Lobbying zu betreiben. Dies ist in erster Linie auf dieVielzahl von Entscheidungsgremien im Institutionengefüge der Europäischen Union zurückzuführen (vgl. Grande 1996: 383; Peschke 2001: 53). Um diesen neuen Anforderungen begegnen zu können, ist es erforderlich, möglichst alle Ebenen durch aktives Lobbying abzudecken und gleichzeitig multiple Handlungsstrategien zu entwickeln (vgl. Kohler-Koch 1996: 199; Peschke 2001: 53).

In der politikwissenschaftlichen Literatur werden verschiedene Interessenvertretungsstrategien innerhalb der Europäischen Union unterschieden, allerdings ohne den Mehrebenencharakter des politischen Systems der Europäischen Union ausreichend zu berücksichtigen. Vor diesem Hintergrund, genauer gesagt in Anbetracht der Komplexität der Opportunitätsstruktur, trifft die vorliegende Untersuchung eine in der Forschungsliteratur bisher nicht berücksichtigte Unterscheidung zwischen einfachen und komplexen Strategien. Um die Abgrenzung von komplexen und einfachen Strategien systematisch abzuleiten (Kap. 2.3.3), werden im folgenden Abschnitt die für die Untersuchung relevanten Strategien jeweils kurz erläutert. Es handelt sich dabei um die in der Forschungsfrage genannten Strategierepertoires. Eine komplexe Strategie wäre demnach eine Kombination der unterschiedlichen, zur Verfügung stehenden Strategierepertoires. Letztendlich geht es darum, diese Unterscheidungen entsprechend zu kombinieren und dann empirisch zu verifizieren.

Europäische Politik vollzieht sich auf mehreren Ebenen und involviert im Kontext der Interessenvermittlung verschiedene private Akteure gleichzeitig in den Entscheidungsprozess. Im Fokus stehen dabei neben den Verbänden vor allem auch die Unternehmen selbst, die ihre Interessen gegenüber den politischen Entscheidungsträgern vertreten.

An dieser Stelle bietet es sich – wenn auch in aller Kürze – an, etwas näher auf die Einflusslogiken und Implementierungsprobleme in Mehrebenensystemen einzugehen. Dabei stellt sich die EU aufgrund der Koexistenz von supranationalen und intergouvernementalen Strategiemöglichkeiten als besonders komplex dar. Eine Berücksichtigung dieser Problematik erlaubt es, die Kommunikationswege der Interessenverbände und Unternehmen, die sich aus der Komitologie (bzw. den Ausschussverflechtungen) ergeben, besser nachzuvollziehen und eingehender zu interpretieren (vgl. Pappi/Schornpfeil 1996: 135).

Zeigt sich ein nationaler Verband und/oder ein Unternehmen bestrebt, Einfluss auf die Gestaltung der Policy auszuüben, so kann dieses Ziel erreicht werden, indem entsprechender Lobbyismus bei der Formulierung eines Kommissionsvorschlags und/oder bei den Beratungen des Ministerrates betrieben wird. Während Unternehmen nicht nur den Weg über ihren Verband gehen, sondern darüber hinaus auch in Eigeninitiative den direkten Zugang suchen, gibt es für einen nationalen Verband zunächst die Option, über seinen europäischen Dachverband aktiv zu werden, was einer supranationalen Strategie gleichkommt. Entscheidet sich der nationale Verband hingegen für eine Einflussnahme über seine nationale Regierung, so verfolgt er eine intergouvernementale Strategie. In diesem Fall geht der Verband davon aus, dass seine Interessen bei den Erörterungen im Ausschuss der Ständigen Vertreter oder im Ministerrat berücksichtigt werden. Beide Wege der Einflussnahme sind geeignet, um beim Entscheidungsprozess innerhalb eines europäischen Rechtsaktes mitzuwirken. Hinzu kommt die Möglichkeit, den jeweiligen Ausschuss, den die Kommission konsultieren muss, zu beeinflussen. Welche der Strategien im Einzelfall letztendlich zum Einsatz kommt, lässt sich nur schwer feststellen. Im Allgemeinen wird ein Verband oder ein Unternehmen keinem Weg den Vorzug geben, da eine intergouvernementale Strategie eine supranationale nicht ausschließt. Vielmehr können sich die beiden Vorgehensweisen wechselseitig ergänzen (vgl. Pappi/Schornpfeil 1996: 136f.).

Auch wenn supranationale Anliegen nationaler Verbände eigentlich über den entsprechenden europäischen Dachverband vertreten werden, kommt es nicht selten dazu, dass nationale Verbände den direkten Kontakt zu europäischen Institutionen suchen (vgl. Nugent 2010: 246). Verfolgt eine Interessenvertretung auf europäischer Ebene eine intergouvernementale Strategie, so kann es dazu kommen, dass der Einfluss großer Unternehmen gegenüber nationalen staatlichen Akteuren gestärkt wird, wobei diese Unternehmen nicht an Interessenkoalitionen beteiligt bzw. nicht in europäische Verhandlungsprozesse eingebunden sind. Interessenbündnisse zwischen Unternehmen und staatlichen Akteuren auf europäischer Ebene können ferner die Bedeutung nationaler Branchenverbände schmälern und ihre Einflussmöglichkeiten stark einschränken. Dies ist insbesondere dann der Fall, wenn der Verband selbst zu keiner einheitlichen Positionierung kommt (vgl. Schumann 2007: 88).

Alle genannten Formen der Interessenvermittlung können unabhängig voneinander bestehen. Darüber hinaus favorisieren auch Koalitionen zwischen Unternehmen den direkten Zugang zu supranationalen Organisationen. Dies geschieht insbesondere dann, wenn sich Konzerne von ihren Verbänden vernachlässigt bzw. in ihren Interessen unterrepräsentiert fühlen (vgl. Pfeifer 1995: 66).

Proaktives Handeln, also die Intervention zu einem möglichst frühen Zeitpunkt, ist ein essentieller Bestandteil des effektiven Lobbyings. Hierzu aktivieren Unternehmen zunehmend ihre politischen Ressourcen, um gezieltes proaktives Lobbying zu betreiben (vgl. Coen 1998). In seinem Artikel *„The European Business Interest and the Nation State: Large-firm*

Lobbying in the European Union and Member States" betont David Coen (1998), dass sich reaktives Lobbying, also abwartendes Handeln, nicht mehr als zielführend erweist.

Im Rahmen einer proaktiven Strategie, also bereits vor dem Zustandekommen eines Gesetzgebungsverfahrens, erweist es sich als besonders wirkungsvoll, wenn die Lobbyisten durch gezielte Einflussnahme ihre Interessen bereits im Rat einbringen und/oder gar eine Gesetzesinitiative bewirken. Zwar bieten die Kommission und das Parlament generell bessere Möglichkeiten der Einflussnahme, es darf aber an dieser Stelle nicht übersehen werden, dass viele der von der Europäischen Kommission initiierten Rechtssetzungsprozesse erst auf entsprechende Anregungen des Rates oder der Mitgliedsstaaten zurückzuführen sind (vgl. Knill 2008: 93ff.; Wessels 2008: 90ff.).

Um den politischen Entscheidungsprozess durch Interessenvertretung vorteilhaft zu beeinflussen, nutzen private und privatwirtschaftliche Akteure sowohl formelle als auch informelle Zugangsmöglichkeiten. Ingeborg Tömmel (2008) unterscheidet in diesem Zusammenhang zwischen der institutionalisierten und der nicht institutionalisierten Form der Interessenvertretung. Während Erstere auf der formellen Ebene agiert, in der Interessenvertreter in offiziellen Konsultationsprozessen zu Rate gezogen werden, zählt zu einer nicht institutionalisierten Interessenvertretung beispielsweise ein informelles Abendessen mit einem Abgeordneten. Darüber hinaus werden Interessenvertreter auch durch die Beteiligung an informellen Besprechungen (beispielsweise der Kommission) bereits früh in den Politikprozess eingebunden. Ein wesentlicher Teil der Einflussnahme erfolgt demnach auf informeller Ebene. Ihr wird eine wesentliche Bedeutung zugeschrieben, wenn es darum geht, Einfluss auf Entscheidungsträger zu nehmen und eigene Interessen zu lancieren (vgl. van Schendelen 1993b; Milinewitsch 2005; Knill 2008). Gerade in der informellen Vorbereitungsphase politischer Richtlinien sind die Europäische Kommission sowie das Europäische Parlament besonders zugänglich für die Einflussnahme organisierter Interessenvertretungen. Grund dafür ist nicht zuletzt der hohe Bedarf an externen Expertisen und der damit verbundenen Legitimation (vgl. van Schendelen 1993b; Mazey/Richardson 1993; Hull 1993).

Allerdings fällt es schwer, die formelle von der informellen Ebene zu trennen, da beide ineinander übergehen. In diesem Zusammenhang ist auch die Definition von „formell" und „informell" zu klären. Versteht man öffentliche Veranstaltungen, wie Anhörungen, Konsultationen und Ausschusssitzungen, als formell, dann wird klar, dass der informelle Weg – beispielsweise über bilaterale Gespräche im Rahmen der Beratungen in parlamentarischen Ausschüssen – erfolgversprechender ist. In der Regel ist es jedoch so, dass sich die formelle und die informelle Interessenvertretung ergänzen.

Trotz ihres latenten Spannungsverhältnisses stellen sowohl die kollektive Vertretung gemeinsamer Interessen über Verbände als auch die direkte Vertretung individueller Interessen gegenüber staatlichen Akteuren heutzutage für Unternehmen ein gängiges Instrument der Einflussnahme auf den politischen Prozess dar. Dabei ist zu berücksichtigen, dass die individuelle Interessenvermittlung entsprechende Ressourcen erfordert, weshalb diese Möglichkeit überwiegend größeren Unternehmen offensteht (vgl. Bouwen 2002; Eising 2007b; Dür 2008). Die Betriebsgröße und die damit einhergehenden Ressourcen entscheiden darüber, ob Unternehmen ihre individuellen Interessen nicht nur auf nationaler, sondern auch auf europäischer Ebene direkt wahrnehmen und verschiedene Strategien auf den diversen Ebenen parallel verfolgen können (vgl. Schumann 2007: 75). Das europäische Mehrebenensystem ermöglicht es in erster Linie den großen Unternehmen, ihre Interessen auch jenseits der Verbände vorteilhaft zu vertreten, wohingegen kleinere Unternehmen mit ihren beschränkten Ressourcen auf kollektive Interessenvermittlung angewiesen sind (vgl. Coen 1997; Bennett 1999; Dür 2008). Als besonders effektiv erweist sich kollektives Handeln vor allem dann, wenn es gar nicht oder nur unzureichend möglich ist, neuen Anforderungen durch individuelles Vorgehen zu begegnen und dabei die angestrebten Ergebnisse zu erzielen (vgl. Aspinwall/Greenwood 1998:11).

Im Folgenden werden die kollektiven und individuellen Formen der Interessenvermittlung großer Unternehmen im europäischen Mehrebenensystem näher erläutert. Da in diesem Kapitel die jeweiligen Akteure auf Seiten der Industrie (Interessenverbände, Unternehmen) sowie die politischen Akteure (Adressaten auf nationaler und europäischer Ebene) nicht näher zu beschreiben sind, sei hier auf Kapitel 4 verwiesen, wo die relevanten Akteure im Politikprozess ausführlich dargestellt werden.

Generell gibt es einen Zusammenhang zwischen der institutionellen Struktur und ihrer Auswirkung auf die Zugangsmöglichkeiten von Interessengruppen (vgl. Grande 1996, 2003). Auf nationaler Ebene richtet sich die Interessenvertretung von Unternehmen zunächst nach dem politischen System, das sowohl die Zugangschancen als auch die Zugangskanäle bestimmt. In Deutschland ist also neben dem föderalen Staatsaufbau auch das parlamentarische Regierungssystem zu berücksichtigen und häufig ausschlaggebend bei der Wahl der Adressaten.

Die Ausgestaltung der kollektiven Interessenvermittlung von Unternehmen wird auf nationaler Ebene durch die Branchenverbände übernommen, die stets darum bemüht sind, einen breiten Konsens zwischen ihren Mitgliedern zu schaffen. Die deutschen Automobilhersteller haben sich hierzu im Verband der deutschen Automobilindustrie (VDA) organisiert (siehe Kapitel 4.1.1). Sobald aber Unternehmen die Wahrnehmung ihrer Interessen durch den Verband nicht mehr ausreichend gewährleistet sehen, gehen sie dazu über, ihre Ziele selbst zu vertreten (vgl. von Alemann 2000; von Arnim 2005). Individuelles Lobbying sichert eine größere innere Homogenität und erlaubt den Unternehmen die direktere Konzentrierung (vgl. Coen 1998: 77–78). Hierbei zählen sowohl die Ministerialverwaltung als auch Regierung und Parlament zu den wichtigsten Ansprechpartnern für Unternehmen (siehe Kapitel 4.2.1).

Neben der Vertretung wirtschaftlicher Interessen gegenüber nationalen Entscheidungsträgern müssen Unternehmen ihre kollektiven und individuellen Lobbyingaktivitäten auch gegenüber den europäischen Adressaten zur Geltung bringen, um die politischen Rahmenbedingungen erfolgversprechend beeinflussen zu können. Dies liegt darin begründet, dass die nationale Gesetzgebung zum großen Teil von der europäischen Politik bestimmt ist, weshalb eine verstärkte Interessenvermittlung gegenüber europäischen Institutionen notwendig wird. Die Vertretung kollektiver Interessen erfolgt dabei sowohl über die nationalen wie auch über die europäischen Branchenverbände. So vertritt die deutsche Automobilindustrie ihre Interessen auf europäischer Ebene nicht nur über den europäischen Dachverband ACEA, sondern auch über den nationalen Spitzenverband VDA (siehe Kap. 4.1.1). Um Unternehmensinteressen erfolgversprechend zu vermitteln, bieten sich den Verbänden also zwei grundlegende Zugangsmöglichkeiten zur europäischen Politik: Zum einen können kollektive Brancheninteressen durch den europäischen Verband vermittelt werden. Zum anderen besteht die Möglichkeit der direkten Vermittlung individueller oder nationaler Brancheninteressen gegenüber den europäischen Institutionen (vgl. Schumann 2007: 84). Hierzu hat der VDA eine eigene Repräsentanz in Brüssel eingerichtet (siehe Kap. 4.1.1). Neben dem Aufbau und der Pflege von Kontakten erfüllen solche Repräsentanzen u. a. auch den Zweck der Informationsbeschaffung sowie der entsprechenden Auswertung. Auch wenn die Verbände ein wirkungsvoller Kanal für eine effektive Interessenvertretung sind, agieren Unternehmen oftmals parallel zu den Verbänden, indem sie die Vertretung partikularer Interessen selbst in die Hand nehmen, wenn die eigenen Interessen nicht ausreichend berücksichtigt werden (vgl. Woll 2006b, 2007). Daher unterhalten die Unternehmen ebenfalls eigene Verbindungsbüros in Brüssel (siehe Kapitel 4.1.2). Sie verfolgen dabei ein ähnliches Ziel wie die Repräsentanzen der Verbände, und zwar die Wahrnehmung ihrer individuellen Unternehmensinteressen auf europäischer Ebene. Wie auch beim deutschen Spitzenverband und seinem europäischen Dachverband werden individuelle Interessen direkt gegenüber den europäischen Institutionen, insbesondere gegenüber der Kommission, vertreten (vgl. Schumann/Widmaier 2003: 265; Schumann 2007: 83; Nugent 2010: 250).

Zusammenfassend ist Folgendes festzustellen: Zum einen beeinflussen Mechanismen der Interessenvertretung auf nationaler Ebene die kollektive und individuelle Interessenvertretung großer Unternehmen innerhalb der europäischen Institutionen, zum anderen wirkt sich die Interessenvertretung auf europäischer Ebene auf die entsprechenden nationalen Aktivitäten aus.

2.3.3 Einfache und komplexe Strategien

Wie die vorangegangenen Ausführungen gezeigt haben, ist die Europäische Union ein hochkomplexes Gebilde mit vielfältigen Interdependenzen auf allen Ebenen. Die Gestaltung europäischer Politik wird dabei im Wesentlichen von der Wechselwirkung zwischen europäischen und nationalen Beziehungen geprägt. Daher sind neben den Vorgängen auf europäischer Ebene auch die jeweiligen nationalen Interaktionsmuster zu berücksichtigen, um die sich bietenden strategischen Opportunitäten zu erfassen. Um diese im Rahmen der europäischen Mehrebenenstruktur nutzen zu können, bedarf es ausgereifter strategischer und organisatorischer Fertigkeiten seitens der Akteure, die nicht zuletzt ein hohes Maß an Koordinations-, Kommunikations- und Kooperationsfähigkeit erfordern. Insbesondere die Rolle der nicht staatlichen Akteure gewinnt in einem zunehmend dynamischen Politikprozess und angesichts der europäischen Interessenvielfalt zunehmend an Bedeutung.

Dabei gibt es keinen „Königsweg", der festlegt, wie man seine Ziele am besten erreichen und seine Interessen nachhaltig durchsetzen kann. Wenn aber keine Gewissheit darüber besteht, ob und auf welche Weise man erfolgreich agieren kann, liegt es nahe, verschiedene Wege zu beschreiten und diese aufeinander abzustimmen. Aus der Sicht der Akteure stellt sich also die Frage, auf welchem Weg sie ihr Ziel am besten erreichen können. In diesem Zusammenhang kann man zwischen einfachen und komplexen Strategien unterscheiden.

Einfache Strategien sind diejenigen, die versuchen, ihr Ziel auf einem präzise bestimmbaren Weg zu verfolgen. Geht man davon aus, dass sich das angestrebte Ziel auf einem einfachen, festgelegten Weg erreichen lässt, dann wäre eine ausschließliche Konzentration auf diesen Weg durchaus sinnvoll. Falls man aber nicht sicher sein kann, ob und auf welche Weise die eigenen Interessen zu vertreten sind, ist es naheliegend, verschiedene Wege zu wählen und diese gegebenenfalls aufeinander abzustimmen. Sobald ein Akteur also bei der Wahrnehmung seiner Interessen alle oder einen Teil der oben beschriebenen Möglichkeiten nutzt (intergouvernemental/supranational, proaktiv/reaktiv, formell/informell, kollektiv/individuell), kann von einer komplexen Strategie gesprochen werden, die verschiedene Wege und verschiedene Instrumente kombiniert, um so die Erfolgschancen zu erhöhen. Es ist davon auszugehen, dass in komplizierten Konstellationen einfache Strategien nicht mehr zielführend sind – sei es aufgrund der institutionellen Entscheidungsbedingungen oder wegen der Interessenkonstellationen. Hinzu kommt ein relativ hohes Maß an strategischer Unsicherheit, die sich aus der Komplexität und Dynamik der europäischen Mehrebenstruktur ergibt. Daraus ergibt sich schließlich die Notwendigkeit, eine komplexe Strategie anzuwenden, sobald die eigenen Interessen in einem Mehrebenensystem des Regierens erfolgreich durchgesetzt werden sollen. Eine Ausnahme liegt allerdings dann vor, wenn es einem Unternehmen gelingt, zur jeweiligen nationalen Regierung eine klientelistische Beziehung aufzubauen. In diesem Fall handelt es sich um die erfolgreiche Anwendung einer einfachen Strategie.

Im Rahmen der vorliegenden Fallstudien werden Interessenkonstellationen erkennbar, die den Unternehmen starke Anreize liefern, eine komplexe Strategie zu verfolgen.

3. Klimaschutz als Problem von Politik und Industrie

Das dritte Kapitel dient der Einführung in den empirischen Gegenstandsbereich. Die vorliegende Arbeit beschäftigt sich mit zwei umweltpolitisch relevanten Verordnungen der Europäischen Union, die relativ speziell sind. Um zu zeigen, worum es dabei im Kern geht, erscheint es sinnvoll, vorab das gesamtpolitische Tableau zu präsentieren. Zunächst wird also sehr allgemein auf das Klimaschutzproblem eingegangen, um am Ende die Fallstudien entsprechend einordnen zu können.

Der weltweite Klimaschutz ist eines der virulenten Probleme unserer Zeit. Die Belastungen für Mensch und Umwelt haben in den letzten Jahrzehnten durch den Ausstoß von klimaschädlichen Treibhausgasen signifikant zugenommen. Der Anstieg des Meeresspiegels, eine Gefährdung der Lebensräume von Fauna und Flora, extreme Wetterphänomene wie Dürren, Überschwemmungen und Wirbelstürme oder auch der Temperaturanstieg der Erdoberfläche werden in diesem Kontext immer wieder genannt. Die globalen Folgen des Klimawandels lassen sich nur dann aufhalten, wenn die Politik auf internationaler, nationaler und lokaler Ebene agiert. Deshalb steht der Klimawandel ganz oben auf der Agenda internationaler und europäischer Politik. Im Zentrum politischer Maßnahmen steht dabei die Reduzierung von Treibhausgasen, die für die Erwärmung des Erdklimas maßgeblich verantwortlich gemacht werden.

Laut dem UN-Klimabericht von 2007 wird ein großer Teil der Klimaveränderungen durch anthropogenes Handeln verursacht. Ein Blick auf die letzten 150 Jahre verdeutlicht, dass insbesondere mit der voranschreitenden Industrialisierung die CO_2-Konzentration in der Atmosphäre rapid gestiegen ist. Ausschlaggebend dafür sind insbesondere diejenigen CO_2-Emissionen, die durch die Verbrennung fossiler Rohstoffe (Öl, Kohle, Gas) entstehen und von der Industrie, bei der Energiegewinnung, durch private Haushalte und vor allem durch konventionelle Automobile verursacht werden. Diese Emissionen wiederum beschleunigen den Treibhauseffekt (vgl. Solomon et al. 2007: 4). Der vom Menschen induzierte Effekt führt zu drastischen Auswirkungen auf das Klima. Demzufolge steht der Verkehrssektor im Fokus der globalen Debatte über den Klimawandel.

Unter dem Treibhauseffekt versteht man die Erwärmung der Erdoberfläche durch Sonneneinstrahlung. Dieser natürliche Prozess wird durch menschliches Verhalten, insbesondere durch die Freisetzung von Kohlendioxid in die Atmosphäre, aus dem Gleichgewicht gebracht. Da die natürliche Wärmeabsorption der Sonneneinstrahlung behindert wird, verstärkt sich der natürliche Treibhauseffekt. In der Folge führt dies zu einer zusätzlichen Erwärmung der Erdoberfläche. In seinem Report über Klimaänderungen 2001 warnte das Intergovernmental Panel on Climate Change (IPCC) vor einem weltweiten Temperaturanstieg um 1,4 bis 5,8 Grad bis zum Jahr 2100, wenn keine entsprechenden Maßnahmen zur Reduktion der CO_2-Emissionen getroffen werden. Glaubt man den Wissenschaftlern, so wären die Konsequenzen fatal. Ein solches Szenario würde nicht nur ökologische, sondern auch sozio-ökonomische Probleme mit sich bringen. Dies betont auch der Wissenschaftliche Beirat der Bundesregierung in seinem Hauptgutachten *„Globale Umweltveränderungen"* aus dem Jahr 2000 (vgl. WBGU 2001: 24f.). Es besteht ein breiter Konsens, den Anstieg der Erderwärmung bis 2050 auf maximal 2 Grad gegenüber dem Niveau des vorindustriellen Zeitalters zu begrenzen. Dieser Wert gilt unter Wissenschaftlern als „Point of no Return". Im März 2007 hat der Europäische Rat dieses Vorhaben nochmals bestätigt. Um das gesteckte Ziel tatsächlich zu erreichen, müssen die Entwicklungsländer, aber auch die USA und China dieses Vorhaben unterstützen. Der UN-Weltklimagipfel in Kopenhagen im Dezember 2009 wurde – leider erfolglos – von diesem Bemühen geprägt.

Für umfassende Maßnahmen zum Klimaschutz plädiert auch Nicholas Stern, der ehemalige Chefvolkswirt der Weltbank und einer der weltweit renommiertesten Ökonomen, in seinem Bericht vom 30. Oktober 2006. Er kommt zu dem Ergebnis, dass die Regierungen den Ausstoß von CO_2 deutlich reduzieren müssten, um ein Versagen der Weltwirtschaft zu unterbinden. Demnach wäre bereits 1 % des jährlichen Bruttosozialprodukts ausreichend, um die Belastung der Atmosphäre mit dem schädlichen Treibhausgas CO_2 auf einem verträglichen Level zu halten, wodurch ein folgenschwerer Verlauf des weltweiten Klimawandels einzudämmen wäre. Ein Nichttätigwerden, so Stern, würde die Kosten der klimabedingten Schäden um den Faktor 5 bis 20 potenzieren, was erhebliche Auswirkungen auf die wirtschaftliche Entwicklung mit sich brächte. Ein ambitionierter Klimaschutz ist demnach unbedingte Voraussetzung für eine intelligente Wirtschafts- und Energiepolitik (vgl. Stern 2007).

Da die aktuellen Klimamodelle bisher zu viele Ungewissheiten beinhalten, lassen sich die Folgen des anthropogenen Klimawandels letztendlich noch nicht valide voraussagen. Aufgrund der negativen wissenschaftlichen

Prognosen zum Klimawandel sind die Regierungen gegenwärtig jedoch mehr denn je zum Handeln gezwungen. Dennoch ist dies keine Garantie dafür, dass das Klima konstant bleibt.

3.1 Die Bedeutung von Klimaschutz als politisches Regelungsproblem

Stellt man sich die Frage, welche Bedeutung der Umweltpolitik als politisches Regelungsproblem zukommt, so stellt man fest, dass es sich hier in erster Linie um ein transnationales Thema handelt. Diese neue Regelungsdimension jenseits der Nationalstaaten fördert und fordert bislang ungewohnte, pluralisierte politische wie soziale Räume, Akteure und Akteurskonstellationen (vgl. König/Pfister/Sterzel 2004: 4). Speziell mit Blick auf den Klimaschutz gilt, dass Umweltprobleme heute nicht mehr in die alleinige Zuständigkeit eines Staates fallen. Ein einzelner Staat ist weder in der Lage, dieser Problemstellung effektiv entgegenzuarbeiten, noch kann er die finanziellen Mittel aufbringen, um eine erfolgversprechende Lösung herbeizuführen (vgl. Fuhr/Lederer/Schröder 2008: 2). Da alle Länder unter der Treibhausdecke liegen, müssen regulierende Handlungen länderübergreifend durchgeführt werden, um einen effektiven Klimaschutz zu gewährleisten. Es ist wichtig zu verstehen, dass in dieser Situation alle Länder wechselseitig voneinander abhängig und aufeinander angewiesen sind. Nur durch einen gemeinsamen Lösungsansatz ist das Problem der Klimaerwärmung in den Griff zu bekommen. Dabei liegt die Hauptverantwortung bei den reichen Industriestaaten. Sie verfügen über die Technologien und die finanziellen Mittel, wirkungsvolle Maßnahmen zu entwickeln und umzusetzen.

Die Tatsache, dass nicht zuletzt die USA als einer der größten Emittenten von Treibhausgas aufgrund ihrer Verweigerungshaltung einer effektiven Klimapolitik im Wege stehen, führt letztlich dazu, dass die Anstrengungen einzelner Klimaschutzregime oftmals wirkungslos bleiben. Ein weiteres Problem stellen zudem die Schwellenländer dar. Schon in wenigen Jahren wird China die Vereinigten Staaten als größter CO_2-Emittent überholen. Das Land will sich aber den komfortablen und energiehungrigen Lebensstil der westlichen Welt nicht durch Klimaschutzregeln beeinträchtigen lassen. Gleiches gilt auch für andere Schwellenländer. Die Bemühungen einiger Länder, den CO_2-Ausstoß zu reduzieren, werden somit zunichte gemacht, besonders dann, wenn sich Schwergewichte wie China und die USA kaum engagieren (vgl. Knill/Liefferink 2007: 75).

So ergibt sich neben der zwingend erforderlichen Zusammenarbeit aller Länder ein weiteres Problem hinsichtlich der Schaffung vergleichbarer Rahmenbedingungen für die Industrie. Aufgrund befürchteter Wettbewerbsnachteile lehnen wichtige Akteure entsprechende Regelungen zum Klimaschutz oftmals ab. Gelegentlich gehen sie auch taktisch vor und verweigern sich einer Maßnahme, um Wettbewerbsvorteile für sich zu generieren. Zwar finden die Klimaschutzziele und die Notwendigkeit weiterer Schritte eine breite Zustimmung, deren konkrete Ausgestaltung wird jedoch kontrovers diskutiert. Bisher beklagt die Industrie vor allem, dass durch die ungleiche Belastung der Länder erhebliche Wettbewerbsverzerrungen entstünden (vgl. Johnson/Corcelle 1989). Andererseits könnten die technisch entwickelten Länder von Klimaschutzmaßnahmen auch profitieren. Internationale Großprojekte lassen sich beispielsweise nur mit dem Know-how der nördlichen Industriestaaten realisieren. So gesehen bietet der Klimawandel auch Chancen. In einem Interview mit der Wirtschaftswoche betonte Matthias Machnig, der Staatssekretär im Bundesumweltministerium, im Juni 2009, dass eine kluge Umweltpolitik immer auch Teil einer intelligenten Wirtschafts- und Wachstumspolitik sein müsse. Dabei sei zu beachten, dass für alle staatlichen Maßnahmen der gleiche Maßstab gelte. Die entsprechenden Schritte müssten wirksam, wirtschaftlich und verursachergerecht sein und die Leistungsfähigkeit der einzelnen Betroffenen angemessen berücksichtigen (vgl. Bundesministerium für Umwelt 2009). Kein Land möchte durch Klimaschutzregeln gegenüber anderen Ländern benachteiligt werden.

Der Klimawandel ist ein Problem globalen Ausmaßes, das ein solidarisches Handeln aller Beteiligten erfordert. Doch wie können geeignete politische Entscheidungen zustande kommen? Zwischenstaatliche Vereinbarungen sind das bewährteste politische Instrumentarium, das zur Verfügung steht, um transnationale Reformen zu erwirken. Bereits Ende der 70er Jahre nahm sich die internationale Staatengemeinschaft des Problems an und ergriff Maßnahmen zum Klimaschutz (vgl. Knill/Liefferink 2007: 196). Eine intensive Auseinandersetzung mit dem Thema findet seitens der Politik aber erst seit den 1980er Jahren statt. Trotz der genannten Regelungsprobleme ist es der internationalen Staatengemeinschaft – wenn auch unter beträchtlichen Schwierigkeiten – gelungen, entscheidende Maßnahmen zum Klimaschutz zu entwickeln und umzusetzen. Ein Meilenstein in der Geschichte des Klimaschutzes ist das Kyoto-Protokoll von 1997. Allerdings war es bis dahin ein langer Weg, wie im Folgenden zu zeigen sein wird.

Die erste internationale Klimaschutzkonferenz fand 1979 in Genf statt. Dort tagte ein Expertengremium zum Einfluss des menschlichen Handelns auf das weltweite Klima. Am Ende der Konferenz war man sich einig, dass klimaschutzpolitische Maßnahmen dringend erforderlich seien, um langfristig gravierende Klimaveränderungen abzuwenden. Neun Jahre später folgte in Toronto die erste Weltklimakonferenz über Veränderungen der Atmosphäre. Im Zentrum der Diskussion stand hier die Frage nach den Ursachen der Erderwärmung und den Möglichkeiten zu ihrer Bekämpfung. Aufgrund der rasanten negativen Entwicklung des Kohlendioxidgehalts in der Atmosphäre wurde 1989 im Rahmen einer internationalen Klimaschutzstrategie ein sofortiges und nachhaltiges Handeln gefordert (vgl. World Meteorologic Organization 1989).

Im selben Jahr wurde das Integovernmental Panel on Climate Change (IPCC) gegründet, dessen Bedeutung sich im Rahmen der Fallstudien noch erweisen wird. Dieser zwischenstaatliche Ausschuss, bestehend aus über 2000 Wissenschaftlern, diente insbesondere dazu, politischen Entscheidungsträgern wissenschaftliche Expertisen hinsichtlich des Klimawandels zur Verfügung zu stellen. Hierzu wurden aktuelle Forschungsergebnisse über Klimaveränderungen ausgewertet, zusammengefasst und veröffentlicht. Seit 1990 hat das IPCC vier Berichte publiziert, den letzten 2007. Dabei hat sich die Annahme, dass die Treibhausgase für den Klimawandel verantwortlich sind, weiter erhärtet (vgl. IPCC 2007: Assessment Report 2007).

Auf der zweiten Weltklimakonferenz, die 1990 in Genf stattfand, veröffentlichte das IPCC seinen ersten Bericht (FAR: First Assessment Report of the threat of climate change), in dem es anthropogenes Handeln als den hauptverantwortlichen Faktor für den Treibhauseffekt identifizierte. Zudem wurde ein erheblicher Anstieg der CO_2-Konzentration festgestellt, der im Vergleich zur vorindustriellen Zeit eine Zunahme um 25 % verzeichnete. Nach Vorlage des Assessment Report war man sich einig, dass der Klimawandel ein Problem für die gesamte Menschheit darstelle, dem man nur gemeinsam begegnen könne und müsse. Im Rahmen einer erarbeiteten „Klimakonvention" wurde eine deutliche Reduzierung der Emissionen gefordert.

Nach langen Verhandlungen unterzeichneten 154 Staaten 1992 die Klimarahmenkonvention (United Nations Framework Convention on Climate Change / UNFCCC) der Vereinten Nationen in Rio de Janeiro als Basis eines globalen Klimaregimes (vgl. Knill 2008: 104). Dieses Rahmenabkommen formulierte das Ziel, eine „gefährliche Störung des Klimasystems durch den Menschen" zu verhindern (vgl. Rahmenübereinkommen der Vereinten Nationen über Klimaänderungen, 1992, Art. 2). Dabei ging es zunächst um ein generelles Übereinkommen hinsichtlich der angestrebten Klimaschutzziele auf internationaler Ebene. Die konkrete Umsetzung dieser festgeschriebenen Ziele wurde in den späteren UN-Klimakonferenzen verhandelt. Das erste Treffen der Vertragsstaaten fand 1995 in Berlin statt. Die Konferenzen der Conference of the Parties (COP) unterstützten die Weiterentwicklung und Verschärfung der Konvention und dienten als Verhandlungsbasis für das spätere Kyoto-Protokoll, das 1997 beschlossen wurde (vgl. Knill/Liefferink 2007: 74). Dieses Übereinkommen hat essentiell dazu beigetragen, das globale Problembewusstsein in Bezug auf die klimapolitischen Herausforderungen zu schärfen.

Das Protokoll von Kyoto

Im Kyoto-Protokoll hat die internationale Staatengemeinschaft erstmals rechtlich bindende Emissionsgrenzen für den Ausstoß von Treibhausgasen fixiert, die für alle ratifizierenden Industriestaaten maßgebend sind. Im Rahmen des Kyoto-Protokolls verpflichtete sich ein Großteil der Industrieländer zu einer maßvollen Verminderung des CO_2-Ausstoßes. Hierbei beschloss die EU, bis zum Jahr 2012 die Emissionen im Vergleich zu 1990 um 8 % zu senken (vgl. Roth-Behrendt/Büchler 2008). Mit welchen Mitteln dieses Ziel umgesetzt wird, bleibt den Staaten selbst überlassen. Im Februar 2005 traten die Bestimmungen des Protokolls für 154 Teilnehmerstaaten in Kraft.

Das Kyoto-Protokoll sieht unter anderem einen Handel mit Emissionsrechten vor (vgl. Richtlinie 2003/87/EG, AB1. EG L 275 vom 25. Oktober 2003: 32). Erreicht ein Vertragsstaat beispielsweise nicht seine Emissionshöchstgrenze, so kann er die Differenz an einen anderen Staat verkaufen, der dann wiederum seine Emissionen nur in einem entsprechend geringeren Umfang reduzieren muss. Über die genaue Abwicklung dieses Handels wurden in Kyoto allerdings noch keine Festlegungen getroffen. In diesem Zusammenhang stärkte die EU ihre Vorreiterrolle, indem sie mit dem sogenannten EU-Emissionshandelssystem ein Modell entwickelte, das zu einem Eckpfeiler der Strategie gegen den Klimawandel wurde (vgl. Knill 2008: 104). Immer wieder gab es auf europäischer Ebene Bemühungen, umweltpolitische Standards zu verabschieden, die deutlich über das geforderte Maß hinausgingen, um auf diesem Wege einen dynamischen

Prozess in Gang zu setzen, der eine Art „Spill-over-Effekt" auf andere Mitgliedsstaaten ausüben sollte (vgl. Héritier/Knill/Mingers 1996; Sbragia 2000).

Auch der Tatsache, dass Industrienationen und Entwicklungsländer in unterschiedlichem Ausmaß für den Klimawandel verantwortlich sind, wurde im Protokoll Rechnung getragen. Während die Industriestaaten ihre Emissionen bis 2012 um 5 % senken müssen, wurden die Entwicklungsländer lediglich dazu aufgefordert, ihre Emissionen zu senken, ohne dies verbindlich festzuschreiben (vgl. Knill/Liefferink 2007: 74f.).

Ein großes Problem für die Klimaschutzpolitik stellt die Verweigerungshaltung der USA dar. Obwohl die USA zu den Hauptverursachern von Treibhausgasen gehören, gaben sie unter der Regierung von George W. Bush im März 2001 bekannt, dass sie das Protokoll nicht ratifizieren werden. Aus Furcht vor ökonomischen Nachteilen gegenüber China und Indien (die als Schwellenländer nicht zur Reduzierung verpflichtet wurden) hielten sich die Vereinigten Staaten auch von allen weiteren Verhandlungen fern.

Im Jahr 2012 wird das Kyoto-Protokoll auslaufen. Große Hoffnung lag auf dem Nachfolgeabkommen, das im Dezember 2009 auf dem UN-Klimagipfel in Kopenhagen auf den Weg gebracht werden sollte. Laut einem Bericht der Süddeutschen Zeitung vom 20. November 2011 bezeichnete der britische Klimaökonom Nicholas Stern die Konferenz als „das wichtigste internationale Treffen seit dem Zweiten Weltkrieg". Wie bereits erwähnt, befürchtet er, dass die klimabedingten Schäden erhebliche negative Auswirkungen auf die wirtschaftliche Entwicklung haben werden. Die Hoffnungen, die man in den Gipfel gesetzt hatte, erfüllten sich allerdings nicht. Nach zähen Verhandlungsrunden konnte man sich nur auf einen Minimalkonsens einigen. Die Abschlusserklärung enthielt keine konkreten Vorgaben zur Reduzierung klimaschädlicher Treibhausgase (vgl. UN-Klimagipfel in Kopenhagen 2009, Abschlussabkommen).

3.2 Klimaschutz und die Rolle der Europäischen Union

Eine starkes Staatenbündnis wie die Europäische Union besitzt das Potenzial, ein leistungsstarker Motor für die erforderlichen globalen Entwicklungen zu sein, somit einen effektiven Klimaschutz auf internationaler Ebene zu realisieren und eine wirkliche Änderung herbeizuführen. Die Union allein wird die Klimaerwärmung jedoch nicht stoppen können, zumal sie nur mit einem Anteil von etwa 15 % zu den weltweiten CO_2-Emissionen beiträgt. In einer Rede vor dem Europäischen Parlament in Brüssel am 31. Januar 2007 betonte der damalige Bundesumweltminister Sigmar Gabriel, dass es eine zentrale Aufgabe der Europäischen Union sei, als Vorreiter und Vorbild auch andere Länder im Kampf gegen den Klimawandel zu mobilisieren, damit durch entsprechende Vereinbarungen und globale Maßnahmen den Herausforderungen und Gefahren gemeinsam begegnet werden könne. Europa müsse den Entwicklungsländern seine Unterstützung anbieten, damit diese sich im Rahmen ihrer Möglichkeiten ebenfalls für den Klimaschutz engagierten (vgl. Europäisches Parlament 2007). Hierbei geht es darum, beispielhaft zu zeigen, dass effektiver Klimaschutz realisierbar, nutzbringend und bezahlbar ist. Um dies zu belegen, bedarf es intensiver klimapolitischer Aktivitäten und Maßnahmen in Europa. Nur so erlangt man Glaubwürdigkeit und nur so kann es gelingen, auch die BRIC-Staaten (Brasilien, Russland, Indien und China) für mehr Engagement im Klimaschutz zu gewinnen, denn diese Länder werden in naher Zukunft zu den großen „Verschmutzern" aufschließen (vgl. Wheeler/Ummel 2007).

Aufgrund der Lissabon-Strategie, die im März 2000 verabschiedet wurde und die darauf abzielte, Europa bis zum Jahre 2010 zum wettbewerbsfähigsten und dynamischsten Wirtschaftsraum der Welt zu machen, wurde der Klimaschutz erst spät zu einem wirklichen Schwerpunkt europäischer Politik. Denn mit dieser Strategie wollte die EU „im Rahmen des globalen Ziels der nachhaltigen Entwicklung ein Vorbild für den wirtschaftlichen, sozialen und ökologischen Fortschritt in der Welt sein" (vgl. Europäisches Parlament 2005: 2). Zunächst besaß allerdings der Dreiklang aus Wettbewerbsfähigkeit, der Schaffung von Arbeitsplätzen und Wirtschaftswachstum Priorität (vgl. Knill 2008: 18ff; Roth-Behrendt/Büchler 2008). Anfangs schienen diese Ziele unvereinbar mit einem aktiven Klimaschutz. Doch neu gewonnene Erkenntnisse der Forschung über die Auslöser des Klimawandels und über die Möglichkeiten, seine Auswirkungen abzumildern, führten – angesichts der bestehenden Dringlichkeit der Herausforderungen – zu einem radikalen Umdenken. Ein rasches politisches Handeln erwies sich als unausweichlich, um Schlimmeres zu verhindern. Europa hat inzwischen erkannt, dass es in jeglicher Hinsicht kontraproduktiv ist, Klimaschutz und Industriepolitik als Gegensätze zu verstehen.

Eine entscheidende Rolle im Kampf gegen den Klimawandel spielt die Förderung von Forschung und Entwicklung (FuE). Bereits seit den 80er Jahren investiert die Europäische Union hier erhebliche Summen und trägt somit dazu bei, geeignete politische Ziele zu entwickeln, um das Problem des Klimawandels zu bewältigen. Das grundlegende Instrument der FuE-Finanzierung in Europa ist das mehrjährige Rahmenprogramm, an dem sich nicht nur Wissenschaftler der 27 Mitgliedsstaaten beteiligen, sondern auch Forscher aus Drittstaaten (vgl. Knill 2008: 48ff.) Das inzwischen siebte EU-Rahmenprogramm (RP7) für FuE umfasst den Zeitraum von 2007 bis 2013 und hat ein Gesamtbudget von 51,5 Milliarden Euro. Allein für die Klimaforschung steht ein Budget von 9 Milliarden Euro zur Verfügung. Die bedeutende Rolle Europas wird hier abermals bestätigt, indem die Erkenntnisse aus den Forschungsarbeiten nicht nur das politische Vorgehen der EU unterstützen, sondern auch die internationalen Verfahren im Rahmen des UNFCC und des Kyoto-Protokolls. Die maßgeblichen Themen der Klimaforschung des RP7 umfassen dabei die Bereiche Umwelt, Verkehr und Energie (vgl. Europäische Kommission 2008).

Seit Ende der 90er Jahre hat es sich Europa zum Ziel gesetzt, eine Vorreiterrolle im Kampf gegen die globale Klimaerwärmung zu übernehmen. Diesbezüglich hat die EU unter anderen erhebliche Anstrengungen unternommen, um eine möglichst große Zahl von Ländern, allen voran Russland, zur Ratifizierung des Kyoto-Protokolls zu bewegen. Nur durch den engagierten Einsatz der Europäischen Union konnte das Kyoto-Protokoll beschlossen werden. Seitdem gilt die EU als wichtiger Akteur im internationalen Klimaschutzprozess. Um die Führungsrolle in der internationalen Klimapolitik zu behaupten und von den damit verbundenen Vorteilen zu profitieren, ist es wichtig, auch in Zukunft bilaterale Aktivitäten zwischen Europa und anderen Ländern zu fördern.

Bisher war Europa ein Schrittmacher des Klimaschutzes. Um ihre Ziele zu untermauern und um ihren Partnern ein Beispiel zu geben, haben sich die EU-Staaten unter der deutschen Präsidentschaft im Jahr 2007 dazu verpflichtet, den CO_2-Ausstoß unabhängig von den anderen Ländern bis 2020 um 20 % zu verringern. Ein vergleichbar klares Klimaziel hat bisher noch kein Land formuliert. Als Vorreiter kann die EU beweisen, dass Wirtschaftswachstum, Stabilität und Klimaschutzziele miteinander vereinbar sind.

3.3 Klimapolitische Entscheidungen der EU

Wie bereits erwähnt, ist es das zentrale Ziel der klimapolitischen Maßnahmen, den durchschnittlichen Anstieg der Erderwärmung auf maximal 2 Grad gegenüber der vorindustriellen Zeit zu begrenzen. Hierzu müssen die weltweiten Emissionen von Treibhausgasen in den nächsten 10 bis 15 Jahren massiv reduziert werden. Sollte dies nicht gelingen, so die Meinung der Wissenschaft, dürfte der Klimawandel irreversibel werden und gravierende langfristige Folgen haben (vgl. Europäische Kommission 2007a: 3). Um diese komplexe Aufgabe zu bewältigen, bedarf es einer Kombination verschiedener Lösungsansätze. Zu diesem Zweck arbeitet die EU konstant und intensiv an einem umfangreichen Maßnahmenpaket. Die entscheidende Frage ist hierbei, mit welchen Maßnahmen die EU danach strebt, die international vereinbarten Klimaschutzziele umzusetzen.

Die europäische Klimapolitik geht zurück auf das im Europäische Programm für den Klimaschutz (European Climate Change Programme, ECCP), das im März 2000 auf den Weg gebracht wurde. Das Programm sollte die EU und ihre Mitgliedsstaaten dabei unterstützen, die international vereinbarten Klimaschutzziele im Rahmen des Kyoto-Protokolls umzusetzen. Der Europäischen Union steht hierbei eine Reihe von politischen Instrumenten zur Verfügung (Verordnungen, Richtlinien, Programme u. v. a. m.), um diese Verpflichtungen einzulösen. Bisher wurden unter der Verantwortung der Europäischen Kommission etwa 40 europäische Strategien und Maßnahmen entwickelt, die die Bemühungen zur Reduzierung der Treibhausgasemissionen auf der nationalen Ebene der Mitgliedsstaaten ergänzen (vgl. Europäische Kommission 2007a: 11). Zu den wichtigsten Maßnahmen gehören die Richtlinien zur Förderung der erneuerbaren Energien. Die Union hofft dadurch den Verbrauch fossiler Brennstoffe zu verdrängen, eine Modifikation der genutzten Energieträger zu erwirken und die Entwicklung neuer Technologien zu begünstigen. Ein weiterer bedeutender Schritt war die Formulierung von Richtlinien zur Einführung von Biokraftstoffen, zur Förderung der Kraft-Wärme-Kopplung, zur Eindämmung der Emissionen von Industrie- und Kraftfahrzeugen sowie zur Verbesserung der Energieeffizienz. Darüber hinaus hat die EU einen Handel mit Emissionsberechtigungen etabliert und verschiedene Forschungsprogramme initiiert (vgl. Matthes 2008).

Das EU-weite Emissionshandelsystem (EU-ETS), das im Januar 2005 eingeführt wurde, gehört zu den bedeutendsten Entwicklungen im Rahmen des ECCP und gilt zugleich als Vorzeigeprojekt der EU im Kampf gegen den Klimawandel. Als erstes Handelssystem für CO_2-Emissionen diente dieses Konzept als Vorlage für ein international anwendbares System, das dazu beitragen kann, Emissionsminderungen zu erschwinglichen Kosten zu realisieren (vgl. Europäische Kommission 2007a: 12).

Einen neuen Impuls erhielt die EU-Klimapolitik durch einen Ratsbeschluss vom März 2007, in dem sich die EU-Umweltminister auf eine gemeinsame Klimaschutzstrategie einigten. Demnach soll der Ausstoß von Treibhausgasen um 20 % reduziert werden, der Anteil erneuerbarer Energien soll um 20 % gesteigert und der Energieverbrauch um 20 % gesenkt werden. Diese drei Hauptziele im Kampf gegen den Klimawandel sollen bis 2020 erreicht sein, wobei vor allem den Verbrauchsgrenzwerten für Fahrzeuge eine Schlüsselrolle zukommt. Eine solcherart integrierte Energie- und Klimapolitik weist voraus auf eine neue industrielle Revolution, die das Verständnis und den Umgang mit Ressourcen grundlegend verändern wird (vgl. Europäische Kommission 2007a: 5).

Insgesamt stellt der motorisierte Straßenverkehr einen der größten Verursacher von CO_2-Emissionen dar und ist somit für die steigende Klimabelastung entscheidend mitverantwortlich. Aufgrund der weltweit gestiegenen Verkehrsleistung hat die Belastung der Atmosphäre durch Treibhausgase stark zugenommen. Wie bereits erwähnt, ist einer der effektivsten Wege im Kampf gegen den Klimawandel die Reduzierung des Energiebedarfs. Gerade im Verkehrswesen gibt es ein enormes Potenzial für eine effizientere Energienutzung und eine damit verbundene Verringerung der Energieverschwendung. Die EU arbeitete im Rahmen des Europäischen Programms zur Klimaänderung sehr eng mit der Automobilindustrie zusammen, um dieses Potenzial auszuschöpfen und somit auch die Senkung der Kohlendioxidemissionen neuer PKW voranzutreiben. In diesem Kontext wurden die beiden für die Fallstudien relevanten Richtlinien (CO_2 und Euro 5/6) auf den Weg gebracht und sind bereits in Kraft getreten. Die Union hat damit die notwendige Gesetzgebung geschaffen, auf deren Grundlage ein weiterer wichtiger Beitrag zur Reduktion von Schadstoffemissionen erreicht werden soll.

4. Akteure im Politikprozess für die Fallstudien relevanten Richtlinien CO_2 und Euro 5/6

Wie die Darstellung des Multi-Level-Governance-Ansatzes in Kapitel 2 gezeigt hat, sind verschiedenste Akteure an der Politikformulierung beteiligt. Die folgende Darstellung soll dazu beitragen, dieses komplexe Geflecht zu veranschaulichen. Im Rahmen der Untersuchung ist von besonderem Interesse, welche Akteure sich zu welchem Zeitpunkt in welcher Form am jeweiligen politischen Entscheidungsprozess aktiv beteiligt haben.

Um diese Fragen zu beantworten, werden zunächst die zentralen Akteure und Institutionen dargestellt, die im Rahmen der zu untersuchenden Gesetzgebungsprozesse entscheidend waren. Neben der nationalen Ebene und den diversen europäischen Institutionen wie Kommission, Ministerrat und Europäisches Parlament, denen die Handlungskoordination obliegt, werden auch private bzw. privatwirtschaftliche Akteure berücksichtigt, die an der Gestaltung der EU-Umweltpolitik partizipieren. Da die genannten Institutionen über den individuellen Akteuren stehen, geben diese auch die Normen, Rollen und sozialen Regeln vor, nach denen die Akteure ihr Handeln organisieren (vgl. Kohler-Koch et al. 2004: 105). Zusammenfassend lässt sich also festhalten: Ein politisches System bestimmt durch seine institutionellen Bedingungen das Handeln von Akteuren.

4.1 Akteure auf Seiten der Industrie

Direktinterventionen von Unternehmen und Verbänden gewinnen in politischen Meinungsbildungs- und Entscheidungsprozessen eine wachsende Bedeutung. Um im Wettbewerb bestehen zu können, ist es vor allem für multinationale Konzerne überlebensnotwendig, die politischen Prozesse soweit wie möglich in ihrem Sinne mitzugestalten. Da es innerhalb von Verbänden meist nur die Einigung auf einen „kleinsten gemeinsamen Nenner" gibt und es gelegentlich sogar zu keiner einheitlichen Verbandsposition kommt, bleibt den Unternehmen oftmals nur der Weg, die Vertretung partikularer Interessen selbst in die Hand zu nehmen. Dennoch ist und bleibt der Verband auch weiterhin ein wirkungsvoller Kanal für eine effektive Interessenvertretung. Im Rahmen einer Mehrebenenstrategie erweitert sich das Spektrum der Möglichkeiten dahingehend, dass künftig alle zur Verfügung stehenden Kanäle genutzt werden, um quasi eine Art von „Multi-Voice-Strategie" zu fahren. Aufgrund dessen haben in Berlin und Brüssel sowohl Verbände als auch Unternehmen entsprechende Repräsentanzen aufgebaut.

Private und privatwirtschaftliche Akteure werden am politischen Entscheidungsprozess beteiligt, indem sie auf formeller Ebene, beispielsweise in beratenden Ausschüssen, zu Rate gezogen werden. Ein hohes Maß an Einflussnahme erfolgt allerdings auf informeller Ebene. Von besonderem Interesse ist die Lobbyingaktivität privater Akteure in den europäischen Institutionen. Dabei existiert eine beträchtliche Vielfalt privater Akteure, weshalb sich die folgende Untersuchung ausschließlich auf die für das Thema relevanten Akteure konzentriert. Das Feld der privaten Akteure lässt sich am besten anhand seiner unterschiedlichen organisatorischen Ausprägungen differenzieren. Große Unternehmen bzw. Konzerne können als private Lobbyisten auftreten. Zudem gibt es die Möglichkeit, territoriale wie auch funktionale Koalitionen zu bilden. Ferner können private Akteure auch als nationale Verbände bzw. als europäische Dachverbände in Erscheinung treten (vgl. Pfeifer 1995: 64f.). Allen Organisationsformen ist gemeinsam, dass sie als Interessenvertreter fungieren.

Bezogen auf den zu behandelnden Untersuchungsgegenstand, die Automobilindustrie, lässt sich dieses Gefüge folgendermaßen konkretisieren: Konzerne wie BMW, Daimler oder VW suchen im Bedarfsfall (in diesem Fall aufgrund der Richtlinien zum Umweltschutz) den direkten Kontakt zu deutschen und europäischen Institutionen, um dort ihre Interessen zu vertreten und zu ihren Gunsten Einfluss zu nehmen. Darüber hinaus bietet sich ihnen aber auch die Möglichkeit, ad hoc Koalitionen miteinander einzugehen, um sich gegen solche Maßnahmen seitens der Politik zu verteidigen, die unter Umständen negative Auswirkungen auf die Branche bzw. den eigenen Konzern haben könnten. Zudem sind die drei genannten Automobilkonzerne sowohl Mitglied im nationalen Verband der Automobilindustrie (VDA) als auch im europäischen Dachverband Association des Constructeurs Européens d'Automobiles (ACEA), dem wiederum der nationale VDA angehört. Auf europäischer Ebene kann es zu einer Koalition kommen, wenn sich beispielsweise Konzerne aus unterschiedlichen Ländern zusammenschließen, die in vergleichbarer Weise überproportional von einer Richtlinie betroffen sind. Bezogen auf die vorliegenden Fallstudien betrifft dies insbesondere diejenigen Unternehmen, die PKW des Luxussegments mit leistungsstarken Motoren anbieten. Allerdings sind davon in erster Linie deutsche Konzerne betroffen. Des Weiteren ist natürlich auch denkbar, dass europäische Verbände miteinander koalieren (vgl. Pfeifer 1995: 65).

An dieser Stelle sollen die für die Untersuchung relevanten Automobilkonzerne Volkswagen, Daimler und BMW kurz vorgestellt werden. Der Volkswagen Konzern mit Sitz in Wolfsburg ist der größte Automobilproduzent Europas. Mit einer Auslieferung von 8,265 Millionen Fahrzeugen und einem Umsatz von 159,3 Milliarden Euro im Jahre 2011 hatte der Konzern laut Geschäftsbericht einen Pkw-Weltmarktanteil von 12,3 Prozent (vgl. VW 2012a: 2; VW 2012b). Ein weiterer Konzernbereich sind Finanzdienstleistungen. Dieses Geschäftsfeld ist für die Untersuchung allerdings nicht relevant und bleibt daher unberücksichtigt.

Neben Volkswagen gehören die Marken Audi, SEAT, Skoda, Bentley, Bugatti, Lamborghini, Volkswagen Nutzfahrzeuge, Scania und MAN zum Konzern. Diese kommen aus sieben europäischen Ländern, wobei jede Marke selbstständig im Markt operiert. Die Palette reicht dabei vom Kleinwagen bis zu Fahrzeugen der Luxusklasse. Der Bereich der Nutzfahrzeuge umfasst neben Pick-up Fahrzeugen und Bussen auch schwere Lastkraftwagen (vgl. VW 2012b: 3).

Die 94 Fertigungsstätten des Konzerns, von denen 54 Werke Fahrzeuge herstellen, verteilen sich auf 18 europäische Länder sowie auf acht Länder Amerikas, Asiens und Afrikas. In 2011 beschäftigte der Konzern insgesamt 501.956 Mitarbeiter (ebd.).

Der Absatz von Volkswagen Pkw belief sich 2011 auf 4,45 Millionen Fahrzeuge. Zu den beliebtesten Fahrzeugen gehörten die Modelle Golf, Polo, Tiguan, Touareg, Jetta, Passat Variant, Touran und Sharan (vgl. VW 2012a: 112). Die Marke Volkswagen PKW erwirtschaftete somit Umsatzerlöse in Höhe von 94,7 Milliarden Euro (vgl. VW 2012a: 113). Der Volkswagen Konzern bietet seine Fahrzeuge in 153 Ländern an. Betrachtet man die Auslieferungen von Pkw und leichten Nutzfahrzeugen an Kunden nach Märkten, so wurden im Berichtsjahr insgesamt 3.990.283 Fahrzeuge nach Europa ausgeliefert (vgl. VW 2012a: 161).

Die in Stuttgart ansässige Daimler AG gehört ebenfalls zu den weltweit führenden Automobilunternehmen. Laut Geschäftsbericht 2011 setzte der Konzern mit über 271.000 Mitarbeitern 2,1 Millionen Fahrzeuge ab und machte einen Umsatz von 106,5 Milliarden Euro. Die Geschäftsfelder umfassen die Bereiche Mercedes-Benz Cars, Daimler Trucks, Mercedes-Benz Vans, Daimler Buses und Daimler Financial Services (vgl. Daimler 2012b:

3). Die Produktpalette des Geschäftsfelds Mercedes-Benz Cars reicht vom Kleinwagen bis hin zur Luxuslimousine. Neben Mercedes Benz (A-Klasse, B-Klasse, C-Klasse, CLK-Klasse, SLK-Klasse, E-Klasse, CLS-Klasse, S-Klasse, CL-Klasse, SL-Klasse, SLR, SLS, Maybach, M-Klasse, R-Klasse, G-Klasse, GL-Klasse, GLK-klasse) umfasst das Portfolio die Marken smart (smart for two coupé, smart for two cabrio), Maybach (Maybach 57, Maybach 62, Maybach Landaulet), Freightliner, Western Star, Bharat-Benz, Fuso, Setra, Orion und Thomas Built Buses. Das Geschäftsvolumen von Mercedes-Benz Cars belief sich auf 57,4 Mrd. Euro, was einem Umsatzanteil von 52% entspricht (Daimler 2012a: 72).

Die Produktionsstätten verteilen sich auf fünf Kontinente. Das Unternehmen verfügt über Fertigungskapazitäten in 18 Ländern. Die Hauptproduktionsstandorte von Mercedes-Benz Cars befinden sich in Sindelfingen, Untertürkheim, Bremen, Berlin, Hamburg, Rastatt, Kölleda, Tuscaloosa (USA, Alabama), East London (Südafrika), Kecskemet (Ungarn), Hambach (Frankreich) und Beijing (China) (vgl. Daimler 2012b: 8). Die Zahl der Beschäftigten belief sich 2011 auf 99.091 Mitarbeiter (vgl. Daimler 2012a: 95).

Laut Geschäftsbericht hat das Geschäftsfeld Mercedes-Benz Cars im Jahr 2011 insgesamt 1.381.400 Fahrzeuge abgesetzt. (Daimler 2012a: 83). Zu den wichtigsten Absatzmärkten für Mercedes-Benz Cars gehören Deutschland (21%), Westeuropa (24%), die USA (18%) und China (16%) (vgl. Daimler 2012a: 72).

Die BMW Group mit Sitz in München ist laut eigenen Angaben der absatzstärkste Automobilhersteller im Premiumsegment. Neben dem Automobilgeschäft gehört auch das Geschäft mit Motorrädern und Finanzdienstleistungen zum Unternehmensspektrum. 2011 lag der Konzernumsatz bei 68.821 Millionen Euro. 63.229 Millionen Euro des Umsatzes wurden im Automobilsegment generiert (BMW 2012: 18). Die BMW Group beschäftigte 2011 insgesamt 100.306 Mitarbeiter, 91.517 davon im Automobilsektor (BMW 2012: 38). Mit den Marken BMW, Mini und Rolls-Royce verkaufte die BMW Group im vergangenen Jahr insgesamt 1.668.982 Fahrzeuge. Der Anteil von BMW (1er, 3er, 5er, 6er, 7er, X1, X3, X5, X6, Z4) belief sich dabei auf 1.380.384 verkaufte Einheiten (BMW 2012: 18). Das internationale Produktionsnetzwerk umfasst 25 Standorte in 14 Ländern (BMW 2012: 15). Zu den wichtigsten Automobilmärkten für die BMW Group zählen die USA (18,4%), Deutschland (17,1%), China (14,0%), UK (10,0%), Italien (4,3%), Frankreich (4,2%) und Japan (2,9%) (vgl. BMW 2012: 24).

Im Folgenden werden zunächst die wichtigsten privaten Akteure der Interessenvermittlung dargestellt, die im Zusammenhang mit der vorliegenden Untersuchung relevant sind. Im Fokus stehen dabei diejenigen Organisationen, die ihre Interessen gegenüber den politischen Entscheidungsträgern vertreten. Dazu gehören neben den Verbänden vor allem auch die Unternehmen selbst oder auch die CEOs der untersuchten Unternehmen, die sich mit Hilfe interpersoneller Kontakte um Einflussnahme bemühen.

4.1.1 Interessenverbände

Viele der heute bestehenden europäischen Wirtschaftsverbände entstanden in den ersten Jahren nach Gründung der EWG. Heute repräsentieren zahlreiche Fachverbände gleichermaßen die Interessen der Landwirtschaft, der Automobil- und Chemieindustrie sowie der pharmazeutischen und biotechnologischen Industrie (vgl. Knill 2008: 102). Verbände verfügen über das Recht einer administrativen Mitwirkung, die es ihnen ermöglicht, in den Prozess der Gesetzgebung einbezogen zu werden.

Wie bereits in Kapitel 2 erwähnt, stieg die Zahl der in Brüssel vertretenen Interessenverbände aufgrund der rasanten Entwicklung der europäischen Integration und besonders nach Verabschiedung der EEA sprunghaft an (vgl. Greenwood: 1997, 2011; Corbett/Jacobs/Shakleton 2011: 235). Zum einen sind dort die europäischen Dachverbände organisiert. Darüber hinaus sind aber auch nationale Verbände in Brüssel präsent, um durch eigene Vertretungen vor Ort die Interessen ihrer Mitglieder – sozusagen im Zentrum der Macht – im direkten Dialog wie auch durch die Mitarbeit in nationalen und internationalen Gremien vertreten zu können. In diesem Zusammenhang beschreibt Jörg Teuber die unterschiedlichen Funktionen von Brüsseler Büros nationaler Verbände. Demnach haben sie u.a. folgende Aufgaben:

- „Spezifische nationale Interessen vertreten;
- Informationen über alle relevanten Gegenstände einholen und zum nationalen Sitz übermitteln;
- Kontakte zur Kommission halten;
- bilaterale Kontakte unterhalten (beispielsweise bei Gegenständen, die in UNICE nicht konsensfähig sind);

- Kontaktstelle zur Ständigen Vertretung des eigenen Landes sein (beispielsweise, um über aktuelle Prozess informiert zu sein und während wichtiger Verhandlungsphasen im Ministerrat);
- in späteren Phasen der Europäischen Integration: Plattform für Delegationen der Verbandsmitglieder, um diesen in Brüssel eine eigenständige Interessenvertretung zu ermöglichen." (vgl. Teuber 2009: 146–147)

Alles in allem ist zu konstatieren, dass das politische System der Europäischen Union mit all seinen Eigenheiten – insbesondere mit seinem Charakter eines Mehrebenensystems – die Organisationsstrukturen und Handlungsmuster der Verbände nicht zuletzt aufgrund der bereits erläuterten "Dachverbandsproblematik" (vgl. Scharpf 1978) nachhaltig beeinflusst hat (vgl. Kohler-Koch et al. 2004). In diesem Zusammenhang sei erwähnt, dass nationale und EU-Verbände jeweils eigene Lobbyingstrategien anwenden.

Während Europaverbände in der Regel vorrangig einen Zugang zu den Generaldirektionen der Kommission und zu den relevanten Parlamentsausschüssen suchen, pflegen nationale Verbände eher den Kontakt zu Landsleuten in der Kommission, zu nationalen Parlamentariern und zu den Ständigen Vertretungen der Mitgliedsstaaten (vgl. Eising 2001: 473). Im Wesentlichen sind die Europaverbände darum bemüht, durch intensives Monitoring der politischen Arena ihre Mitglieder über die neuesten Entwicklungen in Brüssel zu informieren und deren Interessen zu bündeln. Diese Interessen müssen in der Phase der Politikformulierung schließlich so eingebracht werden, dass sie eine optimale Wirkung erzielen.

Relevante Wirtschaftsverbände (VDA, ACEA)

Die Automobilindustrie ist einer der am stärksten regulierten Sektoren in Europa. Bis heute wurden mehr als 80 EU-Richtlinien erstellt und über 115 Rechtsvorschriften internationalisiert. Viele dieser Regelungen sind technischer Natur und können nur schwer ohne das Fachwissen der Fahrzeughersteller entwickelt werden.

Hinsichtlich der Vertretung politischer Interessen im Automobilsektor ist auf der nationalen Ebene Deutschlands der Verband der Automobilindustrie (VDA) von zentraler Bedeutung. Der Verband mit Hauptsitz in Berlin setzt sich aus etwa 600 Unternehmen der Branche zusammen, wobei neben den Automobilherstellern (= Herstellergruppe 1) auch Hersteller von Anhängern, Aufbauten und Containern (= Herstellergruppe 2) sowie Zulieferer (= Herstellergruppe 3) zu den Mitgliedern des Verbandes zählen. Jedem dieser drei Geschäftsbereiche ist jeweils ein Geschäftsführer zugeordnet. In der Berliner Zentrale sind über 70 VDA-Mitarbeiter in 20 verschiedenen Fachabteilungen beschäftigt. Darüber hinaus verfügt der Verband über ein Büro in Brüssel mit zwei Mitarbeitern, welches innerhalb der vorliegenden Fallstudien eine bedeutende Rolle bei der Informationsbeschaffung sowie Lancierung von Positionen übernommen hatte. Die Leitung des Verbandes obliegt dem Präsidenten. Er steht an der Spitze des VDA. Zu den Aufgaben des VDA gehört es, die Interessen der Mitglieder „in Berlin und Brüssel im direkten Dialog wie auch durch Mitarbeit in nationalen und internationalen Gremien" zu vertreten (VDA, 2010: 3). Die Arbeitsschwerpunkte umfassen dabei nahezu alle relevanten Bereiche der Kraftverkehrswirtschaft. So ist auch die Umweltpolitik ein aktuelles Kernthema verbandlicher Interessenvertretung seitens des VDA.

Das Präsidium setzt sich aus dem Präsidenten und drei Vizepräsidenten zusammen, welche einstimmig durch den Vorstand gewählt werden. Sowohl im Vorstand als auch im Präsidium sind die drei Herstellergruppen des VDA vertreten. Als zentrales Entscheidungsorgan trifft der Vorstand seine Entscheidungen einstimmig. Darüber hinaus verfügt der VDA über diverse Ausschüsse und Arbeitskreise, die wiederum eigene Unterarbeitskreise und Ad hoc-Arbeitskreise eingesetzt haben. In diesen Gremien werden die wichtigsten Themen analysiert um entsprechende Verbandsaktivitäten zu entwickeln und zu koordinieren. Die Zusammensetzung der ca. 35 Arbeitskreise richtet sich danach, inwieweit die jeweiligen Herstellergruppen von einem Thema betroffen sind. In den meisten Fällen sind in den verschiedenen VDA-Arbeitskreisen alle drei Herstellergruppen vertreten. Ebensogut ist es aber möglich, dass einem Arbeitskreis nur Repräsentanten aus einer einzigen Herstellergruppe angehören.

Der VDA ist aufgrund seiner Mitgliederstruktur ein ressourcenstarker Verband und somit in der Lage, ebenenübergreifend mit unterschiedlichen Strategien zu agieren.

Als Dachverband der Automobilhersteller auf EU-Ebene vertritt der ACEA die Interessen seiner 16 europäischen Mitglieder. "It's membership consists of the major international automobile companies, working together in an active association to ensure effective common interaction and negotiation with legislative, commercial, technical, consumer, environmental and other interests." (ACEA: What is ACEA?, http://www.acea.be/ collection/about_us). Zu den assoziierten nationalen Automobilverbänden der EU-Staaten, welche im sogenannten "Liaison Committee" vertreten sind, gehört auch der bereits erwähnte VDA. Im Gegensatz zu den 16 direkten Mitgliedern haben die nationalen Verbände allerdings kein Stimmrecht. Jedoch haben sie die Möglichkeit, an den Sitzungen des ACEA teilzunehmen. Der Hauptsitz des ACEA liegt in Brüssel. Darüber hinaus existieren zwei weitere Repräsentanzen in Tokyo and Beijing.

Die Leitung des Generalsekretariats obliegt dem Generalsekretär des ACEA. Das Generalsekretariat beschäftigt insgesamt 15 Mitarbeiter bzw. Experten, die jeweils unterschiedliche Themenfelder abdecken. "(…) around fifteen experts covering policy issues and technical requirements in the field of environment, fuels, emissions, road safety, recycling, trade, taxation, transport, type-approval and internal market." (ACEA: What is ACEA?, http://www.acea.be/collection/about_us).

Das Ziel des ACEA ist es, durch aktive Kommunikation und effektive Verhandlungsstrategien die wirtschaftlichen und rechtlichen Interessen seiner Mitglieder zu vertreten und zu gewährleisten. Laut Auskunft des ACEA basiert diese Arbeit auf sechs Säulen (vgl. ACEA 2010):

1. Dialog mit allen Ebenen der Europäischen Union sowie der europäischen Öffentlichkeit
2. Zusammenarbeit mit politischen Entscheidungsträgern, Gesetzgebern und Meinungsbildnern, um das Fachwissen der Industrie einzubringen und unter Berücksichtigung der Interessen der europäischen Automobilindustrie einen konstruktiven Beitrag zur Gesetzgebung zu leisten
3. Beteiligung an der Definition, Entwicklung und Förderung der gemeinsamen Interessen, Strategien und Positionen der europäischen Automobilindustrie
4. Strategisches Handeln, um den zunehmend globalen Herausforderungen des Wettbewerbs angemessen zu begegnen
5. Vermittlung der Rolle und der Bedeutung der Industrie als Lieferant verlässlicher Daten und Informationen
6. Monitoring aller Tätigkeiten, die Auswirkungen auf die Automobilindustrie haben könnten

Das zentrale Entscheidungsgremium ist das Board of Directors. "The Board of Directors is composed of the Chief Executive Officers (CEOs) of the automobile companies which are members of the Grouping. The Board has authority to take decisions on all relevant issues and elects, within its circle, a President for one year, with the possibility of re-election once."

(ACEA: What is ACEA?, http://www.acea.be/collection/about_us). Die Sitzungen des Board of Directors werden von einem so genannten "Joint Committee" unter dem Vorsitz des Generalsekretärs vorbereitet. "The decisions of the Board are prepared by a Joint Committee, composed of senior executives of the members and chaired by the Secretary General." (ACEA: What is ACEA?, http://www.acea.be/collection/about_us). Abstimmungen erfolgen nach dem Einstimmigkeitsprinzip. Sollte eine intensivere Auseinandersetzung mit einem Thema erforderlich sein, so kann im Bedarfsfall ein Fachausschuss einberufen werden, um konkrete Fragen bereits im Vorfeld des "Joint Committee" zu diskutieren.

Die notwendige technische Expertise und Beratung zu den jeweiligen Themen werden über etwa zwanzig verschiedene Arbeitsgruppen eingeholt. Diese "working groups" setzen sich aus den zuständigen Experten der Mitgliedsunternehmen zusammen. Der ACEA sammelt und teilt diese Informationen mit den EU-Institutionen und anderen Interessengruppen, um eine effektive und effiziente Entscheidungsfindung zu unterstützen. Im hier behandelten konkreten Fall ging es um die Annahme eines integrierten Ansatzes und die Verringerung der CO_2-Emissionen. In diesem Zusammenhang gründete der ACEA die sogenannte CO_2-Working Group.

Der Nutzen einer verbandlichen Interessenvertretung ist unbestritten. Dennoch führt diese Form des Lobbying zu verschiedenen Problemen. Die Tatsache, dass ein Verband seine Positionen erst intern koordinieren muss, bevor er sie nach außen hin vertritt, führt unausweichlich zu langwierigen und somit zeitintensiven Entscheidungs- und Abstimmungsverfahren. Die größte Schwierigkeit besteht darin, einen Kompromiss zu finden, der allen Mitgliedern gerecht wird. Um zu einer gemeinsamen Position zu gelangen, müssen viele Zugeständnisse gemacht werden, so dass am Ende oftmals nur noch der „kleinste gemeinsame Nenner" eines politischen Anliegens zu vertreten ist.

Umweltverbände

Betrachtet man den umweltpolitischen Entscheidungsprozess der EU, so gehören auch die europäischen Umweltverbände zu den relevanten Akteuren. Generell sind Umweltverbände auf europäischer Ebene jedoch vergleichsweise schwach repräsentiert. Zudem verfügen sie nur über sehr geringe finanzielle und personelle Ressourcen. Die größte Interessenorganisation im Umweltbereich ist das Europäische Umweltbüro (EUB). In diesem Verband sind über 130 nationale Umweltverbände zusammenge-schlossen, um umweltpolitische Interessen zu vertreten. Hinzu kommen weitere europäische Umweltorganisationen, wie beispielsweise Friends of the Earth, Greenpeace, Climate Network Europe oder die Transport and Environment Federation. Der wichtigste Adressat dieser Umweltorganisa-tionen ist die Generaldirektion Umwelt (vgl. Knill 2008: 102).

4.1.2 Unternehmen

In den vergangenen Jahrzehnten haben sich aufgrund gesellschaftlicher, ökonomischer und politischer Veränderungen die Bedingungen für Lobby-ing und Interessenvertretung fundamental gewandelt. Im Zuge der politi-schen Europäisierung der Politik wurde Brüssel zu einem ebenso wichti-gen Schauplatz wie Berlin. Generell findet das eigenständige Lobbying der Unternehmen sowohl auf nationaler als auch auf EU-Ebene statt. Fi-nanzstarke Konzerne gründen eigene Repräsentanzen, um ihre wirtschafts-politischen Interessen in Eigenregie und parallel zu den traditionellen Un-ternehmensverbänden zu vertreten (vgl. Eising/Kohler-Koch 1994: 175; Coen 1996, 1997, 1998; Green Cowels 1998; Greenwood 2002a, 2002b, 2011; Platzer 2008: 188). Nicht selten stellt sich dabei der direkte Zugang von Großunternehmen zu den EU-Institutionen vielversprechender dar als der Weg über nationale oder europäische Verbände. Angesichts dessen konstatiert eine Vielzahl von Politikwissenschaftlern einen Bedeutungs-verlust der Verbände (vgl. Burgmer 1999; Zimmer 1999; von Alemann 2000; Eising 2001, 2012; von Arnim 2005; Woll 2006b). Im Rahmen einer Studie über die Lobbyingaktivitäten der deutschen Wirtschaft haben Klaus Mayer und Natalie Naji (2000) folgendes festgestellt: „Ein Kennzeichen der Lobbying-Entwicklung der letzten Jahrzehnte besteht darin, dass der Einfluss der Großkonzerne auf die politischen Entscheidungsträger zu-nimmt, und zwar auf Kosten des Einflusses der Verbände." (vgl. Mayer/ Naji 2000: 39).

Enge Kontakte zwischen Politik und Wirtschaft hat es schon immer ge-geben. In der Bundesrepublik nahm das gezielte Lobbying seinen Anfang, als Unternehmen begannen, im nahen Umfeld der damaligen Bundes-hauptstadt Bonn Repräsentanzen aufzubauen, die ihre Interessen auf kür-zestem Weg bei den entsprechenden Adressaten vertraten. Nach dem Um-zug der Bundesregierung nach Berlin wurden auch dort eigene Repräsen-tanzen eröffnet. In diesem Zusammenhang fällt auf, dass sich die Zahl der

Interessenvertretungen in Berlin im Vergleich zu Bonn nahezu verdoppelt hat. Wie bereits erwähnt, zählte die Europäische Kommission im Mai 2002 insgesamt 940 registrierte EU-Verbände in Brüssel. Darüber hinaus gibt es noch etwa 350 nationale Verbände, 250 Unternehmensrepräsentanzen und eine ungefähr gleiche Anzahl von Consultantbüros und Anwaltskanzleien (vgl. Eising/Kohler-Koch 2005; Woll 2006b: 34). Bei genauerer Betrachtung der europäischen Interessenlandschaft zeigt sich, dass über 70 % der organisierten Interessenvertretungen ökonomische Ziele verfolgen. Vergleicht man diesen Wert mit dem Lobbying auf nationaler Ebene, so zeigen sich ähnliche Relationen. In Deutschland engagieren sich 74 % der Interessengruppen für wirtschaftliche Belange (vgl. Sebaldt 1997; Platzer 2008).

Bis in die 70er und 80er Jahre betrieben Unternehmen Lobbyarbeit primär über nationale Regierungen und die europäischen Verbände (vgl. Grant 1993). Diese schwerpunktmäßig national orientierte Interessenvertretung ist mit Blick auf das schwache politische Mandat der Europäischen Gemeinschaft, das Vetorecht ihrer Mitgliedsstaaten im Ministerrat (Hull 1993) und eine von den europäischen Verbänden betriebenen Politik des „kleinsten gemeinsamen Nenners" (Butt-Philip 1985) gut nachvollziehbar. Den entscheidenden Schub für die Entwicklung des politischen Lobbying von Seiten der Unternehmen brachte die Einheitliche Europäische Akte. In diesem neuen institutionellen Umfeld erkannten die Unternehmen, dass es nicht mehr ausreichte, nur die Entwicklung der europäischen Richtlinien zu beobachten und gelegentlich Stellungnahmen bei der Kommission einzureichen. Vielmehr erforderte eine erfolgreiche europäische Interessenvertretung den Ausbau der organisatorischen Kapazitäten, um gegebenenfalls spontane, zweckgebundene Allianzen zu koordinieren, neue politische Kanäle ausfindig zu machen und bereits bestehende Kanäle zu stärken (Coen 1998). Die Unternehmen passten ihre Organisationsstruktur entsprechend an, um ihre Einflusschancen auf das sich ständig weiterentwickelnde politische System der EU zu maximieren. Von nun an konzentrierten sie ihre politischen Ressourcen u. a. auf direkte, proaktive Lobbyarbeit in den Institutionen (Coen 1997: 94–96). Des Weiteren entwickelten vor allem große europäische Unternehmen eine koordinierte politische Strategie auf nationaler Ebene, um den Politikprozess durch den Ministerrat zu beeinflussen. Ein Unternehmen kann ein solches Einflussnetz über seine interne politische Organisationsstruktur (z. B. Political Affairs / Government Relations) und die Zusammenarbeit mit nationalen Verbänden aufbauen.

Allen voran stellte David Coen (1996, 1997, 1998) eine Veränderung der Lobbystrukturen und in diesem Zusammenhang einen Bedeutungszuwachs der als politische Akteure auftretenden Unternehmen fest. In seinem Aufsatz *„The European Business Interest and the Nation State: Large-firm Lobbying in the European Union and Member States"* kommt Coen (1998) zu dem Schluss, dass multinationale Unternehmen über eine hochentwickelte politische Kompetenz verfügen, die es ihnen ermöglicht, neue Multi-Level- und Ad-hoc-Allianzen zu entwickeln. Diese neuartige politische Koordinierung hat nicht nur politische Antworten auf Fragen standardisiert, sondern auch das politische System verändert. Schnell entstanden sogenannte „Round Tables", in denen sich große Unternehmen zusammenschlossen, um ihren Interessen, ergänzend zur Verbandsposition, mehr Nachdruck zu verleihen. Rainer Eising (2000) konstatiert, dass die Zusammenarbeit von Großunternehmen in solchen Organisationen mit direkter Unternehmensmitgliedschaft die Rolle von Verbänden bei der Bündelung der Interessen ihrer Mitglieder unterminiert.

Ein weiterer wichtiger Vorteil der Interessenvertretung vor Ort ist der direkte Zugang zur Europäischen Kommission und ihren Generaldirektionen. In diesem Zusammenhang kommt auch Pieter Bouwen (2002) im Rahmen seiner Untersuchung *„Corporate Lobbying in the European Union: Towards a Theory of Access"* zu dem Ergebnis, dass neben europäischen und nationalen Verbänden vor allem große Konzerne einen bevorzugten Zugang zur Kommission erhalten. Dies sei nicht zuletzt darauf zurückzuführen, dass man auf direkte Fragen ohne große Umwege und Abstimmungsprozesse auch direkte, qualifizierte Antworten erhalte. „The resource asymmetry between large and small firms explains the unequal capacities they have for providing access goods. Large firms often have big R&D divisions and are therefore particularly good at providing Expert Knowledge. The hierarchical decision-making structure within firms guarantees the efficient provision of this access good to the EU institutions." (Bouwen 2002: 376). Ähnlich gestalten sich die Verhältnisse in der Bundesrepublik. Auch hier nutzen die Institutionen die Möglichkeit, relevante Unternehmensvertreter zu konsultieren, um an der Gestaltung bzw. Verbesserung eines Gesetzentwurfs mitzuwirken.

Schließlich wurde der Wunsch von Großunternehmen, direkt in den Politikprozess eingebunden zu werden, von der EU-Kommission unterstützt, um die Nachfrage nach schnellen und zuverlässigen Informationen zu decken (vgl. Mazey/Richardson 1993; McLaughlin/Jordan/Maloney 1993). Aus funktionaler Sicht hat die Kommission die Bildung von offiziellen

Businessforen und Ad-hoc-Allianzen auch aus wirtschaftlichen und politischen Gründen unterstützt. Beispielsweise war und ist die Kommission der Ansicht, dass Unternehmen einen politischen Kanal zu den Mitgliedsstaaten eröffnen und als Vermittler in zwischenstaatlichen Verhandlungen agieren könnten (Coen 1998).

In gewisser Hinsicht ist die Einbindung von Unternehmen also eine effizienzsteigernde Maßnahme. Unternehmensvertreter sind in der Lage, ohne großen bürokratischen Aufwand und vor allem zeitnah relevante Informationen zur Verfügung zu stellen, da sie über das nötige Expertenwissen verfügen. Damit überbrücken sie ein Defizit, das sich aus den knappen Ressourcen der Ministerialbürokratie ergibt. Letztere ist aufgrund der Komplexität der Sachverhalte und wegen ihrer knappen personellen Ausstattung nicht mehr in der Lage, die Herausforderungen allein zu bewältigen. Sicherlich darf in diesem Zusammenhang die Leistung der Verbände nicht unberücksichtigt bleiben, allerdings stoßen auch diese aufgrund der genannten Gründe schnell an ihre Grenzen.

Eine Verlagerung der politischen Aktivitäten nach Brüssel ist unübersehbar und muss als eine direkte Folge der zunehmenden Kompetenzen der EU-Kommission und der Veränderung des politischen Prozesses betrachtet werden (Coen 1997: 99). Trotzdem ist die nationale Ebene für eine europäische Lobbyingstrategie weiterhin von großer Bedeutung, da sie in vielen Fällen zur Verstärkung des direkten Lobbying der Unternehmen auf EU-Ebene beitragen kann. Unternehmen müssen ihre bestehenden nationalen Strategien anpassen, um den Einfluss innerhalb des europäischen Mehrebenensystems zu maximieren. Im Rahmen einer verbesserten Entscheidungsfindung und aufgrund des Informationsflusses auf institutioneller Ebene sind im politischen Umfeld neue Zugangsmöglichkeiten entstanden, die es den einzelnen Unternehmen nicht länger erlauben, die alleinige Nutzung dieser Kanäle konkurrierenden Unternehmen zu überlassen. Daher mussten sie eigene europäische Repräsentanzen gründen und entsprechend höhere Lobbyingkosten in Kauf nehmen. Gleichwohl verfügt nicht jedes Unternehmen über die Kapazitäten und die finanziellen Mittel, eine eigene Abteilung für Unternehmenskommunikation zu gründen. Eine solche Investition lohnt sich in erster Linie für große Konzerne, die Gegenstand der vorliegenden Untersuchung sind.

4.2 Akteure auf Seiten der Politik

Wie der vorausgehende Abschnitt gezeigt hat, gibt es zahlreiche Akteure, die ein Interesse daran haben, ihren Einfluss sowohl auf nationaler wie auch auf europäischer Ebene geltend zu machen. Daher sind Institutionen und Entscheidungsträger auf beiden Ebenen die primären Adressaten von Lobbyisten.

Anhand des folgenden Abschnitts werden nun die institutionellen Zugangsoptionen dargestellt, die sowohl für Verbände als auch für Unternehmen einen gangbaren Weg aufzeigen, ihre Anliegen einzubringen. Ob und in welchem Maße diese Kanäle auch den einzelnen Vertretungen der Automobilkonzerne offenstehen, auf welches Strategierepertoire diese im Rahmen der jeweiligen Entscheidungsprozesse zurückgreifen und auf welche Weise sie versuchen, im politischen Entscheidungsprozess strategisch zu intervenieren, sind zentrale Fragen der Untersuchung und werden zu einem späteren Zeitpunkt im Rahmen der Fallstudienanalyse erörtert.

4.2.1 Adressaten auf nationaler Ebene

Obwohl ein Großteil der Gesetzgebung in Brüssel erfolgt, kommen die untersuchten Interessengruppen nicht umhin, ihren Einfluss auch bei den nationalen Institutionen geltend zu machen. Wer seine Interessen im europäischen Politikprozess wirklich wirkungsvoll vertreten will, muss auf beiden Ebenen präsent sein und die jeweils relevanten Adressaten beeinflussen. Die Möglichkeiten für Interessenvertreter, auf die nationalen Positionen Einfluss zu nehmen, sind also von erheblicher Bedeutung. Im Rahmen der Fallstudien wird sich daher zeigen, dass einige wenige nationale Regierungen einen wesentlichen Einfluss auf das Ergebnis der Entscheidungsprozesse ausübten. Insbesondere Deutschland und Frankreich nahmen in den näher analysierten Entscheidungsprozessen eine Schlüsselposition ein. Es ist davon auszugehen, dass die Position nationaler Regierungen nicht im interessenfreien Raum formuliert wird. Deshalb ist es notwendig, bei der Betrachtung des europäischen Politikprozesses die nationale Ebene systematisch einzubeziehen. Es ist also von den verschiedensten Formen persönlicher Interaktion auf allen Ebenen auszugehen. Da sich die Fallstudien auf die deutsche Automobilindustrie beziehen, werden zunächst die Adressaten auf bundespolitischer Ebene dargestellt.

4.2.1.1 Bundesministerien

Generell ist zu konstatieren, dass die Ministerialverwaltung einen der wichtigsten Kanäle für die Einflussnahme von Interessenverbänden darstellt (vgl. Sebaldt 1997: 29). Hierbei bieten sich sowohl institutionalisierte und formalisierte Wege (z. B. Anhörungen, Beiräte, Arbeitsgruppen etc.) als auch inoffizielle Möglichkeiten der Einflussnahme (informelle Kontakte zu den Mitarbeitern der Ministerien), wobei aus Sicht der Verbände vor allem die Anhörungen das wichtigste Instrument darstellen. Die Wirkung einer Einflussnahme über die Beiräte, Ausschüsse und Arbeitsgruppen der Ministerien wird von den Verbänden im Vergleich dazu als eher gering eingeschätzt (vgl. Sebaldt 1997: 271ff.). Mindestens ebenso wichtig wie die Anhörungen sind auch die informellen Kontakte zwischen Beamten und Lobbyisten. Die Intensität dieser Kontakte ist jedoch individuell höchst unterschiedlich. Im Rahmen einer empirischen Studie hat Martin Sebaldt (1997) analysiert, wer die Adressaten von politischen Verbänden in Deutschland sind. Im nationalen Rahmen fokussieren sich die Lobbyisten demnach bevorzugt auf die Vertreter der fachlich betroffenen Ministerien, die nicht zuletzt im Europäischen Rat anzutreffen sind und dort die deutsche Position repräsentieren. In der vorliegenden Untersuchung waren dies das Bundesumweltministerium, dem in beiden Fällen die nationale Federführung oblag, sowie das Bundeswirtschaftsministerium. Obwohl es auf den ersten Blick sinnvoll erscheint, seine Interessen primär gegenüber der Führungsebene zu vertreten, hat die Realität gezeigt, dass der Weg über die Ministerialbürokratie wesentlich vielversprechender ist. Dies gilt im Übrigen für sämtliche Institutionen auf allen Ebenen. So führte der erste Weg der Verbands- und Unternehmensvertreter nicht etwa zur Bundeskanzlerin oder deren Kabinett – wobei ein enger Kontakt stets von Vorteil ist –, sondern zu den Beamten auf der Arbeitsebene, da diese von Beginn an am Gesetzgebungsprozess beteiligt waren.

Noch bevor die ersten Zeilen eines Entwurfs zu Papier gebracht wurden, fanden – ähnlich wie auf europäischer Ebene – vorgeschaltete Gespräche mit den Stakeholdern statt, wobei diese neben sachlichen Informationen auch ihre individuellen Belange akzentuierten, die nach Möglichkeit bzw. Plausibilität berücksichtigt wurden. Auf dieser Stufe des politischen Prozesses hatten Lobbyisten die besten Chancen, die Vorhaben auf informeller Ebene zusätzlich gezielt zu beeinflussen. In beiden Fällen waren die Abteilung KI „Klimaschutz" sowie das entsprechende Referat im Bundesumweltministerium die zentralen Ansprechpartner. Im Bundeswirtschaftministerium befassten sich die Abteilung IV „Industriepolitik" und vor allem das Referat IV A 5 „Fahrzeugindustrie" mit den beiden untersuchten Gesetzgebungsprozessen und stellten somit einen erfolgversprechenden Kanal für lobbyistische Interventionen dar.

Martin Sebaldt (1997: 271) kam in seiner Untersuchung über die politische Arbeit deutscher Interessengruppen schließlich zu dem Ergebnis, dass Bundesministerien der zentrale Adressat für die Einflussnahme von Verbandsinteressen sind. An dieser Stelle ist jedoch hervorzuheben, dass dieser Kontakt einen Vorteil für beide Seiten bietet. Während Interessenverbände die Gelegenheit haben, ihre Interessen bei den Ministerien zu vertreten, profitiert die Ministerialbürokratie wiederum von den Informationen, die von den Verbänden zur Verfügung gestellt werden (vgl. Hennis 1985: 87; Sebaldt 1997: 241). Zudem ist davon auszugehen, dass Verbände alle genannten Formen der Beteiligung am Entscheidungsprozess kombinieren, um einen bestmöglichen Zugang zu den Ministerien zu gewährleisten.

4.2.1.2 Kanzleramt

Auch das Kanzleramt war an den untersuchten Gesetzgebungsprozessen beteiligt und somit ein wichtiger Adressat für Unternehmens- und Verbandslobbyisten. An dieser Stelle muss allerdings betont werden, dass der Zugang zu Informationen nur bedingt möglich war. Fallspezifische Auskünfte wurden daher in erster Linie aus Pressemitteilungen generiert.

Insbesondere aufgrund der wirtschaftlichen Bedeutung des CO_2-Dossiers war das Bundeskanzleramt stark in den Gesetzgebungsprozess involviert. Obwohl die Federführung beim Bundesumweltministerium lag wurde immer wieder deutlich, dass ein Großteil der Verhandlungen vom Bundeskanzleramt bzw. von der Bundeskanzlerin selbst geführt wurden. Ein Beispiel dafür ist der von der Kanzlerin lancierte deutsch-französische Kompromiss. Erst das intensive Engagement der Kanzlerin führte dazu, dass der ins Stocken geratene Verhandlungsprozess wieder weitergeführt werden konnte. Eine detaillierte Darstellung hierzu erfolgt im Rahmen der CO_2-Fallstudie. Im Vergleich zur Ministerialbürokratie des Kanzleramts agiert die Bundeskanzlerin auf der Führungsebene. Verhandlungen werden jedoch auch auf der Arbeitsebene geführt. Generell ist das Bundeskanzleramt aufgrund seiner zentralen Stellung von besonderem Interesse für Unternehmens- und Verbandslobbyisten.. Als Regierungszentrale steht es nicht nur in direkter Verbindung zur Bundeskanzlerin, sondern koordiniert auch die Arbeit der Bundesministerien und beteiligt sich auf formeller und informeller Ebene am Regierungsprozess. Die Kernaufgaben liegen in der Information, der Koordination sowie in der Lenkung und Gestaltung (vgl. Müller-Rommel/Pieper 1991: 3ff.). Die Koordinationsfunktion wird dabei in erster Linie durch den Aufbau von sogenannten „Spiegelreferaten" gewährleistet. Hierbei handelt es sich um ein Referentensystem, welches komprimiert den Aufgabenbereich jeweils eines Ministeriums widerspiegelt. Auf diese Weise ist es möglich, die jeweiligen innerministeriellen Tätigkeiten besser nachzuvollziehen (vgl. Rudzio 2011: 244).

Im Zusammenhang mit den untersuchten Fällen ist erwähnenswert, dass die gleichen Diskussionen, die innerhalb der Ministerien geführt wurden, analog auch im Kanzleramt stattfanden. Hier ging es um die eben erwähnten Spiegelreferate, also um Abteilungen, die das Wirtschaftsministerium ebenso wie das Umweltministerium spiegelten.

Der übliche Ablauf sieht dennoch vor, dass wichtige Punkte zunächst auf Referatsebene sowie Unterabteilungsleiterebene und anschließend auf der Abteilungsleiterebene der Ministerien besprochen und diskutiert werden. Kommt es dabei zu keiner Einigung, gelangt das Thema auf den Schreibtisch des zuständigen Staatssekretärs. Sollten auch auf dieser Ebene die Meinungsverschiedenheiten unüberbrückbar sein, so wird die Diskussion auf Ministerebene weitergeführt. Als letzte Option – und nur in ökonomisch tatsächlich relevanten Fällen – wird das Kanzleramt hinzugezogen. Einen ähnlichen Verlauf nehmen auch die Kommunikations- und Bearbeitungswege innerhalb des Bundeskanzleramtes. Entlang des „hierarchisch-bürokratischen Organisationsaufbaus" führt der Weg von Referaten über Gruppen, dann über Abteilungen und schließlich zum Chef des Bundeskanzleramtes (vgl. Müller-Rommel/Pieper 1991: 9).

Da das Umweltministerium im Rahmen der CO_2-Gesetzgebung in einigen gravierenden Punkten eine von der Haltung des Wirtschaftsministeriums abweichende Meinung vertrat, musste im untersuchten Fall das Kanzleramt einbezogen werden, um zu einer einheitlichen nationale Position zu gelangen. Eine genauere Erörterung dieses Vorgangs findet im Rahmen der CO_2-Fallstudie statt.

4.2.2 Institutionelle Zugangsmöglichkeiten auf EU-Ebene

Internationale politische Rahmenbedingungen werden für global agierende Konzerne immer wichtiger. Da der wirtschaftliche Erfolg eines Unternehmens nicht unwesentlich von der inhaltlichen Ausgestaltung der politischen Entscheidung abhängt, liegt es im vitalen Interesse der betroffenen Unternehmen, die Gesetzgebungsprozesse nutzbringend zu beeinflussen. Die meisten nationalen Gesetze haben ihren Ursprung in Brüssel, daher kommt der Interessenvertretung auf EU-Ebene inzwischen eine eminente Bedeutung zu. Darüber hinaus wird dort die Nutzung von Expertenwissen – und somit auch die Mitwirkung von Interessengruppen – in allen Phasen der politischen Entscheidungsprozesse systematisch vorgesehen, um nicht zuletzt „eine bessere Wissensgrundlage für eine bessere Politik" zu gewährleisten (Europäische Kommission 2002: 2).

Generell lassen sich die Zugangsmöglichkeiten auf europäischer Ebene anhand der institutionellen Stellung und der Aufgaben der EU-Organe identifizieren (vgl. Eising 2004). Auf europäischer Ebene wenden sich Interessengruppen vor allem an die Kommission und das Parlament, um ihre Positionen einzubringen. An dieser Stelle ist zudem der Wirtschafts- und Sozialausschuss zu erwähnen. Da seine zentrale Funktion in der Beratung liegt, diese aber rechtlich nicht verbindlich ist, spielt er allerdings für Interessengruppen nur eine untergeordnete Rolle. Die am Rechtsetzungsprozess beteiligten europäischen Institutionen werden im folgenden Abschnitt dargestellt.

4.2.2.1 Die EU-Kommission

Es existieren vielfältige Ebenen, auf denen Unternehmen in engen Kontakt mit der Europäischen Kommission treten können. Hierzu zählen beispielsweise Technologieplattformen, bei denen Automobilhersteller ganz offiziell mit der Kommission am Verhandlungstisch sitzen, ohne sich über die Verbände vertreten lassen zu müssen. Da europäische Industriepolitik heutzutage explizit mit Blick auf die globale Wettbewerbsfähigkeit gestaltet wird, gibt es diverse Beratungsgremien etc., in denen die Industrie auf Einladung der Politik in den Entscheidungsprozess eingebunden wird, um hier eine Ausgewogenheit zu gewährleisten. In diesem Zusammenhang ist im Rahmen der CO₂-Gesetzgebung vor allem das „European Climate Change Programme" (ECCP I+II) sowie die von der Kommission eingesetzte hochrangige Gruppe „CARS 21", für die Wettbewerbsfähigkeit der Automobilindustrie, hervorzuheben. Für Euro 5/6 waren insbesondere das Programm „Clean Air for Europe" (CAFE) sowie die MVEG Sub-Group „Euro 5 and Euro 6 Emission Standards" von zentraler Bedeutung. Eine detaillierte Darstellung und Erläuterung der eben genannten Beispiele erfolgt im Rahmen der Fallstudien.

Die EU-Kommission ist angesichts ihrer mannigfaltigen Kompetenzen im institutionellen System von zentraler Bedeutung. Wie bereits in Kapitel 2.1.2 erwähnt, besteht die Führungsebene aus den Kommissaren und ihren Kabinetten, die von den entsprechenden Generaldirektionen unterstützt werden. Aufgrund ihres Initiativrechts, das der Kommission die Macht verleiht, Gesetzesinitiativen in Form von Vorschlägen in die Wege zu leiten, ist sie der wichtigste Adressat für die europäischen Interessenvertreter (vgl. Greenwood 2002a; Knill 2008; Wessels 2008; Nugent 2010; Hix/ Hoyland 2011; Bomberg/Peterson/Corbett 2012; Cini/Pérez-Solózarno Borragán 2013). Dabei findet das maßgebliche Lobbying bereits im Entstehungsprozess des jeweiligen Kommissionsvorschlags statt. Die besten Möglichkeiten für Interessenvertreter, auf einen Kommissionsvorschlag Einfluss zu nehmen, ergeben sich im Rahmen der zahlreichen Konsultationen, die im Verlauf der Arbeit noch ausführlich erläutert werden. Diese Konsultationen finden bereits im Vorfeld statt. Sobald der Vorschlag dem Kabinett vorliegt, bieten sich Interessenvertretern kaum noch Chancen zur Intervention.

Der Anstoß, eine Initiative in die politische Diskussion einzubringen, kann von verschiedenen Stellen ausgehen. Sowohl die Kommissionsbeamten als auch Lobbyisten können derartige Anregungen auf formellem oder informellem Wege lancieren. Doch führt längst nicht jede Idee ohne Weiteres zur Formulierung eines Kommissionsvorschlags. Bis es dazu kommt, muss ein langwieriger Prozess durchlaufen werden. Kurz skizziert, stellt sich dieser Prozess folgendermaßen dar (vgl. Pfeifer 1995: 80):

- Am Anfang steht ein vorläufiger Beamtenentwurf, der zunächst den zuständigen Generaldirektionen zur Diskussion vorgelegt wird.
- Zusätzlich werden betroffene Stakeholder konsultiert, deren Meinungen bei der Erstellung eines weiteren, überarbeiteten Entwurfs berücksichtigt werden.
- Dieser wiederum nimmt seinen Weg erst über das Kabinett, bevor er dem zuständigen Kommissar vorgelegt wird. Es liegt dann im Ermessen des Kommissars, ob er den Entwurf über das Generalsekretariat an

das Kollegium der Kommissare weiterleitet. Sollte es ein Entwurf bis dorthin schaffen, so haben die Kommissare über dessen Annahme oder Ablehnung zu entscheiden.

Wenn es sich – wie bei den für die vorliegende Arbeit relevanten Ausarbeitungen – um umweltpolitische Maßnahmen handelt, obliegt die Verantwortung und Federführung der Generaldirektion Umwelt. Das bedeutet im Umkehrschluss jedoch nicht, dass der GD Umwelt die Kernkompetenz und die alleinige Zuständigkeit in Fragen des Umweltschutzes zukommt. Da Umweltschutz ein sektorübergreifendes Thema ist, von dem vor allem auch ökonomische Bereiche betroffen sind, bedarf es einer Zusammenarbeit aller betroffenen Generaldirektionen, auch wenn diese auf den ersten Blick zunächst keine umweltpolitische Zuständigkeit besitzen (vgl. Sbragia 2000: 299). Es wird deutlich, dass sich gerade die Umweltpolitik durch ihren ressortübergreifenden Charakter auszeichnet, da sich umweltpolitische Zuständigkeiten hier vielfach überschneiden (vgl. Knill 2008: 91).

Auf Seiten der EU-Kommission waren im Falle der CO_2-Gesetzgebung aufgrund der „verstärkten Zusammenarbeit", auf die im späteren Verlauf der Arbeit noch genauer eingegangen wird, sowohl der Umweltkommissar Stavros Dimas als auch der Industriekommissar Günter Verheugen für den Prozess verantwortlich. Dabei oblag die Federführung jedoch – wie auch im Falle der Euro5/6-Verordnung – der Generaldirektion Umwelt.

Nicht immer führt eine Intervention bei der Kommission zum gewünschten Erfolg. In diesem Fall haben Interessenvertreter immer noch die Möglichkeit, weitere Institutionen, die in den Rechtsetzungsprozess involviert sind, in ihre Lobbyingstrategie einzubinden.

4.2.2.2 Das Europäische Parlament

Das Europäische Parlament ist spätestens seit der Reform der Institutionen von ebenso zentraler Bedeutung für Interessenvertreter wie die EU-Kommission. Besonders hervorzuheben sind in diesem Zusammenhang die Einführung des Zusammenarbeitsverfahrens im Rahmen der EEA sowie die Einführung des Mitentscheidungsverfahrens. Seither lässt sich ein zunehmend reger Kontakt zwischen Lobbyisten und Parlamentariern beobachten (vgl. Corbett/Jacobs/Shakleton 2011: 235f.; Burns 2013). Zu den wichtigsten Ansprechpartnern gehören die Ausschussvorsitzenden, die Berichterstatter sowie alle weiteren Mitglieder, die am Zustandekommen eines Dossiers beteiligt sind (vgl. Eising 2004: 498).

Bei der CO_2-Gesetzgebung lag die Zuständigkeit beim Ausschuss für Umweltfragen, Volksgesundheit und Verbraucherschutz (ENVI) mit dem Berichterstatter Guido Sacconi. Im Rahmen des "Verfahrens der verstärkten Zusammenarbeit" war zudem der Ausschuss für Industrie, Forschung und Energie (ITRE) mit dem Berichterstatter Werner Langen am Verhandlungsprozess beteiligt, wobei der Umweltausschuss die Federführung behielt. Dies hatte zur Folge, dass beide Ausschüsse nur gemeinsam Entscheidungen treffen konnten. Die Federführung bei der Euro5/6-Verordnung hingegen oblag dem Industrieausschuss und seinem Berichterstatter Michael Groote.

4.2.2.3 Der Ministerrat / Die Ständige Vertretung

Generell können Lobbyisten beim Ministerrat ihre Interessen auf zwei Wegen vertreten. Die gängigste Strategie, über den Rat Einfluss auf die europäische Politik auszuüben, erfolgt indirekt über die nationalen Ministerien (vgl. Nugent 2010: 249). Obwohl der Rat im eigentlichen Sinne eine supranationale Institution darstellt, sind die Interaktionsmuster zwischen Lobbyisten und Rat eher intergouvernementaler Natur. Eine weitere Taktik besteht darin, den direkten Kontakt zum Ministerrat zu suchen, um eigene Interessen zu vertreten. Diesbezüglich sind die Mitarbeiter des Ausschusses der Ständigen Vertreter die zentralen Ansprechpartner der Lobbyisten, da sie die Tagungen des Rates vorbereiten und somit eine bedeutende Schlüsselfunktion innehaben (vgl. Nugent 2010: 144f.).

In Abhängigkeit von der betroffenen Rechtsmaterie trifft der Rat seine Entscheidungen einstimmig, mit qualifizierter oder mit einfacher Mehrheit. In den meisten Fällen werden Entscheidungen jedoch mit qualifizierter Mehrheit oder einstimmig getroffen. Somit eröffnet sich jedem einzelnen Mitgliedsstaat die Möglichkeit, gegebenenfalls sein Veto einzulegen, um nicht genehme Entscheidungen zu boykottieren. Gestaltet sich ein Interesse als elementar für mindestens einen Mitgliedsstaat, so muss über einen Kompromiss verhandelt werden (vgl. Nugent 2010: 154). Betreffen die Entscheidungsverfahren im Ministerrat die Umweltpolitik, so kommt für alle binnenmarktrelevanten Umweltmaßnahmen die Beschlussfassung mit qualifizierter Mehrheit zum Tragen (vgl. Knill 2008: 95).

Über umweltpolitische Maßnahmen entscheidet der Rat der Umweltminister. Neben offiziellen Zusammenkünften des Ministerrates, die mehrmals im Jahr stattfinden, kommt es gelegentlich auch zu informellen Treffen der EU-Umweltminister, wenn die Erörterung eines komplexen Themas ansteht. Der bereits erwähnte Querschnittscharakter der Umweltpolitik verdeutlicht abermals die „sektorale Fragmentierung von Zuständigkeiten" (vgl. Knill 2008: 94). Ähnlich wie bei der Entwicklung von Vorschlägen innerhalb der Kommission weisen auch auf der Ebene des Ministerrates die Entscheidungen anderer Räte (etwa der Energie- und Verkehrsminister) häufig umweltpolitische Implikationen auf, wenngleich der Umweltrat prinzipiell für die Bestimmung umweltpolitischer Maßnahmen zuständig ist (vgl. Knill 2008: 94).

Wie bei anderen Adressaten, so verspricht auch hier eine möglichst frühe Intervention seitens der Interessengruppen den meisten Erfolg. Denn der Rat befasst sich schon in gemeinsamen Arbeitsgruppen von Rat und Kommission mit den Vorschlägen, bevor ihm die obligatorischen Stellungnahmen des Wirtschaft- und Sozialausschusses sowie des Parlaments zugeleitet werden (vgl. Pfeifer 1995: 88). Darüber hinaus haben Interessenvertreter die Möglichkeit, über die nationalen Vertretungen ihren Einfluss bei der EU geltend zu machen. Im Falle der Bundesrepublik Deutschland gehören hierzu neben der Ständigen Vertretung auch die Repräsentanzen der jeweiligen Bundesländer. Entsprechend zählen auch die Vertretungen anderer Mitgliedsstaaten zu den relevanten Adressaten der Unternehmen, die hier ihre Interessen positionieren. Diese Option ist vor allem für multinationale Konzerne interessant.

4.2.3 Der Staat als Lobbyist

Wie bereits mehrfach erwähnt, haben viele europäische Gesetzgebungen erhebliche Auswirkungen auf die nationale Ökonomie eines Mitgliedsstaates. Dementsprechend häufig kommt ein Staat in die Situation, selbst als Lobbyist auftreten zu müssen, um für seine nationalen Interessen zu kämpfen. Im Vordergrund stehen dabei zumeist wirtschaftliche Sachverhalte. Nicht selten kooperieren in solchen Fällen mehrere Staaten miteinander, um entweder eine Maßnahme auf den Weg zu bringen oder sie zu entschärfen, wenn nicht gar abzuwenden. Wie die CO_2-Fallstudie dieser Arbeit zeigen wird, hat die deutsche Regierung hier mit Frankreich zusammengearbeitet, um eine deutliche Herabsetzung der CO_2-Grenzwerte zu erreichen, was insbesondere der deutschen Automobilindustrie zugute-kommt. Allerdings ist die Trennlinie zwischen formeller Mitwirkung und informeller Interessenvertretung verhältnismäßig unscharf. Denn ein nationaler Akteur vertritt eben nicht nur seine individuellen Interessen, sondern auch die anderer Stakeholder. Besonders deutlich wurde dies im Fall der Richtlinie zur Reduzierung des Kohlendioxidausstoßes. Da insbesondere die deutsche Automobilindustrie von der Regelung betroffen war und diese wirtschaftlich enorm bedeutsame Branche erhebliche Nachteile hätte in Kauf nehmen müssen, schaltete sich die Bundesregierung aktiv ein. In Behandlung eines nationalen Themas wurde sie damit zum öffentlichen Akteur für das Anliegen eines nicht öffentlichen Akteurs, nämlich der deutschen Automobilindustrie. Es kam also zu einem Bündnis zwischen öffentlichen und privaten Akteuren (vgl. Pfeifer 1995: 59).

Insgesamt betrachtet haben die öffentlichen Akteure in den letzten Jahren – nicht zuletzt aufgrund der Einheitlichen Europäischen Akte – an Bedeutung verloren. Einen weitaus größeren Einfluss auf die europäischen Institutionen besitzen mittlerweile die privaten Akteure. Da sich dieses Feld aufgrund seiner vielen potenziellen Teilnehmer deutlich komplexer darstellt, führt dies unweigerlich zu einem kaum noch überschaubaren Netzwerk von Akteuren.

5. Fallstudien

Im vorangegangenen Kapitel wurde erläutert, welche Akteure an den umweltpolitischen Meinungsbildungs- und Entscheidungsprozessen auf nationaler und europäischer Ebene beteiligt sind. Im Folgenden soll anhand zweier Fallstudien gezeigt werden, ob bzw. wie Unternehmen in der politischen Praxis ihre Möglichkeiten zur Einflussnahme ausschöpfen und ob sie dabei in der Lage sind, strategisch vorzugehen. Hierbei wird der jeweilige Prozess zunächst rein deskriptiv anhand der analysierten Dokumente und der Interviews beschrieben. Im Anschluss erfolgen jeweils eine Analyse und die theoretische Einordnung. Die Untersuchung konzentriert sich dabei auf zwei spezifische Regulierungsverfahren und versucht zu ermitteln, welche Wege der Einflussnahme hier genutzt wurden.

Die Untersuchung verbindet Process Tracing mit einer Analyse von Lobbying. Im Rahmen der Fallstudien wird untersucht, in welcher Weise Unternehmen und Verbände der Automobilbranche auf einen politischen Entscheidungsprozess strategisch Einfluss genommen haben. Es soll analysiert werden, in welcher Phase des Politikprozesses die Industrie auf welcher Ebene welche Akteure mit welchen Instrumenten angesprochen hat. Dabei sei dahingestellt, ob die Industrie ihre Ziele tatsächlich erreicht hat oder nicht. Im Fokus stehen vielmehr die Organisation und das Management industrieller Lobbytätigkeit. Dieser Ansatz erlaubt es, das Spektrum der Zugangsmöglichkeiten in den Blick zu bekommen, mit deren Hilfe Akteure aus der Automobilindustrie Einfluss nehmen bzw. Einfluss nehmen können. Hierbei werden die zentralen Arenen dargestellt, in denen Automobilhersteller – sei es direkt oder über ihre Verbandsstruktur – formell oder informell aktiv wurden. Die Informationen über informelle Lobbyingaktivitäten stammen überwiegend aus den geführten Forschungsinterviews. Da informelle Politik jedoch nur sehr eingeschränkt zu analysieren ist, sei an dieser Stelle darauf hingewiesen, dass nicht alle informellen Aktivitäten erfasst werden konnten.

5.1 Aufbau der Fallstudien

Die beiden Fallstudien sind jeweils in vier Teile gegliedert. Im ersten Abschnitt werden die Motive und Zielsetzungen der jeweiligen Regelungen beschrieben. Der zweite Schritt enthält eine Darstellung der Phasen des Politikprozesses bzw. des Politikprozesses an sich. Um die Ansatzpunkte für strategisches Handeln im Rahmen der Interessenvertretung im Einzelfall zu ermitteln, ist eine detaillierte Kenntnis des Entscheidungsprozesses unabdingbar. Daher soll im vorliegenden Kapitel der strukturierte Ablauf des Politikprozesses vorgestellt werden, um auf diese Weise die Zugangsmöglichkeiten aufzudecken, die den relevanten Akteuren zur Verfügung standen. Es geht darum, die Fenster möglicher Einflussnahmen (Windows of opportunity) ausfindig zu machen. In diesem Zusammenhang steht also nicht die Frage im Mittelpunkt, in welche Phasen (im Sinne der Policy-Analyse) sich der Politikprozess unterteilen lässt. Vielmehr soll festgestellt werden, an welchen relevanten Stellen der Entscheidungsfindung welche Akteure aufgetreten sind. Diese Analyse erlaubt es, die entscheidenden Phasen zu benennen und einer intensiveren Betrachtung zu unterziehen.

Im dritten Schritt geht es darum, diejenigen Instrumente zu bestimmen, die die Industrie zur Vertretung ihrer Interessen und zur Einflussnahme auf den Politikprozess nutzt. In diesem Abschnitt werden die politische Gelegenheitsstruktur bzw. die Beteiligungs- und Einflusschancen im jeweiligen Fall untersucht. Es handelt sich um eine empirische Bestandsaufnahme derjenigen Gelegenheitsfenster politischer Einflussnahme, die sich in den beiden konkreten Fällen boten. Die Beantwortung folgender Fragen steht im Zentrum der Untersuchung:

- Welche Zugangsmöglichkeiten (wann und wo) hatten die relevanten Akteure im jeweiligen Politikprozess?
- Inwieweit fanden dabei formelle und informelle Konsultationen, Beratungen und Anhörungen statt?
- Welche Plattformen, Beiräte und Gremien waren für die Automobilindustrie besonders relevant?

Darüber hinaus werden die Lobbyingaktivitäten der Industrie erläutert. Es wird gezeigt, wie und in welchem Maße die Akteure die sich bietenden Gelegenheiten zur Beteiligung und Einflussnahme tatsächlich nutzten. Um die Tätigkeiten bzw. die Aktivitäten der Industrie nachzuvollziehen, stützt sich die Untersuchung dabei zunächst auf die offiziell zugänglichen Positionspapiere der Industrie. Hierbei ist zu beachten, dass in den offiziellen Positionspapieren trotz einer direkten Beteiligung der Unternehmen meist nur die Verbandspositionen deutlich werden. Daher ist es oftmals schwierig, die vorgebrachten Positionen einzelnen Unternehmen zuzuordnen. Darüber hinaus kennen und nutzen die Unternehmen informelle Kanäle. Obgleich die systematische Erhebung informeller Zugangsmöglichkeiten nur bedingt möglich ist, sollen diese Möglichkeiten mit Hilfe der Forschungsinterviews zumindest geklärt werden.

Um schließlich Aussagen über die Organisations- und Strategiefähigkeit der Automobilindustrie im jeweiligen Fall treffen zu können, werden die zu Beginn der Arbeit erläuterten Kriterien – Proaktivität, Nutzung der Zugangschancen, Verhältnis individueller und kollektiver Handlungsformen, Organisation auf europäischer/nationaler Ebene, Reaktionsfähigkeit auf kurzfristig veränderte Handlungssituationen – herangezogen und auf der Basis der Ergebnisse der jeweiligen Prozessanalyse sowie der Antworten im Rahmen der Forschungsinterviews hinsichtlich ihres Realisierungsgrades überprüft.

Im Anschluss an die Fallstudien beschäftigt sich das vergleichende Kapitel 6 mit den Gemeinsamkeiten und Unterschieden der beiden Fälle: Worin liegen die Unterschiede begründet und welche Faktoren sind dafür verantwortlich? Den Abschluss bildet Kapitel 7 mit einer Zusammenfassung der Ergebnisse.

5.2 Fallstudie CO₂

5.2.1 Phasen des Politikprozesses

Die EU-Strategie vor 2007

Bereits in den 90er Jahren beschäftigte sich die EU-Kommission mit klimarelevanten Initiativen und verfolgte dabei das Ziel, den Ausstoß von CO_2 zu reduzieren. Im Vorfeld der UN-Klimakonferenz für Umwelt und Entwicklung in Rio de Janeiro im Jahr 1992 gab es einen breiten Konsens unter den europäischen Umwelt- und Energieministern, die Emissionen bis zum Jahr 2000 auf dem Niveau von 1990 zu stabilisieren. Um dieses Ziel zu erreichen, forderten die Minister die Kommission auf, eine konkrete Handlungsstrategie zu erarbeiten (vgl. Böckem 1998).

Im Jahr 1995 beschloss die Kommission erstmals eine auf die Verringe-rung der Emissionen bezogene Strategie im Kampf gegen den Klimawan-del und einigte sich darauf, den CO_2-Ausstoß neuer PKW bis 2012 auf 120 g/km zu reduzieren. Diese sogenannte Gemeinschaftsstrategie basierte hauptsächlich auf der freiwilligen Selbstverpflichtung der Hersteller (vgl. Europäische Kommission 1995; Schlussfolgerungen des Rates vom 25.6.1996). Die tragenden Säulen dieser Vereinbarung waren das Commit-ment der Automobilindustrie zur Verringerung des Kraftstoffverbrauchs mit Hilfe verbesserter Automobiltechnologien, die Verbesserung der Ver-braucherinformation bezüglich treibstoffsparender Autos sowie die Förde-rung sparsamer PKW durch steuerliche Maßnahmen.

Abbildung 5.1: EU-Strategie zur Reduktion der CO_2-Emissionen bei PKW

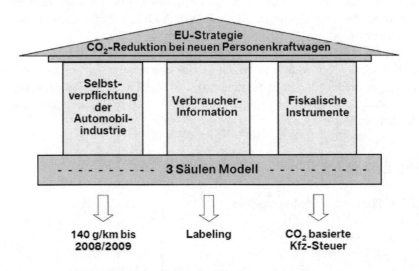

Quelle: Wiener Motoren Symposium 2006

Während durch die Selbstverpflichtung die durchschnittlichen CO_2-Emis-sionen mittels innovativer Fahrzeugtechnologien um 25 % auf 140 g/km gesenkt werden sollten, war es das Ziel der beiden anderen Säulen, eine Reduzierung um weitere 10 %, also 20 g/km, zu erreichen (vgl. Europäi-sche Kommission 2007a; Nyenhuis 2008: 13).

Um das Gemeinschaftsziel von 120 g/km zu erreichen, verpflichtete sich die europäische Automobilindustrie im Jahr 1998 über ihren Dachverband ACEA freiwillig zur Reduktion der CO_2-Emissionen von Neuwagen auf zunächst 140 g/km bis zum Jahr 2008 und sagte zu, den Kraftstoffverbrauch von Neuwagen schrittweise zu verbessern. Darüber hinaus sollten als Zwischenziel die Emissionswerte bis zum Jahr 2003 auf 165 bis 170 g/km reduziert werden. Im gleichen Jahr musste die Industrie auch eine realistische Einschätzung darüber abgeben, inwieweit eine Reduktion auf 120 g/km im Jahr 2012 tatsächlich zu erreichen sei (vgl. Europäische Kommission 1999). Obgleich diese Verpflichtung nicht rechtlich bindend war, wurde sie dennoch von der Gemeinschaft überwacht.

Die EU-Kommission war dazu verpflichtet, dem Parlament und dem Rat alljährlich Bericht über die Wirksamkeit ihrer Umwelt-Strategie zu erstatten. Basierend auf diesen jährlichen Veröffentlichungen wurde bereits früh erkennbar, dass nur geringe Fortschritte zu verzeichnen waren und die Industrie ihre Anstrengungen erheblich hätte verstärken müssen, um die vereinbarten Ziele zu erreichen. Auch in Bezug auf das Kyoto-Protokoll wurde schnell deutlich, dass sowohl die Mitgliedsstaaten als auch die EU ihre Bemühungen verstärken müssten, wenn sie die entsprechenden Vorgaben erreichen wollten. Daher forderte die Ratsformation Umwelt nachdrücklich, weitere Schritte auf gemeinsamer Ebene zu unternehmen. In diesem Zusammenhang forderte der Umweltrat die Kommission dazu auf, politische Maßnahmen auf den Weg zu bringen.

Tabelle 5.1: Chronologie zur Entstehung der CO₂-Richtlinie

Zeitraum	Akteur	Aktion
Juni 2000	EU-Kommission	Einführung des European Climate Change Programme (ECCP) zur Weiterentwicklung der EU-Klimapolitik
Januar 2005	EU-Kommission	Einsetzung der hochrangigen Gruppe CARS 21. Intensiver Stakeholderdialog, um Vorschläge für die Gestaltung des künftigen Regelungsrahmens zu erarbeiten
Juni 2005	EU-Kommission	Veröffentlichung des 5. Jahresberichts zur Wirksamkeit der Strategie zur Verminderung der CO_2-Emissionen
Oktober 2005	EU-Kommission	Stakeholderkonferenz ECCP II. Einrichtung von Arbeitsgruppen und Workshops zwecks Beteiligung an der weiteren Strategieentwicklung
April – August 2006	EU-Kommission	Öffentliche Anhörung, öffentliche Internetkonsultation und Onlinefragebogenaktion zu künftigen Maßnahmen zur Reduzierung der CO_2-Emissionen

Zeitraum	Akteur	Aktion
Februar 2007	EU-Kommission	Veröffentlichung der Mitteilung „Ergebnisse der Überprüfung der Strategie der Gemeinschaft zur Minderung der CO_2-Emissionen von Personenkraftwagen und leichten Nutzfahrzeugen"
Mai – Juni 2007	EU-Kommission	Durchführung einer öffentlichen Onlinekonsultation und einer öffentlichen Anhörung zur Umsetzung der neuen Strategie zur Verringerung der CO_2-Emissionen aller in der EU verkauften Neuwagen
Dezember 2007	EU-Kommission	Vorschlag für eine Rechtsvorschrift zur Minderung der durchschnittlichen CO_2-Emissionen von neuen PKW auf 120 g/km bis 2012
Januar 2008	Kanzleramt	Keine Einigung auf der Fachebene. Hinzuziehung des Kanzleramts, nachdem BMWi und BMU in gravierenden Punkten eine deutlich abweichende Meinung vertraten. Im Rahmen der Ratsarbeitsgruppen wird die deutsche Position in den europäischen Prozess eingebracht
März/Juni 2008	EU-Ministerrat	Erörterung (Orientierungsaussprachen) zum Vorschlag der EU-Kommission im Umweltrat
März – Mai 2008	EU-Parlament	Vorlage eines Berichtsentwurfs zum Vorschlag der EU-Kommission durch den Umweltausschuss des Europaparlaments
Juni 2008	Deutschland und Frankreich	Bilaterale Vereinbarung einer gemeinsamen Position im Rahmen des deutsch-französischen Gipfels
Juli 2008	EU-Ministerrat	Übernahme der Ratspräsidentschaft durch Frankreich
September 2008	EU-Parlament	Differierende Voten des Industrieausschusses und des Umweltausschusses des Europaparlaments zu einzelnen Regelungen des Vorschlags der EU-Kommission
Oktober – November 2008	EU-Kommission, EU-Ministerrat und EU-Parlament	„Dreiergespräche" zwischen EU-Kommission, Europäischem Ministerrat und Europaparlament
Dezember 2008	EU-Ministerrat und EU-Parlament	Kompromissabkommen zwischen Europäischem Ministerrat und Europaparlament zur Senkung der CO_2-Emissionen
Dezember 2008	EU-Parlament	Annahme des Kompromissabkommens im Europaparlament

Quelle: Eigene Darstellung

Wie der Tabelle zu entnehmen ist, reagierte die EU-Kommission im Juni 2000 mit der Einführung des European Climate Change Programme (ECCP). Das ECCP bildet seitdem das Hauptinstrument der Kommission zur Vorbereitung und Diskussion weiterer Entwicklungen der EU-Klimapolitik. Dies geschieht in enger Zusammenarbeit mit diversen Stakeholdern (aus Politik, Wissenschaft und Industrie) und dient dem Ziel, alle notwendigen Schritte festzulegen und als EU-Strategie zu entwickeln, damit die Verpflichtungen erfüllt werden können, die die EU im Rahmen des Kyoto-Protokolls eingegangen ist (vgl. ECCP I Review).

Wie im Rahmen der bereits erwähnten freiwilligen Selbstverpflichtung vereinbart, veröffentlichte der Dachverband ACEA im Jahr 2003 ein Positionspapier, in dem das Potenzial für eine Emissionsreduzierung seitens der Hersteller bewertet wurde. Demnach sah der Verband keine Möglichkeit, die vereinbarten Ziele mit technischen Mitteln fristgerecht und kostengünstig zu erreichen. Diese negative Einschätzung wurde u. a. auf einige Schwächen der Selbstverpflichtung zurückgeführt, wie beispielsweise strukturelle Mängel oder eine eindimensionale Fokussierung auf technologische Entwicklungen. Insgesamt sah man elementare Voraussetzungen für einen Erfolg der Selbstverpflichtung nicht erfüllt (vgl. Nyenhuis 2008: 15). Da diese im Detail aber nicht wesentlich für die Untersuchung sind, werden sie an dieser Stelle nicht genauer erläutert. Entscheidend ist, dass die freiwillige Selbstverpflichtung der Automobilindustrie spätestens zu diesem Zeitpunkt gescheitert war.

Im Jahr 2005 stellte die Europäische Kommission in ihrem fünften Jahresbericht über die Wirksamkeit der Strategie zur Verminderung der CO_2-Emissionen fest, dass der ACEA trotz erkennbarer Fortschritte seine Anstrengungen verstärken müsse, um das vereinbarte Endziel von max. 140 g/km CO_2-Emissionen pro Neuwagen zu erreichen. Eine Überprüfung der Wirksamkeit zeige erhebliche Defizite auf (vgl. Europäische Kommission 2005i). Nicht zuletzt aufgrund des eben genannten ACEA-Positionspapiers von 2003 hatte die Kommission zu diesem Zeitpunkt aber bereits erkannt, dass die Industrie das vereinbarte Ziel nicht erreichen würde. Folglich entschloss sich die Kommission, eine eigene Bewertung vorzunehmen und dem Rat sowie dem Parlament möglichst zeitnah einen Vorschlag für die weiteren erforderlichen Maßnahmen vorzulegen.

Am 24. Oktober 2005 fand ein zweites Treffen im Rahmen des „European Climate Change Programme" (ECCP II) statt. Während dieser Stakeholderkonferenz wurden vor allem Kernfragen der gegenwärtigen und zukünftigen Klimapolitik diskutiert (vgl. ec.europa.eu/environment/climat/ stake_conf.htm). Um zusätzliche Informationen zu generieren, richtete die Kommission entsprechende Arbeitsgruppen und Workshops ein und berücksichtigte deren Ergebnisse bei der weiteren Strategieentwicklung.

Eine weitere zentrale Plattform im politischen Prozess bot die von der Kommission eingesetzte hochrangige Gruppe CARS 21, die sich mit der Wettbewerbsfähigkeit der Automobilindustrie befasste. Generell war es die Aufgabe dieser Gruppe, in einem intensiven Stakeholderdialog die künftigen Bedürfnisse und Herausforderungen des Automobilsektors zu eruieren und Vorschläge für die künftige Politik und die künftige Gestaltung des Regelungsrahmens zu erarbeiten (vgl. Europäische Kommission, 2007d). Am 12. Dezember 2008 veröffentlichte das Gremium seine Ergebnisse in einem Abschlussbericht. Auch dieser „Final Report" wurde bei der Entwicklung der Gemeinschaftsstrategie zur Verminderung der CO_2-Emissionen von Kraftfahrzeugen berücksichtigt.

Auf diesem Bericht aufbauend, veranstaltete die Kommission im April 2006 eine öffentliche Anhörung, in der sie die interessierten Kreise (u. a. ACEA, VDA) dazu aufforderte, sich zum Inhalt und zu den Empfehlungen des Berichts zu äußern. Dabei wurde vor allem eine Auskunft zu den Fragen erbeten, ob sich die Gruppe CARS 21 mit den in den Augen der Automobilindustrie wichtigsten Fragen beschäftigte und ob die empfohlenen Maßnahmen aus ihrer Sicht kosteneffizient seien.

Dieser Anhörung folgte im Juni 2006 eine erste öffentliche Internetkonsultation. Neben den Ergebnissen der ECCP-Arbeitsgruppe sowie der angeschlossenen Workshops, dem Abschlussbericht von CARS 21 und der darauffolgenden Konsultation mit der Fachwelt diente auch diese öffentliche Aussprache mit der Kommission der Vorbereitung auf die Entwicklung einer neuen Gemeinschaftsstrategie. Mit Hilfe eines Onlinefragebogens, der vom 12. Juni bis zum 21. August 2006 abrufbar war, hatte die Öffentlichkeit Gelegenheit, ihre Erwartungen an die künftige Klimapolitik der EU und die künftigen Maßnahmen zur Reduzierung der CO_2-Emissionen darzustellen. Es war das Ziel der Kommission, ein möglichst breites Spektrum der in der Gesellschaft vertretenen Meinungen über die EU-Strategie zur Reduktion der Emissionen von PKW zu erhalten (vgl. Europäische Kommission, 2006a).

Die EU-Strategie seit 2007

Nachdem die bisherige EU-Strategie zur Senkung der CO_2-Emissionen von PKW– insbesondere die freiwillige Selbstverpflichtung der Automobilhersteller – nicht zum gewünschten Ziel geführt hatte, schlug die Kommission eine Überarbeitung vor, um das Erreichen des gemeinsamen Ziels einer durchschnittlichen CO_2-Emissionen von 120 g/km bei Neuwagen sicherzustellen (vgl. Europäische Kommission 2006f). Dieses Vorhaben wurde am 7. Februar 2007 in der Mitteilung *„Ergebnisse der Überprüfung* *der Strategie der Gemeinschaft zur Minderung der CO_2-Emissionen von Personenkraftwagen und leichten Nutzfahrzeugen"* veröffentlicht (Europäische Kommission 2007b). Darin wies die Kommission auf diverse Grundsätze hin, die in einem künftigen Rechtsrahmen berücksichtigt werden müssten. Dieser Mitteilung ging eine obligatorische Folgenabschätzung voraus, in der die Ergebnisse der vorgestellten Gremien (ECCP I+II mit Arbeitsgruppe und Workshop, Abschlussbericht CARS 21 und Konsultationen) berücksichtigt wurden (vgl. Europäische Kommission, 2007e). Im Hinblick auf die neue Strategie äußerte sich Kommissionspräsident José Manuel Barroso folgendermaßen:

> „Diese Strategie ist das ehrgeizigste Maßnahmenpaket, das weltweit jemals zur Entwicklung einer kohlenstoffarmen Wirtschaft geschnürt wurde. Sie ist unverzichtbar für die Abwendung des Klimawandels und der konkrete Beweis für die führende Position der EU auf diesem Gebiet. Unsere Strategie wird von allen Wirtschaftszweigen Anstrengungen verlangen, aber der Automobilindustrie der EU auch enorme Möglichkeiten eröffnen. Ich rufe die Automobilindustrie der EU auf, sich langfristig ihre Wettbewerbsfähigkeit zu erhalten, indem sie im Interesse der Verbraucher und der Arbeitnehmer eine Vorreiterrolle übernimmt." (vgl. Europäische Kommission, 2007c: 1).

In der Mitteilung wurde darauf hingewiesen, dass zwar gewisse Fortschritte bei der Senkung der CO_2-Emissionen von Personenkraftwagen erzielt worden seien, das Gemeinschaftsziel einer Reduzierung der durchschnittlichen CO_2-Emissionen der Neuwagenflotte auf 120 g/km bis 2012 allerdings nicht ohne zusätzliche Maßnahmen zu erreichen sei. Daher wurde vorgeschlagen, ein Gesamtkonzept zu entwickeln. Es folgte die Ankündigung, dass die Kommission bis spätestens Mitte 2008 einen Rechtsrahmen zur Verwirklichung des Gemeinschaftsziels – mit Schwerpunktsetzung bei der obligatorischen Verringerungen der CO_2-Emissionen – vorschlagen werde. Demnach sollten alle in der EU-27 verkauften Neuwagen bis 2012 einen durchschnittlichen Wert von 120 g/km erreichen. Im Rahmen der neuen Strategie sollte es ein sogenannter „integrierter Ansatz" ermöglichen, die Verantwortung der Automobilhersteller zu reduzieren und das Ziel von durchschnittlich 130 g/km für die Neuwagenflotte zugleich durch eine Verbesserung der Motorentechnik zu erreichen. Außerdem sollte eine zusätzliche CO_2-Reduzierung um 10 g/km durch komplementäre technische Verbesserungen, wie beispielsweise durch die verstärkte Nutzung von Biokraftstoffen oder die Nutzung kraftstoffeffizienter Reifen und Klimaanlagen, erreicht werden. Darüber hinaus sprach sich die Kommission für ein langfristiges Ziel von 95 g CO_2-Emissionen pro km bis 2020 aus. Dabei erstrebte man, den Rechtsrahmen wettbewerbsneutral, sozialverträglich und nachhaltig zu gestalten. Um die Wettbewerbsfähigkeit des starken und innovativen europäischen Automobilsektors nicht zu gefährden, sollten zudem nur solche Reduktionsziele festgelegt werden, die zu keiner ungerechtfertigten Verzerrung des Wettbewerbs führten (vgl. Europäische Kommission 2007b, 2007c).

Parallel veröffentlichte die Kommission eine Stellungnahme zum Schlussbericht der Gruppe CARS 21. In dieser Mitteilung formulierte die Kommission den künftigen Kurs der Politik im Automobilsektor. Im Fokus stand dabei die Befürwortung eines integrierten Ansatzes, um das EU-Ziel von 120 g/km zu erreichen (vgl. Europäische Kommission, 2007d). In beiden Mitteilungen ließ die Kommission also keinen Zweifel, dass sie ein integriertes Konzept bevorzugte, um den durchschnittlichen CO_2-Ausstoß auf 120 g/km bei Neuwagen bis 2012 zu realisieren.

Bevor die Kommission jedoch einen entsprechenden Rechtsrahmen vorschlug, wurden weitere Konsultationen mit den Interessengruppen geführt, um mögliche Regelungskonzepte für die CO_2-Reduzierung zu untersuchen. Vom 5. Mai bis zum 15. Juli 2007 wurde eine öffentliche Onlinekonsultation durchgeführt. Hier hatten die beteiligten Akteure ebenso wie die Öffentlichkeit eine Gelegenheit, alle Argumente in die Waagschale zu werfen, die ihren jeweiligen Standpunkt unterstrichen. Von dieser Konsultation erhoffte sich die EU-Kommission mit Blick auf ihre Folgenabschätzung vor allem weitere Anregungen zur Frage nach Kosten und Nutzen einzelner Aspekte der von ihr vorgeschlagenen Strategie.

Am 11. Juli 2007 führte die Kommission (parallel zur Onlinekonsultation) eine öffentliche Anhörung zur Umsetzung ihrer neuen Strategie zur Verringerung der CO_2-Emissionen aller in der EU verkauften Neuwagen durch. Die von den geplanten Rechtsvorschriften unmittelbar betroffenen Interessengruppen konnten ihre Standpunkte darlegen und Vorschläge zu der Frage unterbreiten, wie die unterschiedlichen rechtlichen Aspekte des integrierten Konzepts gestaltet werden könnten (vgl. Europäische Kommission, 2007f). Die Ergebnisse wurden ebenfalls bei der Konzeption der geplanten Regelung berücksichtigt.

Kommissionsvorschlag zur Begrenzung der CO_2-Emissionen von PKW

Nachdem die EU-Kommission weitreichende Konsultationen mit den Interessengruppen geführt und auf dieser Basis eine gründliche Folgenabschätzung vorgenommen hatte, schlug sie am 19. Dezember 2007 eine Rechtsvorschrift zur Minderung der durchschnittlichen CO_2-Emissionen von neuen PKW auf 120 g/km bis 2012 vor (vgl. Europäische Kommission 2007g). Der Verordnungsvorschlag war eine tragende Säule der EU-Strategie zur Verbesserung der Kraftstoffeffizienz von PKW, die für etwa 12 % der CO_2-Emissionen in der EU verantwortlich sind. Er unterstrich die ernsthaften Bemühungen der Europäischen Union, die im Rahmen des Kyoto-Protokolls eingegangenen Verpflichtungen zu erfüllen, und zielte gleichzeitig auf eine Vorreiterrolle der EU, da die vorgeschlagenen Maßnahmen das geforderte Maß sogar übertrafen. Die damit zu erzielende Reduzierung der CO_2-Emissionen um 19 % sollte der EU zugleich eine weltweite Führungsposition bei der Herstellung kraftstoffsparender Personenwagen verschaffen (vgl. Europäische Kommission 2007g, 2007h). Der für die Umweltpolitik zuständige Kommissar Stavros Dimas merkte an:

„Ziel dieses Vorschlags ist die Reduzierung der CO_2-Emissionen von Personenkraftwagen als Beitrag zur Bekämpfung des Klimawandels. Die Verordnung wird auch für erhebliche Kraftstoffeinsparungen sorgen und damit beträchtliche Vorteile für die Verbraucher mit sich bringen. Außerdem wird sie die Automobilindustrie anspornen, in neue Technologien zu investieren und sich aktiv für Ökoinnovationen einzusetzen, die ein Motor für Beschäftigungswachstum und für hochqualifizierte Arbeitsplätze sind." (vgl. Europäische Kommission, 2007h: 1).

Der Entwurf empfahl u. a. eine sogenannte Grenzwertkurve, die einen durchschnittlichen Flottenemissionswert von 130 g/km vorsah. Die zulässigen CO_2-Emissionen sollten sich dabei nach der Masse des Fahrzeugs richten. Ziel war es, die gemessenen Emissionen aller Fahrzeuge eines Herstellers, die in einem Jahr produziert werden, ab 2012 auf einen Durchschnittswert unterhalb dieser Grenzwertkurve zu reduzieren.

Die Grenzwertkurve wird dabei folgendermaßen bestimmt:
Erlaubte CO_2-Emissionen = $130 + a \times (M - M_0)$
(M = Masse in kg; M_0 = 1289.0; a = 0.0457)

Die folgende Abbildung zeigt die Grenzwertkurve der CO_2-Emissionen.

Abbildung 5.2: Grenzwertkurve der CO_2-Emissionen

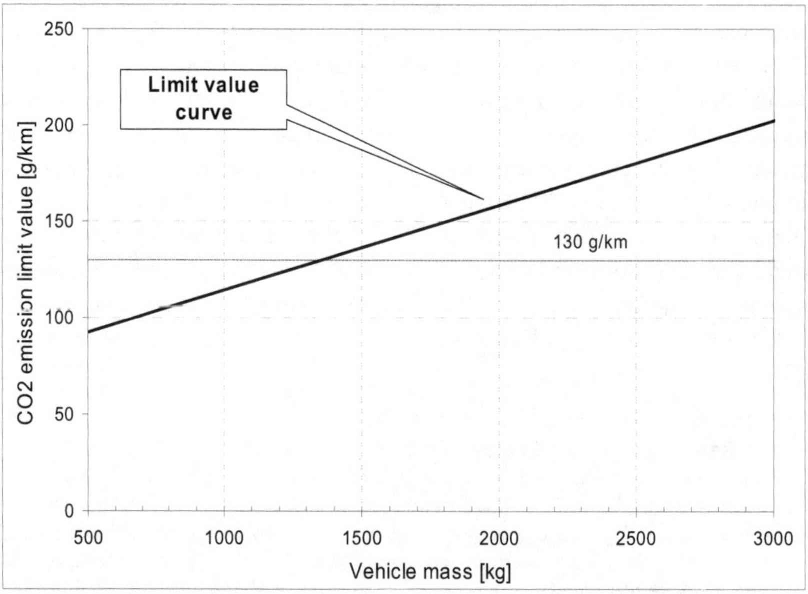

Quelle: Europäische Kommission 2007k: 3

Folglich müsste in Zukunft der CO_2-Ausstoß schwerer Fahrzeuge propor-
tional stärker reduziert werden als die Emission leichterer Fahrzeuge.
Dennoch räumte der Vorschlag den Herstellern auch weiterhin die Möglichkeit ein, schwere und somit emissionsreiche Fahrzeuge zu produzie-
ren, indem sie dieses Defizit durch die Entwicklung und Produktion emis-
sionsarmer Fahrzeuge ausgleichen und so einen Flottendurchschnitt von
130 g/km erreichen können. Sollte dieser Wert nicht eingehalten werden,
sah der Vorschlag entsprechende Sanktionszahlungen vor. Diese sogenannten Überschreitungsabgaben sollten sich nach den Überschreitungen
in Gramm pro Kilometer richten und mit der Anzahl der betroffenen Fahrzeuge des betreffenden Herstellers multipliziert werden. Der Vorschlag

sah für das erste Jahr (2012) eine Abgabe von 20 Euro je g/km vor, die dann stufenweise auf 3 Euro im zweiten Jahr (2013), 60 Euro im dritten Jahr (2014) und 95 Euro ab 2015 steigen sollte (vgl. Europäische Kommission 2007g, 2007h).

Die vorgeschlagene Verordnung hätte allerdings nicht alle Hersteller in gleichem Maße belastet, sondern vor allem die deutsche Automobilindustrie benachteiligt (siehe Abb. 5.3): Während es die europäischen Hersteller kleinerer und somit kraftstoffeffizienterer Fahrzeuge, wie Peugeot, Citroen, Fiat oder Renault, deutlich leichter hätten, die Zielvorgaben zu erreichen, stünden die Hersteller leistungsstarker Fahrzeuge vor einem wettbewerbsrelevanten Problem. Dementsprechend war die Automobilindustrie in zwei Lager gespalten. Die folgende Abbildung zeigt, in welchem Ausmaß die verschiedenen Hersteller von diesem Regelungsvorschlag betroffen waren.

Abbildung 5.3: Die CO₂-Verordnung – Beeinträchtigung der Hersteller

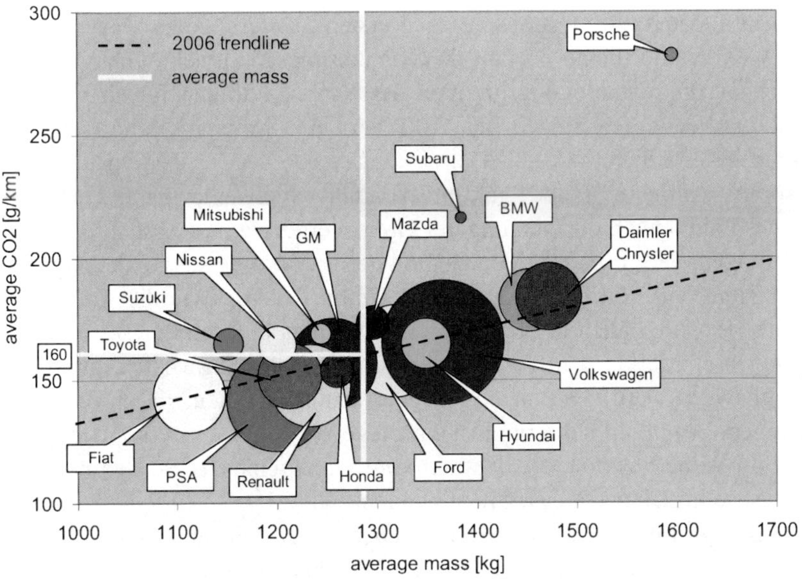

Quelle: Europäische Kommission 2007k: 4

Weiterleitung des Vorschlags an den Rat und das Parlament

Im Rahmen des Mitentscheidungsverfahrens innerhalb der Europäischen Union gilt generell, dass ein Gesetzesentwurf sowohl von den Mitgliedsstaaten als auch vom Europäischen Parlament angenommen werden muss, bevor er umgesetzt werden kann. Dementsprechend wurde der Vorschlag der EU-Kommission zur Reduzierung der CO_2-Emissionen an den Europäischen Rat und an das Europäische Parlament weitergeleitet. Dennoch blieb die Kommission weiterhin Ansprechpartner, da sie den Prozess bis zum Ende begleitete. Sowohl für die Ausschüsse des Parlaments als auch für die Arbeitsgruppen im Rat lieferte die Kommission Informationen und beteiligte sich zumindest indirekt an der Meinungsbildung. Faktisch entwickelte sich die Kommission im Verlauf des Legislativprozesses zu einer Art „Broker". Die Bemühungen konzentrierten sich darauf, einen Kompromiss zu finden, der sowohl für das Parlament als auch für den Rat akzeptabel war und gleichzeitig den Kommissionsvorschlag nicht gänzlich aushöhlte.

Am 3. März 2008 kam es zu einer ersten Erörterung des Vorschlags im Umweltrat. Sie diente primär als Orientierungsaussprache über den Entwurf, da die Vorbereitungsgremien des Rates Leitlinien für eine weitere Prüfung benötigten. Am 5. Juni 2008 fand eine weitere Orientierungsaussprache des Umweltrates über die Hauptaspekte des Legislativpakets statt. Erörtert wurden u. a. der Funktionsparameter (gewählter Parameter: Masse des Fahrzeugs), die Neigung der Grenzwertkurve, das System der Strafzahlungen, der Termin für den Beginn der Umsetzung sowie die langfristigen Ziele (vgl. Rat der Europäischen Union, 2008c). Wie die Automobilindustrie waren auch die Länder – in Abhängigkeit von der Beeinträchtigung ihrer Märkte – in zwei Lager gespalten. Vor dem Hintergrund des Wettbewerbs vertraten Staaten mit einer Automobilindustrie im Premiumsegment bezüglich der Kommissionspläne zur Emissionsreduzierung neuer PKW eine Position, die deutlich vom Standpunkt der Staaten mit einer Industrie im Kleinwagensegment abwich.

Insgesamt begrüßten die Minister aber den Kommissionsvorschlag und unterstützten den integrierten Ansatz. Gleichzeitig wurde betont, dass die Wettbewerbsfähigkeit gewahrt bleiben müsse und langfristige Ziele festzulegen seien. Erhöhten Diskussionsbedarf sah man in Bezug auf den Funktionsparameter. Einige Delegationen sprachen sich für die von der Kommission vorgeschlagene Fahrzeugmasse aus. Andere forderten stattdessen, die Standfläche des Fahrzeugs als Parameter zu berücksichtigen.

Auch die Neigung der Linearkurve zwischen den Emissionsgrenzwerten und dem Gewicht wurde im Rahmen dieses Gremiums erörtert. Wie bereits erwähnt, beschreibt diese Kurve den Einfluss auf die Lastenteilung („burden sharing") zwischen den Herstellern. Vor allem in dieser Frage waren die Mitgliedsstaaten geteilter Meinung. Während die von der Verordnung weniger betroffenen Länder die Verursacher (also die Hersteller großer und leistungsstarker Fahrzeuge) stärker in die Verantwortung nehmen wollten und dementsprechend einen Wert von 20 % bis 30 % bevorzugten, drängten andere Staaten, darunter auch Deutschland, auf einen Wert von 80 %, um die Wettbewerbsfähigkeit der europäischen Automobilindustrie zu erhalten (vgl. Rat der Europäischen Union, 2008a, 2008b). Auf genauere Details in dieser Streitfrage wird zu einem späteren Zeitpunkt der Untersuchung einzugehen sein.

Parallel zu den Erörterungen innerhalb des Rates beschäftigte sich auch das Europäische Parlament mit dem Kommissionsvorschlag. Allerdings wurden in Bezug auf das CO_2-Dossier aufgrund des Verfahrens der verstärkten Zusammenarbeit die Umstände erschwert. Da im Fall der CO_2-Verordnung sowohl der Umwelt- als auch der Industrieausschuss die Federführung beanspruchten, legte das Parlamentspräsidium fest, dass die beiden Ausschüsse in einem sogenannten „Verfahren der verstärkten Zusammenarbeit" gemäß Artikel 47 der Geschäftsordnung enger zusammenarbeiten sollten. Die Anweisung sah vor, dass beide Ausschüsse nur gemeinsam Entscheidungen treffen konnten, wobei der Umweltausschuss die Federführung behielt. Konkret bedeutete dies, dass Themen, über die im Industrieausschuss (ITRE) abgestimmt wurde, auf jeden Fall in das Enddokument einfließen sollten, über das dann der Umweltausschuss (ENVI) letztmalig abstimmte. Folglich war der Industrieausschuss bis zum Ende des Prozesses an den Verhandlungen beteiligt.

Verbinden mehrere kompetente Ausschüsse mit einem behandelten Thema massive Interessen, so gewährleistet dieser Umstand eine Balance zwischen den verschiedenen Politikfeldern. In der Folge führt das letztlich zu einer gewissen Flexibilität in einem tendenziell sehr unflexiblen System. Der CO_2-Prozess wurde durch diese Konstellation nicht erleichtert, verlief aber aus Sicht der Automobilindustrie vorteilhaft, da sich der Fokus nicht mehr allein auf den Umweltgedanken beschränkte.

Am 8. Mai 2008 stellte der federführende Umweltausschuss einen Berichtsentwurf vor (vgl. Europäisches Parlament 2008b). Die beteiligten Ausschüsse wurden anschließend aufgefordert, Stellungnahmen an den federführenden Umweltausschuss weiterzuleiten, um ihre Positionen im endgültigen Bericht zu berücksichtigen. Bis zu diesem Zeitpunkt war es der Automobilindustrie noch nicht gelungen, sich über die Kernelemente ihrer Lobbytätigkeit zu einigen. Die europäische Industrie war gespalten und vertrat unterschiedliche Positionen hinsichtlich ihrer Strategie und Taktik. Die größten Differenzen gab es in Bezug auf die Steigung der Lastenverteilungskurve („slope") sowie die relative Priorität von Grenzwert und Strafe. Diese Feststellung trifft allerdings nicht auf die Haltung der deutschen Industrie zu. Aufgrund gleichgelagerter Interessen vertrat diese von Anfang an eine einheitliche Position. Wegen der bereits erwähnten Unstimmigkeiten zwischen ihr und anderen Herstellern war allerdings ein effektives Lobbying über den europäischen Dachverband lange Zeit nicht möglich. Einen entscheidenden Wendepunkt in der Lobbyingtaktik brachte die gemeinsame Position der Regierungen von Deutschland und Frankreich.

Kompromiss zwischen Deutschland und Frankreich

Die CO_2-Gesetzgebung sah zunächst eine erhebliche Asymmetrie zu Lasten der deutschen Industrie vor, da diese eine überproportionale Minderung des CO_2-Ausstoßes ihrer Fahrzeuge hätte gewährleisten müssen. Insbesondere zwischen Deutschland und Frankreich lagen die Positionen deshalb in dieser Frage weit auseinander. Trotz dieser anfänglichen Diskrepanzen einigten sich Frankreich und Deutschland schließlich auf einen Kompromiss. Am 9. Juni 2008 vereinbarten Nikolas Sarkozy und Angela Merkel während ihres jährlich stattfindenden bilateralen Gipfels eine gemeinsame Position. Für das Zustandekommen des Kompromisses war entscheidend, dass beide Regierungschefs einen Abschluss des CO_2-Prozesses noch im selben Jahr erreichen wollten. Das europäische Klimapaket sollte auf jeden Fall noch vor dem Kopenhagener Umweltgipfel in die Tat umgesetzt werden. Wäre es zu keiner Einigung gekommen, hätten Merkel und Sarkozy ihre selbst formulierten Ansprüche nicht erreicht und auf internationaler Ebene einen schwachen Eindruck hinterlassen. Insbesondere Angela Merkel verfolgte als „Klimakanzlerin" das Ziel, möglichst schnell ein Klimapaket zu schnüren. Ein Misserfolg in dieser Angelegenheit hätte nicht nur ihre Reputation beschädigt, sondern auch ihre Wiederwahl gefährdet. Mit dem gleichen Problem sah sich auch Nikolas Sarkozy konfrontiert. Darüber hinaus strebte der französische Staatspräsident unter allen Umständen einen Abschluss noch während seiner Ratspräsidentschaft an, wie die Aussage eines der befragten Interviewpartner bestätigte (vgl. Int. 200410). Deshalb einigten sich Frankreich und Deutschland auf eine industriefreundliche Position und unterstützten zur Umsetzung der geforderten Emissionsziele ein gewichtsbasiertes Modell. Schwere Fahrzeuge, wie sie insbesondere im deutschen Premiumsegment vorzufinden sind, sollten demnach mehr CO_2 emittieren dürfen, müssten diese Überschreitung aber durch die entsprechende Produktion verbrauchsärmerer Modelle ausgleichen. Weiterhin einigte man sich auf eine stufenweise Einführung der Grenzwerte sowie auf reduzierte Sanktionszahlungen, sofern der Grenzwert von acht Gramm nicht überschritten würde (vgl. Joint statement by Nicolas Sarkozy and Angela Merkel on vehicle emissions; EurActiv 2008a).

Es ist offensichtlich, dass diese Vereinbarung erhebliche Vorteile für die deutsche Automobilindustrie mit sich brachte, wohingegen die französische Industrie, die tendenziell kleinere Autos produziert, davon in wesentlich geringerem Umfange profitierte. Eine an diesem Prozess beteiligte Interviewpartnerin aus dem Bundeswirtschaftsministerium begründete diesen Umstand damit, dass die Franzosen das Gesetz als Teil des Klimapakets betrachteten und deshalb an einer schnellen Lösung interessiert waren. Als Gegenleistung für die Unterstützung von deutscher Seite waren sie bereit, dem Wunsch der deutschen Industrie nach längeren Fristen und günstigeren Bedingungen entgegenzukommen (vgl. Int. 030510).

Das Europäische Parlament bewertete den Kompromiss durchaus kritisch, da zwei EU-Mitgliedsstaaten bestrebt waren, einen „Deal" auszuhandeln und diesen dann EU-weit durchzusetzen. Einige Mitgliedsstaaten fühlten sich hierbei übergangen. Ein Gesprächspartner betonte, das vor allem Italien die Befürchtung hegte, von Frankreich und Deutschland überrollt zu werden (vgl. Int. 200410). In der Geschichte der Gemeinschaft war es bereits häufiger vorgekommen, dass Frankreich und Deutschland versucht hatten, die Gemeinschaft zu lenken – wobei solche Bemühungen durch die EU-Erweiterung und die damit verbundenen Machteinbußen der großen Mitgliedsstaaten immer seltener von Erfolg gekrönt waren (vgl. Webber 1999). Im konkreten Fall übten Deutschland und Frankreich aber durchaus einen größeren Einfluss aus als bei der Erstellung anderer Dossiers, da die Automobilindustrie beider Staaten stellvertretend für die Interessengegensätze des gesamten Sektors in ganz Europa stand. Während Deutschland den Premiumsektor vertrat, standen die Franzosen stellvertretend für das Kleinwagensegment.

Der deutsch-französische Kompromiss markierte einen entscheidenden Punkt des gesamten Prozesses. Er wurde notwendig, da sich die deutschen Hersteller in der CO_2-Debatte nicht mit den anderen europäischen Interessenvertretern einigen konnten. Während insbesondere die Italiener und die Franzosen (aus wettbewerbstaktischen Gründen) für ein festgelegtes Ziel eintraten, dessen absolute Höhe für alle Fahrzeuge fixiert werden sollte, waren die Deutschen nach Aussage eines Vertreters der Automobilindustrie daran interessiert, ein System durchzusetzen, das eine Gewichtung nach Masse vornahm (vgl. Int. 070510). Dabei ging es um die Steigung der Grenzwertkurve, also um die Frage, wieviel mehr Ausstoß ein Auto aufweisen darf. Franzosen und Italiener forderten zunächst eine Steigerung von 30 %, wohingegen Deutschland 80 % für angemessen hielt. Auf Grundlage dieser Auseinandersetzung um den sogenannten „slope" einigte man sich auf 60 %, was in erster Linie auf einen politischen Kompromiss zwischen Angela Merkel und Nikolas Sarkozy zurückging. Von diesem Zeitpunkt an wurde der Gesamtprozess nicht mehr blockiert. Nachdem dieser Streit beigelegt war, fanden die Vertreter der Industrie wieder zusammen. Insbesondere in Bezug auf Strafen, Übergangsfristen und viele weitere Fragen vertrat die europäische Automobilindustrie nun wieder eine gemeinsame Position, wie ein befragter Konzernvertreter nachdrücklich betonte (vgl. Int. 070510). Diese Einschätzung teilten auch die Verbandsvertreter von VDA und ACEA (vgl. Int. 200410I; Int. 300410). Trotz der deutsch-französischen Einigung standen aber noch schwierige Verhandlungen bevor, da der Gesetzentwurf nicht nur von den Mitgliedsstaaten, sondern auch vom Europäischen Parlament angenommen werden musste.

Die französische Ratspräsidentschaft

Mit dem Antritt der Ratspräsidentschaft im Juli 2008 drängte Frankreich weiter auf weniger strenge Obergrenzen für die CO_2-Emissionen von Autos und erhöhte den Druck auf die Regierungen der EU-Mitgliedsstaaten, die umstrittenen Vorschläge abzuschwächen. Frankreich beschleunigte den Prozess vor allem auch in der Absicht, noch vor der Abstimmung im Parlamentsplenum ein Abkommen zwischen den Mitgliedsstaaten zu erzielen. Im Rahmen seiner Ratspräsidentschaft war Frankreich mit dem Mandat ausgestattet, Verhandlungen mit dem Europaparlament aufzunehmen, um die letzten Details eines Verordnungsentwurfs vorzulegen. Die Festlegung konkreter Zahlen zu den entsprechenden Themen (Strafen etc.) gestaltete sich allerdings schwierig, da die Ansichten der Mitgliedsstaaten im Rat weit auseinandergingen.

Für ähnliche Regelungen, wie sie von Deutschland und Frankreich favorisiert wurden, und damit für eine erhebliche Abschwächung des Kommissionsvorschlags, stimmte der Industrieausschuss des Europaparlaments. Im September 2008 stimmten die Ausschussmitglieder für eine herstellerfreundliche Verschiebung der Grenzwertregelung um drei Jahre und für ein maximales Bußgeld von 40 Euro pro überschüssigem Gramm CO_2. Im Gegensatz zu den im Kommissionsvorschlag ursprünglich vorgesehenen 95 Euro pro Gramm war das eine Reduzierung um mehr als die Hälfte. Darüber hinaus empfahl der Ausschuss, dass PKW, die weniger als 50 g/km emittieren, so viel wie 1,5 Autos zählen sollten, um damit den Durchschnittswert zu senken. Emissionsfreie PKW (Elektroautos) sollten bis 2015 so viel wie 3 Autos zählen. Insgesamt sprach sich der Ausschuss also für eine deutliche Entschärfung aus. Der EU-Abgeordnete Werner Langen, der für den Gesetzentwurf im Parlament zuständig war, erklärte, dass dies ein vernünftiger Kompromiss zwischen Klimapolitik und Wettbewerbsfähigkeit sei. Auch der ACEA sah die Notwendigkeit einer langen Anlaufzeit, insbesondere aufgrund der langen Entwicklungsphasen. Alles andere wäre aus Sicht des Verbandes eine erhebliche Bedrohung für die Arbeitsplätze und die Wirtschaft gewesen (vgl. Reuters 2008; EurActiv 2008b).

Umweltausschuss vs. Industrieausschuss

In Ergänzung zu dem von der Kommission eingereichten Vorschlag nahm der Umweltausschuss am 25. September 2008 den Berichtsentwurf Guido Sacconis (inkl. Ergänzungen und Änderungen) an. Die Modifikationen des Industrieausschusses, die den Herstellern mehr Flexibilität eingeräumt hätten, lehnte der Umweltausschuss jedoch entgegen allen Erwartungen kategorisch ab. Obwohl nach der Abstimmung des Industrieausschusses am 1. September 2008 im Einvernehmen mit dem Berichterstatter Guido Sacconi ein „industriefreundlicher" Kompromiss vereinbart worden war, stimmten die Abgeordneten im federführenden Umweltausschuss dennoch für die ursprünglichen, deutlich schärferen Pläne der Kommission (vgl. Europäisches Parlament 2008a; EurActiv 2008a, 2008b, 2008c).

Im Vorfeld des UN-Umwelt-Gipfels von Kopenhagen im Dezember 2009 stieg der Druck, kompromissfähige Ergebnisse zu erzielen. Frankreich nutzte seine Ratspräsidentschaft, um im Rahmen seiner Möglichkeiten die Regierungen der EU-Mitgliedsstaaten davon zu überzeugen, die umstrittenen Vorschläge doch noch abzuschwächen. Der französische Staatspräsident Sarkozy vertrat dabei eine ähnliche Position wie der Industrieausschuss, dessen Beschlüsse vom Umweltausschuss abgelehnt worden waren. Nicht zuletzt aufgrund dieses überraschenden Abstimmungsergebnisses im Umweltausschuss legte Frankreich zu diesem Zeitpunkt besonders großen Wert darauf, noch vor der Abstimmung im Parlament einen tragfähigen Konsens zwischen den Mitgliedsstaaten zu erzielen (vgl. EurActiv 2008d). Die französische Ratspräsidentschaft besaß den Ehrgeiz, das gesamte Klimapaket unter ihrer Führung abzuschließen.

Darüber hinaus betonte ein befragter Verbandsvertreter der Automobilindustrie, dass Anlass zur Eile auch aufgrund der politischen Spielregeln und der Logistik in der EU bestanden habe. Nach Frankreich sollte die europäische Ratspräsidentschaft an Slowenien übergehen. Da im Rahmen des Klimapakets nicht nur das PKW-Dossier zu erstellen war, sondern insgesamt fünf Dossiers auf der Agenda standen, sei ein „großer" Mitgliedsstaat notwendig gewesen, um ein solch umfangreiches Gesetzesvorhaben auch logistisch bewältigen zu können, so der Verbandsvertreter (vgl. Int. 290410-I). Im Gegensatz zu Slowenien verfügte Frankreich über einen effizienten Beamten- und Diplomatenapparat, der für die Vorbereitung und Umsetzung der Entscheidungen unverzichtbar war. Dass in diesem Zusammenhang Zeitdruck eine Rolle gespielt habe, bestätigte auch ein Vertreter des Parlaments. Seiner Ansicht nach bedurfte es für solch ein Projekt erheblicher logistischer und organisatorischer Fähigkeiten (vgl. Int. 290410-II).

Allgemein lässt sich festhalten, dass Frankreich – neben Deutschland, Italien und Großbritannien einer der größten Kfz-Hersteller der EU – die Regierungen der Mitgliedsstaaten dazu drängte, die Vorschläge abzuschwächen und der Industrie beim Erreichen der Umweltziele mehr Zeit und Flexibilität zuzugestehen.

Dreiergespräche als letzte Hoffnung

Bis Oktober 2008 war es den EU-Mitgliedsstaaten und -Institutionen nicht gelungen, sich auf eine gemeinsame Position zur CO_2-Frage zu einigen.

Um schließlich doch noch einen gemeinsamen Nenner zu finden, wurden die Verhandlungen in Form von „Dreiergesprächen" (Trilogen) fortgesetzt. Diese Gespräche, an denen Vertreter der französischen EU-Ratspräsidentschaft, der EU-Kommission und des Europaparlaments teilnahmen, führten letztlich dazu, dass sich die Positionen annäherten und ein Kompromiss zustande kam.

Anfang November kam es zu Verhandlungen zwischen dem Parlament und den Mitgliedsstaaten im Ministerrat. Ausgestattet mit einem Verhandlungsmandat der EU-Mitgliedsstaaten, hatte Frankreich in Rahmen seiner Ratspräsidentschaft die Verhandlungen mit dem Europaparlament aufgenommen, um die letzten Details eines Verordnungsentwurfs zu vereinbaren. Im Verlauf dieser Verhandlungen gestaltete sich die Festlegung konkreter Zahlen besonders schwierig, da die unterschiedlichen Ansichten der Mitgliedsstaaten im Rat stark von der jeweiligen nationalen Bedeutung der Kraftfahrzeugindustrie geprägt waren. Um zu verhindern, dass es im Rahmen einer zweiten Lesung zu einer weiteren Verhandlungsrunde zwischen den Institutionen kam, setzte die französische Ratspräsidentschaft sämtliche Bemühungen daran, die Annahme des Dossiers in erster Lesung zu realisieren (vgl. EurActiv 2008e). Als ein um Ausgleich bemühter Vermittler trug in dieser Phase auch die Kommission dazu bei, die Ansichten beider Institutionen einander anzunähern. Bei diesen Verhandlungen war auch Werner Langen in seiner Funktion als Stellvertreter des ITRE anwesend und stets darum bemüht, die Positionen und Interessen der deutschen Automobilindustrie in den Prozess einzubringen. Ein beteiligter Konzernvertreter betonte in diesem Zusammenhang, dass Langen einige Kompromisse mit Guido Sacconi – dieser vertrat in seiner Funktion als Berichterstatter das EU-Parlament – vorverhandelte, an die sich dieser auch gehalten habe (vgl. Int. 070510). Gegen dieses Verfahren kann der Vorwurf erhoben werden, dass es äußerst intransparent und undemokratisch ist. Da das Parlament nie über diese Angelegenheit abgestimmt hatte, repräsentierte Sacconi keineswegs das gesamte Plenum, sondern lediglich seinen Ausschuss. Um diesen Vorwurf auszuräumen, habe sich Sacconi in den Vorbereitungssitzungen sehr kooperativ gezeigt, so ein Gesprächspartner (vgl. Int. 290410-II). Vor jedem Dreiergespräch gab es solche Sitzungen, in denen sowohl die Schattenberichterstatter, die Ausschussvorsitzenden von ENVI und ITRE sowie Werner Langen als Vertreter des ITRE anwesend waren. In diesen Sitzungen wurde die gemeinsame Linie des Parlaments festgelegt, um mit einer einheitlichen Position in die Verhandlungen mit dem Rat zu treten.

Letztlich konnten die abweichenden Ansichten der Ausschüsse zu einem großen Teil in Einklang gebracht werden. Nach den einmonatigen „Dreiergesprächen" (Trilogen), in deren Verlauf die – durch die globale Wirtschaftskrise stark gebeutelte – Automobilindustrie einen massiven Druck ausgeübt hatte, wurde im Dezember 2008 schließlich zwischen dem Europäischen Ministerrat und dem EU-Parlament ein Kompromissabkommen zur Senkung der CO_2-Emissionen von Neuwagen erzielt. Somit stand einer zeitnahen Annahme des Vorschlags nichts mehr im Wege (vgl. EurActiv 2008e, 2008f).

Dieses Abkommen basierte auf einem Vorschlag Frankreichs, der eine gestaffelte Grenzwertregelung bis 2015 vorsah. Demzufolge sollte der Grenzwert von 120 g/km im Jahr 2012 für 65 % der Neufahrzeuge erreicht werden, 2013 für 75 %, 2014 für 80 % und 2015 für 100 % aller Neuzulassungen (EurActiv 2008d). Um die Automobilindustrie nicht über Gebühr zu belasten, sollte sich die verpflichtende Zielvorgabe von 120 g/km für Neuwagen bis 2015 nicht nur auf Verbesserungen der Fahrzeugtechnologie, sondern auch auf externe technologische Optimierungen beziehen. Während die Hersteller einen Emissionswert von 130 g/km nicht überschreiten durften, sollten die restlichen 10 g/km durch komplementäre Maßnahmen generiert werden. Darüber hinaus sah das Abkommen niedrigere Bußgelder vor, als ursprünglich von der Kommission veranschlagt worden waren. Die Staffelung zwischen 2012 und 2018 sollte dabei wie folgt aussehen: 5 Euro für das erste Gramm, 15 Euro für das zweite, 25 für das dritte und je 95 Euro ab dem vierten Gramm CO_2-Ausstoß. Ab 2019 sollte jedes Gramm 95 Euro kosten. Langfristig wurde in dem Kompromissabkommen eine Zielvorgabe von 95 g/km bis 2020 festgelegt (vgl. Europäisches Parlament 2008c; EurActiv vom 19. September 2007).

Das Besondere an den „Dreiergesprächen" war aus Sicht eines Akteurs, dass alle Beteiligten den politischen Willen zeigten, die Angelegenheit schnell zu einem erfolgreichen Abschluss zu bringen. Als Grund hierfür wurde der bevorstehende Umweltgipfel in Kopenhagen genannt (vgl. Int. 290410II). Diese Einschätzung teilte auch ein Vertreter der Kommission. Darüber hinaus habe Europa durch dezidierte Aktionen seine Vorreiterrolle bestätigen und der Welt zeigen wollen, dass man entsprechende Vorleistungen erbringe, um diese dann auch von anderen einfordern zu können. Andernfalls hätten die Triloge nach Ansicht der Kommission ein weiteres Jahr in Anspruch genommen (vgl. Int. 280410). Nach einer ersten Lesung des Dossiers am 3. Dezember 2008 im Parlamentsplenum wurde das Kompromissabkommen am 7. Dezember 2009 im Europaparlament mit 559 zu 98 Stimmen (bei 60 Enthaltungen) angenommen.

Ein auf diese Weise beschleunigter Prozess brachte aber auch Probleme mit sich. Die Tatsache, dass das Dossier in erster Lesung angenommen wurde, war für das Parlament nicht unbedingt erfreulich. Die rasche Entscheidung war nur möglich gewesen, weil wenige Akteure beteiligt waren. Insofern ließ sich im Parlament eine gewisse Machtverschiebung beobachten, da nur wenige Abgeordnete die Verhandlungen führten. Ein am Prozess beteiligter Vertreter von Seiten der Politik beklagte, dass die übrigen Abgeordneten zwar einen Bericht erhalten hätten, diesem aber letztendlich nur noch zustimmen konnten, ohne größere Möglichkeiten für Änderungen zu erhalten (vgl. Int. 280410).

Hinsichtlich der CO_2-Richtlinie zeigte die politische Entscheidung eine deutliche Abweichung vom Kommissionsvorschlag. Betrachtet man das, was am Ende des Prozesses von diesem Vorschlag umgesetzt wurde – nämlich die Zielsetzung einer Reduzierung der CO_2-Emissionen auf 120 g/km –, so liegt die Vermutung nahe, dass die Interessenvertreter der Automobilindustrie einen relativ starken Einfluss ausgeübt hatten. Die Vorgaben, wie und zu welchen Konditionen das angestrebte Ziel erreicht werden sollte, waren mit den Vorschlägen des ursprünglichen Entwurfs nicht mehr zu vergleichen, da nahezu alle Punkte verändert worden waren. An dieser Stelle ist besonders der „integrated approach" hervorzuheben. Der ACEA vertrat stets die Meinung, dass die EU einen ganzheitlichen Ansatz benötige, der alle Möglichkeiten zur Reduzierung der CO_2-Emissionen einbeziehe und so zu kostengünstigeren Lösungen für die Automobilindustrie führe. Die Industrie sei grundsätzlich bereit, ihren Beitrag zur Umsetzung der Ziele des Kyoto-Protokolls zu leisten. Allerdings sollten die dabei entstehenden Kosten äquivalent sein zu den Kosten anderer Industriezweige bzw. zu den Kosten der Konsumenten.

Wenn man über die Effektivität von Lobbying spricht, dann erscheint es sinnvoll, den „integrierten Ansatz" zur Reduzierung CO_2-Emissionen genauer zu betrachten. Dieser Ansatz wurde erfolgreich eingebracht und schließlich auch von der Kommission mitgetragen. Den Automobilherstellern gelang es, den ursprünglich geforderten Zielwert von 120 g/km in eine Regelung über 130 g/km (für sie) abzüglich 10 g/km (für andere Industrien) umzuwandeln. Ebenso erreichte die Industrie eine Verschiebung der Normeinführung von 2012 auf 2015, ein anteilsmäßiges Wachstum der Fahrzeugflotte sowie geringere Strafzahlungen.

Im vorliegenden Fall lässt sich nicht immer genau erkennen, wann die Staaten ein Eigeninteresse verfolgten und wo sie zu „Gehilfen" der Interessen ihrer Industrie wurden. Um der Beantwortung dieser Frage näher zu kommen, ist zu untersuchen, inwieweit die Automobilkonzerne in diesem konkreten Entscheidungsprozess tatsächlich strategisch handelten (siehe Kapitel 5.2.4).

5.2.2 Politische Gelegenheitsstruktur und Lobbying-Aktivitäten der Industrie

Basierend auf der Darstellung des Politikprozesses zur Einführung der neuen EU-weiten CO_2-Richtlinie, lassen sich die entscheidenden Phasen klar benennen, so dass es sich lohnt, diese intensiver zu untersuchen. Die folgende Darstellung gibt einen Überblick über die politische bzw. institutionelle Gelegenheitsstruktur und die Lobbyingaktivitäten der Industrie im konkreten Fall. Es geht um die Beantwortung der Frage, in welchen Phasen und mit welchen Instrumenten die Industrie ihre Zugangschancen nutzte, um ihre Positionen einzubringen und auf das Beratungsergebnis Einfluss zu nehmen.

Da die Industrie die Positionspapiere als Hauptinstrument nutzte, um im offiziellen Prozess zu intervenieren, wurden die formellen Aktivitäten der Industrie auf der Basis dieser Unterlagen nachvollzogen. Allerdings fand auch auf der informellen Ebene eine umfangreiche Einflussnahme statt. Zudem unterschieden sich die offiziellen Positionspapiere erheblich von den Unterlagen, die dem Berichterstatter und den Parlamentariern tatsächlich zur Verfügung gestellt wurden. Nach den Aussagen aller befragten Interessenvertreter waren diese Papiere weitaus detaillierter und enthielten zudem unternehmensinterne Informationen. Dies ist ein weiteres Indiz dafür, dass das eigentliche Lobbying vielfach auf informeller Ebene stattfand. Damit bestätigen sich die in der Literatur getroffenen Aussagen, wonach politische Entscheidungen vorrangig im vorpolitischen Raum der Willensbildung und des Interessenabgleichs getroffen werden (vgl. van Schendelen 1993a; Milinewitsch 2005; Knill 2008). Die Lobbyingaktivitäten auf informeller Ebene wurden – soweit möglich – mit Hilfe persönlicher Forschungsinterviews ermittelt.

Tabelle 5.2: *Chronologie der wichtigsten Lobbyingaktivitäten der Industrie auf europäischer Ebene*

Zeitraum	Akteur	Aktion
Januar – Dezember 2005	Stakeholder (Vertreter der Automobilindustrie)	CARS 21: Erarbeitung von Vorschlägen für die Gestaltung des künftigen Regelungsrahmens
Oktober 2005 – Dezember 2007	ACEA	ECCP II Working group: Erarbeitung von Empfehlungen für politische Maßnahmen im Rahmen der „Working group on the integrated approach to reduce CO$_2$-emissions from light-duty vehicles"
Oktober 2005	ACEA	ECCP II Workshop: Forderung der Automobilindustrie nach einem kosteneffizienten und industriefreundlichen Maßnahmenpaket im Rahmen des Workshop „CO$_2$ and cars"
April 2006	ACEA, VDA	Öffentliche Anhörung: Verbände bekräftigen u. a. die im CARS-21-Final-Report verabschiedeten Empfehlungen
Mai 2007	ACEA, VDA, VW	Internetkonsultation: Verbände fordern geeignete rechtliche Rahmenbedingungen
Juli 2007	ACEA	Anhörung in Ergänzung zur Onlinekonsultation: Der ACEA legt konkrete Regulierungsvorschläge für den künftigen Rechtsrahmen vor
Dezember 2007 – Dezember 2008	ACEA, VDA, Interessenvertreter von BMW, VW, Daimler	Interessenvertretung im Rat: Interessenvertreter werden bereits im Vorfeld bei den nationalen Ministerien aktiv, um die Industriepositionen in die nationalen Stellungnahmen einzubringen (siehe Kap. 4)
Dezember 2007 – Dezember 2008	ACEA, VDA, Interessenvertreter von BMW, VW, Daimler	Interessenvertretung im Parlament: intensive Nutzung der Zugangsmöglichkeiten in der Phase des „draftens"

Quelle: Eigene Darstellung

ECCP II (Arbeitsgruppe und Workshop)

Im vorliegenden Fall ist zunächst die Interessenvertretung im Rahmen des „European Climate Change Programme II" (ECCP II) relevant, da die Ergebnisse dieser Konferenz von der Europäischen Kommission genutzt wurden, um ihre Aktivitäten in der Klimapolitik weiterzuentwickeln. Hierzu hatte die Kommission mehrere Stakeholderarbeitsgruppen eingerichtet. Im Zusammenhang mit der Untersuchung ist die sogenannte „Working group on the integrated approach to reduce CO$_2$-emisions from light-duty vehicles" hervorzuheben. Diese Arbeitsgruppe bestand aus Experten der Mitgliedsstaaten, Vertretern relevanter Wirtschaftsbereiche (automotive and fuel industry), NGOs, Wissenschaftlern und Kommissionsmitarbeitern.

Die Automobilindustrie wurde dabei vom ACEA vertreten. Die Aufgabe der Gruppe bestand darin, Empfehlungen für die Politik zu erarbeiten, um die Kommission bei der Entwicklung und Vorlage neuer politischer Konzepte und Maßnahmen zu unterstützen (vgl. ec.europa.eu/environment/climat/stake_conf.htm). Insbesondere bei der Entwicklung der von der EU verfolgten Strategie zur Minderung der CO_2-Emissionen von PKW und leichten Nutzfahrzeugen wurde die Kommission von dieser Arbeitsgruppe unterstützt. Während der insgesamt fünf Sitzungen der Arbeitsgruppe reichte der europäische Dachverband der Automobilindustrie zwei sogenannte „Feedbacks" für industriefreundliche Lösungen ein. Darüber hinaus gab der ACEA nach der letzten Sitzung dieser Arbeitsgruppe eine zusätzliche Stellungnahme ab, um auf die Anmerkungen der „industriekritischen" Teilnehmer zu reagieren und um den eigenen Standpunkt nochmals zu verteidigen. Mit diesen Stellungnahmen bekräftigte der ACEA seinen Willen, nachhaltig zur Reduzierung der CO_2-Emissionen beizutragen. Um dieses Ziel möglichst kosteneffizient zu erreichen, stellte der europäische Dachverband erstmals einen integrierten Ansatz anstelle des ausschließlich technisch fokussierten Ansatzes vor. Dieser Ansatz sah vor, dass nicht nur die Fahrzeugtechnologie einen Beitrag zur Reduzierung der CO_2-Emissionen leisten sollte, sondern bezog auch andere Faktoren ein. Unter anderem sollten die Infrastruktur, das Fahrverhalten und „biofuels" einfließen (vgl. ACEA 2006b, 2006c, 2006d). Allerdings lag genau darin das Problem des integrierten Ansatzes. Es stellte sich die Frage, was in einem solchen Fall in der Zuständigkeit der EU läge und was – gemäß dem Subsidiaritätsprinzip – von den Mitgliedsstaaten getragen werden müsste. Falls auch das Fahrverhalten, wie im Ansatz vorgesehen, eine Rolle spielen sollte, dann müsste dieses Verhalten über die Gesetzgebung oder sonstige Maßnahmen in den Mitgliedsstaaten beeinflusst werden. Die mit solchen Maßnahmen verbundenen erheblichen Kosten, die man – wenig populär – auf die Bürger hätte umlegen müssen, veranlassten die Mitgliedsstaaten dazu, entsprechende Vorschriften von Seiten der Kommission abzulehnen. Nach Aussage eines Vertreters des ACEA versuchten die Mitgliedsstaaten daher zunächst, den Fokus auf die Fahrzeugtechnologie zu lenken, um sich selbst aus der Verantwortung zu nehmen. Ein für die Industrie effizienter Ansatz würde aus Sicht des Verbandsvertreters jedoch voraussetzen, alles, was zur CO_2-Reduzierung beitragen kann, in die Gesetzgebung einzubeziehen und so zu strukturieren, dass man den kosteneffizientesten Ansatz auswählen kann (vgl. Int. 300410).

Im Rahmen der zweiten ECCP-Konferenz fand ein Workshop mit dem Titel „CO$_2$ and cars" statt, dessen Ergebnisse gleichfalls von der Kommission berücksichtigt wurden (vgl. Europäische Kommission 2006a). Auch in diesem Workshop wurde die Automobilindustrie durch den ACEA vertreten. Wie bereits in der ECCP-Arbeitsgruppe wurde im Rahmen des Workshops nochmals nachdrücklich der integrierte Ansatz befürwortet. In diesem Zusammenhang präsentierte der ACEA die Forderung der Automobilindustrie, Maßnahmen zu ermitteln, die sich gegenseitig ergänzten und es erlaubten, die daraus resultierenden Möglichkeiten einzuschätzen. Die Argumentation der Industrie ging davon aus, dass man auf dieser Grundlage ein kosteneffektives und somit industriefreundliches Maßnahmenpaket entwickeln könne (vgl. Europäische Kommission 2005k).

CARS 21

Eine weitere Zugangsmöglichkeit für die Industrie war CARS 21 (Competitive Automotive Regulatory System for the 21st century). CARS 21 stellte im Prinzip einen Ansatz der „better regulation" zwischen Europäischem Rat, Europaparlament, der Industrie und der EU-Kommission dar. In dem Gremium waren alle Gruppen vertreten, die sich mit dem Gesetzgebungsprozess befassten und hier ihre Empfehlungen abgaben. Die dort generierten Informationen wurden von der Kommission verarbeitet und flossen ebenfalls in den Prozess ein. Die CARS-21-Expertengruppe unter dem Vorsitz Günter Verheugens, des damaligen Industriekommissars und Vizepräsidenten der EU-Kommission, setzte sich aus 22 Vertretern der wichtigsten Interessengruppen zusammen. Darunter befanden sich namhafte Vertreter der Automobilindustrie, Mitglieder des Parlaments, Kommissionsmitglieder und Vertreter der Mitgliedsstaaten. Ihre Aufgabe war es, ausschlaggebende Faktoren für die Wettbewerbsfähigkeit der europäischen Automobilindustrie zu identifizieren, und darauf aufbauend Empfehlungen zu Steigerung der Wettbewerbsfähigkeit auszuarbeiten. In diesem Zusammenhang ging es auch um die Frage, welche Rolle die Umweltpolitik und die CO$_2$-Emissionen bei der Ausarbeitung eines integrierten Regelungsrahmens für den Automobilsektor spielten (vgl. Deutscher Bundestag 2005). Um entsprechende Vorschläge für die Kommission zu erarbeiten, hielt die Gruppe CARS 21 im Jahr 2005 mehrere Sitzungen ab.

Über den europäischen Dachverband war auch die deutsche Industrie in diesem Gremium vertreten, wobei an dieser Stelle zu erwähnen ist, dass der damaligen Verbandspräsident und VW-Chef, Bernd Pischetsrieder, den ACEA repräsentierte. Die Ergebnisse dieser Expertengruppe wurden der Kommission am 12. Dezember 2005 in Form eines Schlussberichts vorgelegt. Dieser Bericht spiegelte vor allem die Meinung der Industrie wider und stellte u. a. eine Strategie zur Steigerung der Wettbewerbsfähigkeit der europäischen Automobilindustrie vor. Insgesamt enthielt der „Final Report" 18 Empfehlungen zur Sicherung und Verbesserung des Automobilstandortes Europa sowie Grundsätze für eine effektive Rechtssetzung im Automobilbereich. Das zentrale Element des Berichts stellte jedoch die Empfehlung dar, bei der CO_2-Gesetzgebung einen integrierten Ansatz zu verfolgen (vgl. Europäische Kommission, 2005b).

Allerdings erwiesen sich die Erwartungen der Industrie an dieses Gremium als zu hoch. Nach Aussage mehrerer Industrievertreter sei man zunächst der Überzeugung gewesen, man könne auf diesem Wege die Gesetzgebungsagenda der EU-Kommission bestimmen. Andreas Dür (2008) betont in diesem Zusammenhang, dass Wissen und Informationen entscheidende Ressourcen für den Zugang von Interessengruppen darstellen. Letztere verfügten demnach häufig über detailliertere technische Informationen, die die Politik aufgrund ihrer Komplexität gar nicht selbstständig generieren könne. So trage die externe Expertise zur Arbeitserleichterung der Entscheidungsträger bei und sei gleichzeitig eine Chance, auf den politischen Entscheidungsprozess Einfluss zu nehmen (vgl. Dür 2008: 1214). Insgesamt setzte man die Empfehlungen dieser hochrangigen Gruppe nur zum geringen Teil um. Gerade das Thema des „integrated approach" wurde nur in Ansätzen berücksichtigt. Während die Punkte „Infrastruktur" und „Fahrer" aus der Gesetzgebung ausgeblendet wurden, fanden lediglich die Punkte „biofuels" und „technische Maßnahmen" Beachtung. Es bestätigte sich also die These von Irina Michalowitz (2007), die in ihrer Untersuchung zu dem Ergebnis kommt, dass Unternehmen vor allem einen „technischen Einfluss" ausüben können. Darüber hinaus hält sie es für äußerst unwahrscheinlich, dass Interessengruppen tatsächlich dazu in der Lage seien, die Vorschläge der Kommission im Kern zu verändern. Die in der vorliegenden Fallstudie befragten Lobbyisten beklagten, dass dieses Forum für die Industrie nur bedingt hilfreich und zufriedenstellend gewesen sei, da der „integrated approach" nicht so aufgenommen worden sei wie vereinbart. CARS 21 habe nicht dazu geführt, dass die vereinbarten Positionen und Anliegen umgesetzt wurden. Zwar habe ein Papier vorgelegen, auf das man sich berufen konnte, die praktische Wirkung sei aber gering gewesen (vgl. Int. 290410-I; Int. 070510; Int. 200410).

Öffentliche Anhörung im April 2006 (basierend auf dem CARS-21-Final-Report)

Eine weitere Gelegenheit, sich in den Prozess einzubringen, ergab sich für die Industrie im Rahmen einer öffentlichen Anhörung zu dem eben erwähnten Schlussbericht der Gruppe CARS 21. Zwar erarbeitete die Kommission zu diesem Zeitpunkt bereits eine Mitteilung an das Parlament und den Rat bezüglich eines wettbewerbskompatiblen Kfz-Regelungssystems, die u. a. auf den CARS-21-Schlussbericht aufbaute. Sie beabsichtigte aber, nochmals die Fachwelt konsultieren, um ihre weiteren Entscheidungen auf einer möglichst breiten Basis von Meinungsäußerungen zu treffen. Wie bei allen vorangegangenen formellen Zugangsmöglichkeiten ließen sich die Unternehmen auch bei dieser Anhörung durch ihre Verbände vertreten. Sowohl der deutsche VDA als auch der europäischen Dachverband ACEA lieferten Beiträge und bekräftigten in ihren Stellungnahmen nochmals nachdrücklich ihre volle Unterstützung für die im CARS-21-Schlussbericht verabschiedeten Empfehlungen. Gleichzeitig betonten sie die Notwendigkeit, diese Empfehlungen – allem voran den integrierten Ansatz – auch tatsächlich in das Gesetz zu implementieren, damit die europäische Automobilindustrie auch zukünftig wettbewerbsfähig bleibe. Insgesamt sollten die Institutionen den Abschlussbericht als eine Art Leitfaden für Gesetzgebungen im Automobilsektor betrachten. Nur wenn die Empfehlungen in vollem Umfange berücksichtigt würden, könne die Industrie auch weiterhin Investitionen tätigen, Innovationen fördern und Arbeitsplätze schaffen (vgl. ACEA 2006e; VDA 2006). Auch Belgien und Großbritannien beteiligten sich an der Konsultation und begrüßten in eigenen Stellungnahmen die Ergebnisse des CARS-21-Schlussberichts. Gleichzeitig forderten sie, diese bei der Entwicklung der Gesetzgebung zu berücksichtigen und gegebenenfalls zu implementieren (vgl. Europäische Kommission 2006c, 2006d).

*Zugangsmöglichkeiten und Aktivitäten nach der Mitteilung vom
7. Februar 2007*

Nach den öffentlichen Konsultationen, die durch die Tätigkeit der ECCP-Arbeitsgruppe und des Workshops ergänzt wurden, veröffentlichte die Europäische Kommission am 7. Februar 2007 eine Mitteilung, die auch die Ergebnisse der CARS-21-Gruppe berücksichtigte. Im Anschluss an diese Veröffentlichung wurden weitere Konsultationen durchgeführt, um mögliche Regelungskonzepte für die CO_2-Reduzierung zu untersuchen.

Internetkonsultation am 5. Mai 2007

Um zusätzliche Möglichkeiten einer Gestaltung des Rechtsrahmens zu eruieren, wurden unter Berücksichtigung wirtschaftlicher, sozialer und ökologischer Aspekte weitere Stellungnahmen zur Durchführung der von der Kommission vorgeschlagenen Strategie gesammelt. Während der Internetkonsultation hatten alle interessierten Kreise und Organisationen sowie die Öffentlichkeit die Gelegenheit, ihre Beiträge und Ideen vorzustellen. Die politischen Anliegen der europäischen Automobilindustrie wurden abermals durch den ACEA vertreten. In Ergänzung dazu gaben auch die nationalen Verbände aus Spanien (ANFAC), Großbritannien (SMMT), Deutschland (VDA) und den Niederlanden (RAI) ihre Stellungnahmen ab. Darüber hinaus beteiligte sich die Volkswagen Group UK an der Konsultation. Die große Beteiligung der nationalen Verbände verdeutlicht, dass die Automobilindustrie nach der Veröffentlichung der Kommissionsmitteilung wesentlich massiver in Erscheinung trat als zuvor. Da sich die Positionen der Verbände nicht wesentlich voneinander unterschieden, können stellvertretend für alle Stellungnahmen folgende Eckpunkte der Positionen festgehalten werden:

Geeignete rechtliche Rahmenbedingungen waren aus Sicht der Verbände von zentraler Bedeutung, um die internationale Wettbewerbsfähigkeit der Automobilhersteller wie auch ihrer Zulieferer zu erhalten. Dabei wurde hervorgehoben, dass nicht nur die Automobile produzierenden Länder, sondern der gesamte europäische Wirtschaftsraum von einer wettbewerbs- und innovationsfreundlichen Lösung profitiere. Als Beispiel nannte der VDA einen mit dem Technologietransfer einhergehenden Wertschöpfungszuwachs, der zu einer schnelleren und effizienteren Integration neuer EU-Mitgliedsstaaten beitrage, in denen Produktionsstätten der Fahrzeug-

hersteller und ihrer Zulieferer entstünden (vgl. VDA 2007). Was die Vorstellungen der deutschen Automobilhersteller bezüglich eines künftigen
regulatorischen Rahmens für die Reduzierung von CO_2-Emissionen bei
PKW angeht, vertraten diese – nach einer eingehenden Diskussion innerhalb des VDA und des ACEA – folgende gemeinsame Verbandsposition:
Zum einen plädierte die deutsche Automobilindustrie für eine ausreichende Vorlaufzeit, die die Produktentwicklungszyklen berücksichtige, und
sprach sich für eine obligatorische Gesetzesfolgenabschätzung aus, bei der
die Industrie umfassend einzubeziehen sei. Des Weiteren wandte sich die
deutsche Automobilindustrie gegen ein einheitliches Flottenziel, da hierbei unterschiedliche Faktoren, wie unterschiedliche Nutzungsanforderun-
gen oder technische Zusammenhänge, unberücksichtigt blieben. Stattdessen forderte die Industrie einen differenzierten, gewichtsbasierten Ansatz,
um eine unterschiedliche Behandlung der Fahrzeugklassen und eine daraus resultierende Wettbewerbsverzerrung auszuschließen (vgl. VDA
2007). In der Stellungnahme, die der VDA im Rahmen der Internetkonsultation der Europäischen Kommission veröffentlichte, wies der Verband
nochmals deutlich darauf hin, dass er dazu bereit sei, die Inhalte dieser
Stellungnahme in einem Gespräch mit allen interessierten Akteuren, insbesondere der EU-Kommission, zu diskutieren.

Anhörung (in Ergänzung zur Onlinekonsultation)

In Ergänzung zu der oben erläuterten Internetkonsultation fand am 11. Juli
2007 eine Anhörung statt, bei der alle relevanten Stakeholder (Vertreter
des Automobilsektors, NGOs, Vertreter der Verbraucherorganisationen)
ihre Einschätzung zur Umsetzung der vorgeschlagenen Strategie äußerten
(vgl. Europäische Kommission 2007f). Teilnehmer der Anhörung, die unter dem Vorsitz von Catherine Day (GS der Kommission), Peter Carl Mor-
gens (Generaldirektor der GD Umwelt) und Heinz Zourek (Generaldirektor der GD Unternehmen) stattfand, war unter anderen Ivan Hodac in seiner damaligen Funktion als Generalsekretär des ACEA. Wie bereits in der
letzten Anhörungen war es ein zentrales Anliegen des ACEA, das Ziel von
120 g/km im Rahmen eines integrierten Ansatzes zu realisieren. Dabei
sollten infrastrukturelle Maßnahmen, alternative Treibstoffe sowie „treib-
stoffschonendes" Fahren als ergänzende Faktoren in den Ansatz integriert
werden. Im Rahmen der Anhörung präsentierte der ACEA die zentralen
Anliegen der europäischen Automobilindustrie und legte konkrete Regu-

lierungsvorschläge für den künftigen Rechtsrahmen vor. Das Ziel von 120 g/km, so der ACEA, werde von allen Unternehmen unterstützt, sofern ein integrierter Ansatz die Grundlage dafür bilde. Die Umsetzung des Ziels bis 2012 sei jedoch unrealistisch, vielmehr seien die Vorgaben frühestens bis 2015 zu erfüllen. Darüber hinaus hielten die Hersteller das Fahrzeuggewicht für den geeignetsten Parameter (vgl. Europäische Kommission 2007i).

Vor allem in der dem Kommissionsvorschlag vorausgehenden Vorbereitungsphase konzentrierte sich die Lobbytätigkeit in erster Linie auf die Kommission. Die bisherige Untersuchung hat gezeigt, dass es im Vorfeld des Kommissionsvorschlages eine ganze Reihe von Plattformen und Gremien gab, die für die Automobilindustrie relevant waren. In die Konsultationen, Beratungen und Anhörungen, die ein Teil des offiziellen Konsultationsprozesses waren, brachten sowohl Unternehmen als auch Verbände ihre Positionen ein. Nach der Annahme des Vorschlags im Dezember 2007 lag der Fokus der Interessenvertreter allerdings auf dem Rat und dem Parlament, da diese nun alle weiteren maßgeblichen Entscheidungen zu treffen hatten. Folgerichtig nutzten die Lobbyisten von nun an vorzugsweise ihre direkten Kontakte zum Parlament. Der Zugang zu den Vertretern der Mitgliedsstaaten führte in erster Linie über deren Hauptstädte.

Interessenvertretung im Rat

Um die eigenen Interessen im Europäischen Rat zu vertreten, führte der Weg zunächst über nationale Ministerien, die fachlich zuständig waren. Im konkreten Fall handelte es sich also um das Umwelt- und das Wirtschaftsministerium. Bereits zu einem früheren Zeitpunkt – nachdem bekannt wurde, dass ein Kommissionsvorschlag in Vorbereitung war – bezogen sowohl die Interessenvertreter der deutschen Unternehmen als auch der VDA konkret Position und stellten den Ministerien detaillierte Informationen zur Verfügung. Nach Aussage der Leiterin des Referats Automobilindustrie im Bundeswirtschaftsministerium war es das Ziel dieser Vorgehensweise, die Interessen der Industrie in die nationalen Stellungnahmen einzubringen (vgl. Int. 030510). Hier bestätigen sich einige Thesen aus der politikwissenschaftlichen Forschung, wonach Unternehmen bei ihrem Bemühen um Einflussnahme den Weg über die Verbände mit direkten Lobbyingmaßnahmen kombinieren (vgl. Coen 1996, 1997; Bennett 1999; Woll 2006b). Bei der CO_2-Richtlinie vertrat das Bundeswirtschaftsministerium in einigen gravierenden Punkten eine Position, die deutlich von der des Umweltministeriums abwich – hier zeigt sich also eine Parallele zur Debatte auf europäischer Ebene. Die genannte Referatsleiterin wies darauf hin, dass man das Kanzleramt hinzugezogen habe, da in zentralen Punkten auf Fachebene keine Einigung erzielt worden sei. In der Folge sei es zu einem Gespräch zwischen dem Chef des Bundeskanzleramts, damals Thomas de Maizière, Umweltminister Sigmar Gabriel und – in Vertretung für den Wirtschaftsminister – dem Staatssekretär des Wirtschaftsministeriums gekommen. Dieses Gespräch habe einen bemerkenswerten Verlauf genommen. Entgegen der bisherigen Argumentationslinie des Umweltministeriums habe Umweltminister Gabriel in dieser Runde unerwartet eine industriefreundliche Position vertreten. Da Gabriel aus Hannover kommt und daher enge Kontakte zum Volkswagen-Konzern habe, hätten im Vorfeld dieses Treffens intensive Gespräche mit VW stattgefunden, woraufhin Gabriel seine Position geändert habe (vgl. Int. 030510). Nicht zuletzt infolge der Interventionen von Seiten der Industrie entschloss man sich letztlich dazu, den VDA-Ansatz zu unterstützen. Die Gesprächsteilnehmer entschlossen sich, einen Ansatz zu vertreten, der insbesondere auch für die Hersteller aus dem Premiumsegment tragbar war. Als später der Kommissionsvorschlag in den Brüsseler Ratsarbeitsgruppen zur Verhandlung kam, wurde die deutsche Position in den europäischen Entscheidungsprozess eingebracht.

Interessenvertretung im Parlament

Darüber hinaus versuchten die verschiedenen Interessengruppen im Rahmen der Beratungen des Europäischen Parlaments Einfluss auf den Meinungsbildungsprozess zu nehmen – wenn nicht formell, dann zumindest informell. Pieter Bouwen (2002) entwickelt in diesem Zusammenhang die Hypothese, dass EU-Verbände über den bestmöglichen Zugang zum Europäischen Parlament verfügen. Im Vergleich dazu hätten die nationalen Verbände einen weniger guten Zugang zum Parlament. Den Großunternehmen räumt Bouwen die schlechtesten Möglichkeiten ein. Ihnen stünden die wenigsten Gelegenheiten für einen Zugang zum Europäischen Parlament zur Verfügung. Im Rahmen der vorliegenden Untersuchung zeigte es sich jedoch wiederholt, dass vor allem die Unternehmen den direkten Kontakt zum Parlament suchten. Offenbar hängt die von den Unternehmen getroffene Wahl der Einflusskanäle von vielfältigen Faktoren ab. Ein

Schlüsselfaktor für direkte Lobbyingaktivitäten in Brüssel ist sicherlich die Größe eines Unternehmens (vgl. Bennett 1999). Im untersuchten Fall richtete sich das Augenmerk stets auf die Mehrheitsverhältnisse im Parlament. Um hier Einfluss zu nehmen, habe sich die Industrie darum bemüht, u. a. die Fraktionschefs im Parlament von ihrer Position zu überzeugen, so ein Konzernvertreter (vgl. Int. 200410). Allerdings können Fraktionsvorsitzende den Abgeordneten ihre Stellungnahme zu politischen Fragen nicht diktieren, sondern sich lediglich um eine Beeinflussung bemühen. Eine einzelne Person kann im Parlament grundsätzlich wenig bewirken. Für die Lobbyisten ist es also entscheidend, eine ausreichende Zahl von Parlamentariern zu überzeugen. Nur so können sie die Mehrheitsposition beeinflussen. Somit gilt der Grundsatz, dass Lobbyisten bei Meinungsverschiedenheiten im Plenum stets Politiker innerhalb des Parlaments aktivieren müssen.

Für die Akteure ist die EU-Politik jedoch nur schwer durchschaubar und kaum berechenbar. So spiegelte beispielsweise das Abstimmungsergebnis im Unweltausschuss nicht wider, was zuvor vereinbart worden war. An dieser Stelle zeigt sich deutlich, dass die sogenannte „Macht der Lobbyisten" in der Realität nicht immer wirksam wird. Ein Konzernvertreter wies im speziellen Fall darauf hin, dass die Industrielobbyisten schließlich versucht hätten, eine Mehrheit innerhalb des Parlaments gegen den Umweltausschuss zu organisieren. Dabei habe man darauf gesetzt, dass am Ende alle Abgeordneten abstimmten und möglicherweise die Entscheidungen eines Ausschusses durch eine Parlamentsmehrheit aushebelten (vgl. Int. 070510).

Natürlich waren die Lobbyisten nicht die direkten Verhandlungspartner der Abgeordneten, vielmehr verhandelten die Abgeordneten untereinander. Dennoch bemühte man sich um eine Einflussnahme, die letztlich aber nicht zu dem von der Industrie gewünschten Ergebnis führte. Diese Feststellung unterstützt wiederum die Annahmen von Gerald Schneider und Konstantin Baltz (2003), die in ihrer Untersuchung zu dem Ergebnis kommen, dass Interessenvertreter weitgehend unfähig sind, die Ergebnisse der EU-Politik zu beeinflussen. Im vorliegenden Fall konnte man zwar gewisse Erleichterungen durchsetzen, im Gegenzug wurden jedoch starke Belastungen für den Automobilsektor beschlossen. Der Preis für das „phase-in" beispielsweise waren das langfristige Ziel von 95 g/km bis 2020 sowie die in den Augen der Industrie extrem hohen Strafzahlungen von 95 Euro/g. Die Agenda des Umweltausschusses führte unvermeidbar zur Forderung nach anspruchsvolleren Gesetzen, wohingegen der Industrieausschuss industriefreundliche Gesetze favorisierte. Diese unterschiedliche Gewichtung führte nach Überzeugung eines Gesprächspartners aus der Industrie schließlich dazu, dass ein Kompromiss zwischen beiden Extrempositionen erzielt werden musste und letztlich auch erzielt wurde (vgl. Int. 070510).

5.2.3 Organisations- und Strategiefähigkeit der Industrie

Um belastbare Aussagen über die Organisations- und Strategiefähigkeit der Automobilindustrie treffen zu können, werden im Folgenden die Kriterien aus Punkt 1.4 zugrunde gelegt. Ausgehend von den bisherigen Darstellungen aus Punkt 5.2.2 und 5.2.3 sowie den geführten Forschungsinterviews, wird in diesem Zusammenhang geprüft, ob und inwieweit diese Kriterien für den konkreten Fall zutreffen oder nicht.

Proaktivität

Inwieweit die Industrie in diesem Fall proaktiv handelte, ist schwer einzuschätzen, da sich die CO_2-Diskussion über mehrere Jahre hinzog. Grundsätzlich war die Industrie zu jeder Zeit aktiv, allerdings in unterschiedlicher Intensität. Wie die Darstellung des Politikprozesses gezeigt hat, standen am Beginn der Entwicklung die Zielvorstellungen, die in den 90er Jahren über den Umweltrat formuliert worden waren. In der Folge erarbeitete die Kommission eine allgemeine Strategie zur Reduzierung des CO_2-Ausstoßes von PKW, woraufhin es zu dem besagten Gesetzgebungsvorschlag kam. Sollte die Industrie die Absicht gehabt haben, das Gesetz grundsätzlich zu verhindern, dann führten entsprechende Aktivitäten offenbar nicht zum Erfolg. Der Zeitpunkt für eine frühzeitige Intervention hinsichtlich der CO_2-Gesetzgebung wurde verpasst. Im Verlauf der geführten Interviews räumten Industrievertreter in diesem Punkt fundamentale Fehler ein. Man habe sich viel zu spät positioniert und habe trotz guter Kenntnisse der EU-Kompromisskultur zu wenig proaktiv gehandelt (vgl. Int. 070510; Int. 200410; Int. 290410-I). Diese Aussage deckt sich mit der Feststellung von Andrew McLaughlin, Grant Jordan und William A. Maloney (1993), wonach die sich in Brüssel bietenden Chancen von der Wirtschaft häufig zu spät erkannt werden.

Im Falle einer proaktiven Vorgehensweise hätte die Industrie bereits 1995 intervenieren müssen, als der Wert von 120 g/km in der Mitteilung der Kommission festgeschrieben wurde. Zu diesem Zeitpunkt erfolgte jedoch keine Reaktion von Seiten der Industrie. Ein Konzernlobbyist von Daimler räumte ein, die Unternehmen hätten nicht versucht zu verhindern, dass die Zahl so absolut in den Raum gestellt wurde. Auch der Industrieverband ACEA sei von sich aus nicht aktiv geworden (vgl. Int. 070510). Letzteres ist u. a. auch darauf zurückzuführen, dass es aufgrund der unterschiedlichen Belastungen der europäischen Hersteller nahezu unmöglich war, zu einer einheitlichen Position der Industrie zu gelangen. Spätestens nach der Zustimmung von Parlament und Rat stand der Wert von 120 g/km fest.

Die Industrie versuchte daraufhin zunächst, mit Hilfe einer freiwilligen Selbstverpflichtung noch im laufenden Prozess das „Heft in die Hand" zu bekommen. Alle weiteren Vorschläge wurden kategorisch abgelehnt. Ein Konzernlobbyist beschrieb die Haltung deutscher Unternehmen als wenig kompromissbereit und bezeichnete dieses Vorgehen aus heutiger Sicht als in höchstem Maße unprofessionell. Das Motto der deutschen Unternehmen habe damals gelautet: „Das wollen wir nicht, das brauchen wir nicht! Wir haben die freiwillige Selbstverpflichtung und das reicht!" (vgl. Int. 070510). Ein solches Instrument kann aber nur dann Wirkung zeigen, wenn die eingegangenen Verpflichtungen gehalten werden. Geschieht dies nicht, so ist es wirkungslos. Fast alle Unternehmen verließen sich nach Einschätzung des Industrievertreters darauf, dass der Verband die Gesetzgebung verhindern könne. Das habe dazu geführt, dass man zu lange zögerte, die Selbstverpflichtung zu erneuern – nicht zuletzt in der Erwartung, die Diskussion würde ohnehin abflauen (vgl. Int. 070510). Dabei unterschätzte die Industrie, welchen Stellenwert das Umweltthema inzwischen in den Augen der Gesellschaft besaß. Man hatte sich zu einseitig auf die Technik konzentriert und den gesellschaftliche Prozess des Umdenkens schlichtweg übersehen. Noch bis 2007 betonte die Industrie, diese Selbstverpflichtung einhalten zu können, obwohl bereits allgemein bekannt war, dass das Konzept nicht aufging. Nachdem die Industrie die gesteckten Ziele nicht erreichen konnte, verlor sie die Kontrolle über den Meinungsbildungs- und Entscheidungsprozess. Nach Überzeugung einiger Lobbyisten wäre möglicherweise eine derart scharfe Gesetzgebung verhindert worden, wenn man die Selbstverpflichtung eingehalten hätte (vgl. Int. 070510; Int. 300410).

In diesem Zusammenhang betonte der VDA-Vertreter in Brüssel, dass sein Verband intern bereits zu einem frühen Zeitpunkt darauf gedrängt habe, die Debatte ernst zu nehmen. Er habe sich mit diesem Anliegen aber nicht durchgesetzt. Für den VDA sei es darüber hinaus ein Problem, dass die deutschen Automobilkonzerne gleichzeitig Mitglieder des ACEA seien. Somit habe man ohne eine Positionierung des ACEA – zumindest auf Brüsseler Ebene – kein effektives Lobbying betreiben können (vgl. Int. 290410-I). Bereits Robert J. Bennett (1999: 151) weist darauf hin, dass die Effektivität eines Verbandes von der gemeinsamen Interessenlage der Unternehmen abhänge.

Die befragten Lobbyisten waren sich weitestgehend einig darüber, dass man die Nichteinhaltung der freiwilligen Selbstverpflichtung früher hätte offenlegen müssen. Als Begründung nannten sie das Bedürfnis nach mehr Sicherheit, größeren Autos und mehr Komfort, das einer Erfüllung der Vorgaben widersprochen habe. Nach dieser Einschätzung müssten sich mit den vom Markt gehegten Erwartungen auch die CO_2-Emissionen verändern (vgl. Int. 200410; Int. 290410-I; Int. 070510).

Da diese Kommunikation seitens der Automobilindustrie aber zu spät begonnen hatte, war das Zustandekommen eines gesetzgeberischen Lösungsansatzes für die Industrie nicht mehr aufzuhalten, zumal die Kommission mehrfach geäußert hatte, dass sie dem Instrument einer freiwilligen Selbstverpflichtung sehr skeptisch gegenüberstehe. Dementsprechend zeigten sich einige Interessenvertreter davon überzeugt, dass die Kommission diesen Vorschlag ohnehin schon „in der Schublade" bzw. von langer Hand vorbereitet hatte (vgl. Int. 200410; Int. 070510).

Nutzung der Zugangschancen

Rainer Eising (2007) definiert Zugang als die Häufigkeit von Kontakten zwischen Interessenorganisationen und politischen Institutionen. Diese Kontakte reichen von informellen bilateralen Treffen mit Beamten und Politikern bis hin zu institutionalisierten Komitees. Für Unternehmen und deren Verbände müsse ein steter Zugang angestrebt werden, da sie niemals sicher sein könnten, dass die Institutionen ihren Interessen Vorrang einräumen. Man versichere sich auf diese Weise der Aufmerksamkeit und der Unterstützung durch die Politik, damit die Einflussnahme der Interessengruppen nicht zu kurz komme (vgl. Eising 2007b: 331f.) Wie die Darstellung der Gelegenheitsstruktur und der Lobbyingaktivitäten in Punkt 5.2.3 gezeigt hat, wurden die Zugangschancen nach ersten Anlaufschwierigkeiten von der Industrie intensiv genutzt, indem sie sehr systematisch und flächendeckend die politische Landschaft auf nationaler und europäischer

Ebene konsultierte. Obgleich man zu Beginn des CO_2-Prozesses versäumte, sich rechtzeitig zu positionieren, war die Industrie im späteren Verlauf ausdauernd präsent und aktiv.

Neben den offiziellen Konsultationsprozessen haben sich die verschiedenen Interessengruppen jedoch auch auf informeller Ebene bemüht, Einfluss auf die Entscheidungsträger zu nehmen. Allerdings fällt es schwer, die formelle von der informellen Ebene zu trennen, da beide ineinander übergehen. In diesem Zusammenhang ist auch die Definition von „formell" und „informell" entscheidend. Versteht man öffentliche Veranstaltungen, wie Anhörungen, Konsultationen und Ausschusssitzungen, als formell, dann wird klar, dass der informelle Weg – beispielsweise über bilaterale Gespräche im Rahmen der Beratungen in parlamentarischen Ausschüssen –erfolgversprechender ist. Die befragten Akteure waren sich darüber einig, dass der informellen Ebene eine entscheidende Bedeutung zukomme. Laut Aussage aller beteiligten Akteure gab es in diesem Zusammenhang eine massive Präsenz der Unternehmen und Verbände auf nationaler und europäischer Ebene. Um in den Politikprozess zu intervenieren, würden dabei regelmäßig alle Möglichkeiten der Kommunikation genutzt. Neben einem regen Austausch von Positionspapieren, Telefonaten und E-Mails seien in erster Linie die bilateralen Gespräche ausschlaggebend. Solche Gespräche seien Bestandteil des üblichen Prozesses. Ein Konzernvertreter betonte, dass sie allerdings nur dann von Nutzen seien, wenn auch ein Vertrauensverhältnis bestehe (vgl. Int. 070510). Berücksichtigt man die Aussagen der Adressaten (Ministerien, Kommission, Parlament) wie auch die Aussagen der Lobbyisten, so ist es den Industrievertretern in beiden Fällen gelungen, besondere Vertrauensverhältnisse aufzubauen. Darüber hinaus nutze die Industrie viele weitere Möglichkeiten, um auf informeller Ebene zu intervenieren. Besonders gute Zugangsmöglichkeiten hatten die Lobbyisten in der Phase des „draftens", also in der Zeit, in der ein Berichterstatter bzw. ein Verfasser der Stellungnahme seinen Bericht oder seine Stellungnahme formuliert. Im vorliegenden Fall hätten die Interessenvertreter in vielen Gesprächen und Papieren ihre Positionen dargelegt und den jeweils verantwortlichen Abgeordneten aufgezeigt, wo die Probleme liegen könnten (vgl. Int. 290410-II). Demnach war es das Ziel der Lobbyisten, die Abgeordneten von ihrer Position zu überzeugen, damit diese Eingang in den Bericht oder in die Stellungnahme fände.

Nachdem der Umweltausschuss den Bericht besprochen hatte, wurde eine Frist für Änderungsanträge festgesetzt. Bis dahin konnten die Abgeordneten, die in einem der beteiligten Ausschüsse saßen, zu dem Bericht oder zu der Stellungnahme Änderungsanträge einbringen und versuchen, ihre Positionen darzustellen. In dieser zweiten Phase verfolgten die Lobbyisten das Ziel, möglichst viele Abgeordnete dazu zu bewegen, entsprechende Änderungsanträge einzubringen und damit die Position der Industrie zu stärken. Auf Basis dieser Änderungsanträge war es dann die Aufgabe des verantwortlichen Berichterstatters, mit seinen Schattenberichterstattern Kompromisse zu finden. Sowohl die Akteure (Lobbyisten) als auch die Adressaten haben diese beiden Phasen des „draftens", in denen durch Gespräche und durch Positionspapiere auf Probleme hingewiesen wurde, als die zentralen Zugangskanäle für Lobbyisten beschrieben. Darüber hinaus hoben sie die Zugangsmöglichkeiten während der Vertragsverhandlungen unter den Mitgliedsstaaten hervor (vgl. Int. 290410-II; Int. 200410). Ähnlich sieht das auch Justin Greenwood (2011), der die Möglichkeit zur effektivsten Interessenvertretung während der Phase der Strategieausrichtung des Ministerrates annimmt.

Verhältnis individueller und kollektiver Handlungsformen

Die konkrete Vorgehensweise und die jeweiligen Aktivitäten der Interessengruppen und Stakeholder während des Prozesses waren stets im hohen Maße vom Einzelthema abhängig. Sobald die Industrie eine einvernehmlich vereinbarte Position vertrat, agierten die Unternehmen über den Verband. Wichen die Interessen voneinander ab, handelten die Unternehmen allein bzw. im Rahmen von Zweckbündnissen. Dabei gestaltete sich das Verhältnis der Unternehmen untereinander in Abhängigkeit von der Nationalität. In Deutschland waren die Positionen relativ gleichlautend, wohingegen beispielsweise Frankreich lange Zeit einen anderen Ansatz verfolgte. Da es in Brüssel eine große Anzahl von Industrielobbyisten gibt, kommt es entsprechend häufig zu Interessenkonflikten. David Coen (1998) sieht in diesem Zusammenhang die besten Chancen, Einfluss auf das offene politische System zu nehmen, in einem Bündnis bzw. einer Allianz – im Bedarfsfall sogar mit Konkurrenten.

Trotz der unterschiedlichen ökonomischen und technischen Ausgangslage der Unternehmen gelang es der Industrie spätestens nach dem deutsch-französischen Kompromiss, zu einer engen Zusammenarbeit zu finden. Ein Hauptstreitpunkt war hierbei die Frage nach der Verteilung der Lasten zwischen Kleinwagenproduzenten und Herstellern aus dem Premiumsegment. Nachdem diese Verteilungskämpfe beigelegt waren, vertrat die Industrie eine weitgehend einheitliche Position. Im Laufe des Gesetzgebungsprozesses überwogen die Gemeinsamkeiten mit den Positionen des ACEA – mit Ausnahme des „burden-sharing" (Grenzwertkurve) und des „phase-in" (Übergangsregelung).

Die folgende Darstellung zeigt das Verhältnis individueller und kollektiver Handlungsformen am Beispiel der CO_2-Gesetzgebung. In Abhängigkeit von der jeweiligen Problemstellung kam es zu wechselnden Konstellationen.

Tabelle 5.3: Verhältnis individueller und kollektiver Handlungsformen am Beispiel der CO_2-Gesetzgebung

Akteur Thema	Verband	Unternehmen	Koordiniert (U+U)
Slope		✗	✗ (D)
Integrated Approach	✗	✗	✗
Penalties	<u>✗</u>	✗	
Phase-in		✗	✗ (D)
Long term target	✗	<u>✗</u>	
Super credits	<u>✗</u>	✗	

Quelle: Eigene Darstellung

Die Interessengegensätze zwischen kleinen und großen Fahrzeugherstellern wurden bereits im Kommissionsvorschlag verarbeitet. Die Streitfrage um die Steigung der Geraden, den sogenannten „slope", fand also im Vorfeld der Verabschiedung des Kommissionsvorschlags statt. Der „slope" war gleichzeitig das schwierigste Thema während der Debatte, da dieser Punkt in hohem Maße wettbewerbsrelevant war. Die definierten Grenzwerte wurden in Abhängigkeit vom Gewicht des Fahrzeugs berechnet, um schärfere Grenzwerte für größere Autos einzufordern. Da beispielsweise die französischen Unternehmen im Gegensatz zu den deutschen Herstellern nicht im Premiumsegment vertreten sind, stellten sie zunächst Forderungen nach strengeren Werten. Die Italiener sprachen sich sogar für die Festlegung eines absoluten Wertes aus. Entgegen diesen anfänglichen Einwänden legte man letztlich keinen einheitlichen Emissionswert für alle Fahrzeuge fest, sondern einigte sich auf eine Kurve (slope). Der Streit entzündete sich an der Frage nach der Steigung dieser Kurve. Es war also strittig, in welchem Umfang ein größeres Auto die durchschnittlichen Grenzwerte überschreiten durfte: 60 % bedeuteten, dass ein Fahrzeug, wenn es doppelt so schwer ist, 60 % mehr Schadstoffe emittieren darf und nicht doppelt so viel. Deutschland forderte einen höheren Prozentsatz von 80 %, Frankreich einen niedrigeren in Höhe von 30 %. Mit Blick auf die wettbewerbstaktischen Gründe lässt sich die Forderung Frankreichs gut nachvollziehen: Je flacher die Kurve verläuft, desto höher ist die zulässige Emission im unteren Segment. Ist ein Fahrzeug nur halb so schwer, darf es mehr emittieren als die Hälfte des Grenzwertes. Vor diesem Hintergrund hatte Frankreich als Vertreter der Hersteller kleinerer Fahrzeuge ein fundamentales Interesse an einem flachen Verlauf der Kurve. Zudem ergäbe sich aus einem flacheren Kurvenverlauf eine finanzielle Mehrbelastung der Konkurrenten.

Aufgrund der unterschiedlichen Interessen seiner Mitgliedsunternehmen war es dem europäischen Verband nicht möglich, sich eindeutig zu positionieren. Kommt es, wie in diesem Fall, zu keinem Konsens innerhalb eines europäischen Verbandes, so sind die Unternehmen gezwungen, ihre Anliegen separat zu vertreten. Je nach Betroffenheit und in Abhängigkeit von der Wettbewerbstaktik schließen sich diese Unternehmen dann bilateral zusammen oder agieren mit Hilfe ihrer nationalen Verbände, um ihren Standpunkt zu vertreten. Wie David Coen (1998: 81f.) festgestellt hat, erfordert eine erfolgreiche europäische Interessenvertretung also die Koordination von Ad-hoc-Allianzen.

Im Verlauf der Interviews wurde deutlich, dass sich die untersuchten Hersteller (BMW, Daimler, VW) in der Frage des „slope" eng untereinander abstimmten und auch den VDA stark einbezogen (vgl. Int. 200410; Int. 070510; Int. 290410-I). Am Ende einigte man sich in dem strittigen Punkt auf einen Wert von 60 %. Nach erheblichen Interventionen seitens der Industrie, so die befragten Lobbyisten weiter, sei es am Ende zu einer Regulierung gekommen, die zwar anspruchsvolle Ziele formulierte, trotzdem aber für alle Unternehmen praktikabel gewesen sei.

Im Unterschied zum Verlauf des „slope" wurde der „integrated approach" von allen Herstellern gleichermaßen getragen. Folglich brachte der ACEA diesen Ansatz erstmals in die Diskussion ein. Auch hinsichtlich der Sanktionen bestand ein gemeinsames Interesse der Industrie. Man strebte möglichst niedrige Bußgelder zu einem möglichst späten Zeitpunkt an, so ein Verbandsvertreter des ACEA (vgl. Int. 300410). Eine Koordination der Unternehmen untereinander war daher nicht erforderlich. Bei der Frage nach dem „phase-in" traten überwiegend die Unternehmen selbst in Erscheinung. Ursprünglich war das Jahr 2012 vorgesehen, allerdings wurde die Setzung dieses Termins durch eine Art Übergangsregelung entschärft. Zwar engagierten sich nahezu alle Hersteller für einen flexiblen

Übergang, in Bezug auf die genaue Abstufung bzw. Staffelung vertraten sie allerdings deutlich abweichende Vorstellungen. Da sich die deutsche Automobilindustrie in dieser Frage jedoch einig war, stimmte man sich ab und unterbreitete einen gemeinsamen Vorschlag, wie die Gesprächspartner bei BMW und Daimler bestätigten (vgl. Int. 070510; Int. 200410). Aufgrund der langen Planungszyklen in der Automobilindustrie verabschiedete man schließlich eine Regelung, die sich das Jahr 2015 zum Ziel setzte. Gegen das langfristige Ziel von 95 g/km bis 2020 sträubten sich sämtliche Hersteller. Sie sprachen sich klar dagegen aus, sich überhaupt auf einen Wert festzulegen. Es gab mehrere erfolglose Versuche, den Wert zu ändern. Obwohl es in dieser Frage eine einheitliche Position der europäischen Unternehmen gab, wurden hier neben dem Dachverband in erster Linie die Unternehmen aktiv. Weitere gleichgelagerte Interessen bestanden auch hinsichtlich der „super credits", die nach Aussage eines Verbands- und eines Unternehmensvertreters überwiegend durch den Verband gestützt wurden (vgl. Int. 300410; Int. 290410-II).

In der Regel versuchten die Unternehmen auch mit Hilfe ihrer CEOs zu intervenieren. Gerade wenn es um Partikularinteressen ging, bemühten sich beispielsweise BMW und Daimler um einen Kontakt ihrer jeweiligen Vorstandsvorsitzenden mit dem Kommissionspräsidenten und dem Berichterstatter. Nach Aussage der Lobbyisten waren allerdings weder Guido Sacconi noch José Manuel Barroso zu Einzelgesprächen bereit (vgl. Int. 200410; Int. 070510). Dies ist nachvollziehbar, wenn man sich vor Augen führt, dass die Politik den Auftrag hat, für die gesamte Europäische Union und nicht nur für ein einzelnes Unternehmen zielführende Entscheidungen zu treffen.

In einigen Phasen führte Kommissionspräsident Barroso zumindest mit dem Verbandspräsidenten der Automobilindustrie Gespräche. Die Industrie musste jedoch sehr genau darauf achten, dass sich der Verbandspräsident nur dann einbrachte, wenn es wirklich notwendig war. Ein Verbandsvertreter formulierte das Problem folgendermaßen: „Dieses Instrument muss man gut dosieren, um es nicht stumpf werden zu lassen. Wenn der Weg über den Präsidenten nicht funktioniert, dann funktioniert alles andere meist auch nicht." (vgl. Int. 290410-I).

Wie die Chronologie des CO_2-Gesetzgebungsprozesses gezeigt hat, bildeten sich bei der gemeinsamen Vertretung von Interessen keinesfalls schon im Vorfeld – praktisch automatisch – große Allianzen (beispielsweise zwischen Deutschland, Frankreich und anderen Staaten). Die parallel zum politischen Prozess verlaufende Abstimmung der Akteure war teilweise noch sehr mangelhaft organisiert und führte dazu, dass zahlreiche Themen erst in Brüssel eingehend diskutiert wurden (vgl. Int. 280410).

Organisation auf nationaler und europäischer Ebene

Da die untersuchten Unternehmen eigene Repräsentanzen sowohl in Berlin als auch in Brüssel unterhalten und darüber hinaus Mitglied im nationalen und europäischen Dachverband sind, kann generell von einer starken Organisation auf beiden Ebenen ausgegangen werden. Allerdings hängt die Effektivität der jeweiligen Ebene auch immer davon ab, ob es einheitliche Positionen gibt.

Aufgrund des erkennbaren Zusammenhalts deutscher Unternehmen in der Frage der CO_2-Richtlinie gelang es dem VDA, eine gemeinsame Position zu vertreten. Auch hier bestätigt sich die These von Robert J. Bennett (1999: 151), wonach die Effektivität eines Verbandes von der gemeinsamen Interessenlage der Unternehmen abhängt. Dementsprechend stark konnten die Unternehmen ihre Interessen auf nationaler Ebene vertreten. Auf europäischer Ebene erwies sich dies als ungleich schwieriger. In der Frage der CO_2-Regulierung vertraten einige Hersteller in zentralen Fragen unterschiedliche Positionen. Erst nachdem sich die deutsche und die französische Regierung auf einen Kompromiss geeinigt hatten, kam es zu einer einheitlichen Stellungnahme des ACEA. Darüber hinaus führte auch die Tatsache, dass im ACEA Weltkonzerne zusammengeschlossen sind, zwangsläufig zu abweichenden Interessen – je nach Wettbewerbslage und technologischem Engagement. Gerade in stark wettbewerbsrelevanten Fragen wie der CO_2-Regulierung war es besonders schwierig, eine gemeinsame Position zu finden. Hier stieß auch der europäische Dachverband ACEA an seine Grenzen. Insgesamt stellte es ein großes Problem dar, dass die Industrie keine einheitliche Position vertrat. Für die Politiker war es schwer, sich zu positionieren, und der Industrie fügte ihre Uneinigkeit einen schweren Schaden zu. Folglich war die verbandliche Interessenvertretung auf europäischer Ebene lange Zeit wenig schlagkräftig, wodurch sich der Bedarf an einer verstärkten individuellen Interessenvertretung durch die Konzerne selbst ergab.

Reaktionsfähigkeit auf kurzfristig veränderte Handlungssituationen

Im Grunde genommen waren alle Fragen, die sowohl im Europäischen Parlament als auch im Europäischen Rat äußerst kontrovers diskutiert wurden, von Anfang an absehbar. Es ging hierbei um die Festlegung der Zielwerte, um Erleichterungen für besonders umweltfreundliche PKW, um die Höhe von Strafzahlungen sowie um die Steigung der Grenzwertkurve und damit um die Lastenverteilung.

Laut Aussage eines Industrievertreters stand das Europäische Parlament jedoch bereits mehrmals vor der Situation, dass eine unvorhergesehene Idee aufkam, die ein rasches Handeln erforderte. In solchen Fällen sei es des Öfteren vorgekommen, dass die Industrie verbündete Parlamentarier dabei unterstützt habe, innerhalb kürzester Zeit Mehrheiten zu beschaffen, indem bei Parlamentariern telefonisch für bestimmte Positionen geworben wurde. Der Industrievertreter betonte, dass die Reaktionswege in jedem Fall sehr kurz gewesen seien (vgl. Int. 300410). Die Kommunikationswege waren hierbei klar strukturiert. Laut Aussage der beteiligten Akteure war es üblich, dass in einem solchen Fall zunächst die Vertreter der betroffenen Konzerne miteinander telefonierten. Auf diesem Weg habe man innerhalb von 60 Minuten alle Ansprechpartner in Europa informieren können, um entsprechende Aktivitäten einzuleiten (vgl. Int. 300410). Der Vertreter eines deutschen Automobilkonzerns betonte in diesem Zusammenhang, dass kurzfristige Interventionen besonders auf selektiver Basis ausgezeichnet funktionierten. Im Zusammenhang mit der CO_2-Verordnung sei Renault im „Notfall" von zentraler Bedeutung gewesen, da hier ein sehr guter Kontakt zur französischen Ratspräsidentschaft bestanden habe. Laut eigener Aussage stimmte sich der Gesprächspartner in seiner Funktion als Cheflobbyist seines Konzerns mit einem in dieser Angelegenheit führenden EU-Parlamentarier ab und bat Renault, die entsprechenden Punkte an die Ratspräsidentschaft weiterzuleiten. Gleichzeitig habe er mit dem deutschen Kanzleramt telefoniert, das seinerseits dem Anliegen der Industrie bei der Ratspräsidentschaft nochmals Nachdruck verliehen habe (vgl. Int. 070510). Im Vergleich zu den Unternehmen hing die Reaktionszeit des Verbandes davon ab, ob er zu einer bestimmten Veränderung „sprachfähig" war oder nicht. Diese „Sprachfähigkeit" wiederum wurde von den inhaltlichen Positionen des Verbandes bestimmt. Begünstigend wirkte sich die relative Nähe zu den Konzernverantwortlichen mit hoher Entscheidungskompetenz aus. Diese Tatsache versetzte den Verband in die Lage, auch kurzfristig eine veränderte Position zu vertreten – wenn auch unter erheblichen Schwierigkeiten. Im CO_2-Prozess gab es allerdings lange keine Möglichkeit, entsprechend zu reagieren, da wie erwähnt keine gemeinsame Position der Automobilindustrie existierte. In einem solchen Fall ist ein Verband nicht sprachfähig und kann somit auch nicht reagieren, wie ein Verbandsvertreter des VDA bestätigte (vgl. Int. 290410-I).

5.3 Fallstudie Euro 5/6

5.3.1 Phasen des Politikprozesses

Tabelle 5.4: Chronologie zur Entstehung der Euro-5/6-Richtlinie

Zeitraum	Akteur	Aktion
März 2001	EU-Kommission	Initiierung des „Clean Air for Europe"-Programms zur Bekämpfung der Luftverschmutzung
Juni 2003	EU-Kommission	Einführung der MVEG-Sub-Group „Euro 5 and Euro 6 Emission Standards" zur Unterstützung der Kommission bei der Erstellung eines Verordnungsvorschlags bezüglich der Luftverschmutzung und der Emissionsstandards
Februar 2004	EU-Kommission	Stakeholderkonsultation mittels Fragebogen
Dezember 2004	EU-Kommission	Öffentliche Onlinekonsultation zu Inhalten und Zielen der Strategie zur Bekämpfung der Luftverschmutzung
Juli 2005	EU-Kommission	Stakeholderkonsultation zu einem „Preliminary Draft Proposal"
September 2005	EU-Kommission	Vorstellung der „Thematischen Strategie zur Luftreinhaltung"
Dezember 2005	EU-Kommission	Vorstellung des Entwurfs einer Rechtsvorschrift zur Verringerung der Schadstoffemissionen von PKW bis Mitte 2008
März 2006	EU-Ministerrat	Erörterung des Vorschlags der EU-Kommission im Umweltrat
März 2006	EU-Parlament	Beschäftigung des Parlaments mit dem Vorschlag der Kommission
September 2006	EU-Parlament	Annahme des sog. Groote-Berichts über den „Vorschlag für eine Verordnung des Europäischen Parlaments und des Rates über die Typengenehmigung von Kraftfahrzeugen hinsichtlich ihrer Emissionen und über den Zugang zu Reparaturinformationen für Kfz"
September – Oktober 2006	EU-Kommmission	Veröffentlichung einer weiteren Folgeabschätzung zur Euro-6-Norm mit anschließender öffentlicher Anhörung

Zeitraum	Akteur	Aktion
Dezember 2006	EU-Parlament	Annahme des Vorschlags zur schrittweisen Verschärfung der Emissionsgrenzen für Kraftfahrzeuge
Mai 2007	EU-Ministerrat	Annahme des Kompromisspakets durch den EU-Ministerrat
Juni 2007	EU-Ministerrat und EU-Parlament	Unterzeichnung der Verordnung durch EU-Rat und EU-Parlament

Quelle: Eigene Darstellung

Um die durch Fahrzeuge verursachten Luftverschmutzungen weiter zu reduzieren, formulierte die Kommission im März 2001 eine Strategie zur Bekämpfung der Luftverschmutzung und rief das sogenannte CAFE-(Clean Air for Europe-)Programm ins Leben, das der Generaldirektion Umwelt untersteht (vgl. Europäische Kommission 2001). „Clean Air for Europe" ist eine von sieben Strategien des sechsten Umweltaktionsprogramms und berücksichtigt alle für die Erhaltung und Verbesserung der Luftqualität relevanten Faktoren. Neben der Analyse aktueller und zukünftiger Auswirkungen von Emissionen auf die Luftqualität war auch die Untersuchung der Kosten und des Nutzens weiterer Maßnahmen zur Verbesserung der Luftqualität Gegenstand von CAFE. Dazu wurde eine Lenkungsgruppe eingerichtet, der neben Vertretern der Mitgliedsstaaten auch diverse Industrieverbände und NGOs angehörten (vgl. Umweltbundesamt 2009). Die Ergebnisse dieser Analysen dienten der Kommission als Grundlage für die Festlegung weiterer Maßnahmen zur Verringerung der Schadstoffbelastung in der Luft.

Ein weiteres Instrument im Kampf gegen die zunehmende Luftverschmutzung ist die „Motor Vehicle Emission Group" (MVEG). Sie untersteht der Generaldirektion Unternehmen und Industrie und arbeitet eng mit dem Referat Automobilindustrie zusammen. Als Beratergremium der Kommission hat sie bis heute großen Einfluss auf die Gesetzgebung. Im Zusammenhang mit der Fallstudie war in erster Linie die daraus hervorgegangene Sub-Group „Euro 5 and Euro 6 Emission Standards" von Bedeutung. Im Rahmen der 94. Tagung der MVEG im Juni 2003 hatte die Kommission diese Sub-Group etabliert, um Unterstützung bei der Erstellung eines künftigen Verordnungsvorschlags bezüglich Luftverschmutzung und Emissionsstandards zu erhalten. Zu den zentralen Aufgaben der Arbeitsgruppe gehörten zum einen die Generierung relevanter Informationen für das CAFE-Programm und zum anderen die Unterstützung der Kommission bei der Vorbereitung ihrer Konsultationen. Nicht zuletzt auf Basis der Informationen und Ergebnisse der beiden Institutionen CAFE und MVEG erstellte die Kommission ihren Gesetzgebungsvorschlag hinsichtlich Euro 5 und Euro 6.

Um die Industrie durch die kommende Verordnung nicht über Gebühr zu belasten und die tatsächliche Machbarkeit einer Euro-5-Norm bereits im Vorfeld des Kommissionsvorschlags auszuloten, forderte die EU-Kommission die Automobilindustrie dazu auf, Informationen über die Techniken und Kosten zu liefern, die erforderlich wären, um die geplanten Grenzwerte einzuhalten. Hierzu entwickelte die Sub-Group – basierend auf ersten gemeinsamen Ergebnissen mit CAFE – einen Fragebogen, in dem mehrere Szenarien einer Einführung neuer Grenzwerte und die damit verbundenen Folgekosten für die Industrie aufgezeigt wurden. Im Februar 2004 wurde dieser Fragebogen im Rahmen einer ersten Stakeholderkonsultation an die diversen Interessengruppen verschickt. Auf Basis der Antworten der betroffenen Stakeholder wurden schließlich die Folgen der einzelnen Szenarien eingeschätzt. Dazu fasste ein unabhängiges Forschungsinstitut die Angaben der Interessengruppen, die an dieser Konsultation teilgenommen hatten, zusammen und leitete sie im Rahmen eines Gutachtens an die Kommission weiter (vgl. TNO Science and Industry 2005). Darin gaben die Sachverständigen einen Überblick über die vorhandenen technischen Mittel und erläuterten, in welchem Bereich die Kosten für die verschiedenen Regelungsszenarien anfallen würden. Auf Grundlage des Berichts der Sachverständigengruppe analysierte die Kommission die verschiedenen Regelungsszenarien, um die bevorzugten Emissionsgrenzwerte nach Kriterien der technischen Machbarkeit und der Kostenwirksamkeit festzulegen. Anfang 2005 wurde dieses Gutachten dann den betroffenen Interessengruppen vorgestellt.

Zusätzlich zu der beschriebenen Stakeholderkonsultation fand auf den Internetseiten der Kommission im Dezember 2004 eine öffentliche Befragung zu den Inhalten und Zielen der Strategie zur Bekämpfung der Luftverschmutzung statt. Auch hieraus wurde ein unabhängiges Gutachten erstellt, das die Kommission bei der Ausarbeitung ihrer weiteren strategischen Maßnahmen unterstützen sollte (vgl. TNO Built Environment and Geosciences 2005).

Eine weitere Stakeholderkonsultation fand schließlich im Juli 2005 statt. Hierzu veröffentlichte die Kommission ein „preliminary draft proposal", also einen vorläufigen Vorschlag, bei dessen Entwicklung alle bisherigen Erkenntnisse aus dem CAFE-Programm und der MVEG-Sub-Group sowie die Ergebnisse der beiden Konsultationen berücksichtigt wurden (vgl. Europäische Kommission, 2005c). Zu diesem Zeitpunkt konnte der

Entwurf noch modifiziert werden, um die Stellungnahmen der Stakeholder zu berücksichtigen. Die betroffenen Interessengruppen wurden dazu aufgefordert, sich zu den Inhalten dieses vorläufigen Dokuments zu äußern, bevor der Vorschlag seine endgültige Fassung erhielt (vgl. Europäische Kommission 2005f).

Am Ende dieser Konsultationsphase stellte die EU-Kommisson im September 2005 ihre „thematische Strategie zu Luftreinhaltung" der Öffentlichkeit vor, um weitere luftverbessernde Maßnahmen für Europa zu realisieren (vgl. Europäische Kommission 2005a, 2005b). Wie die bisherige Darstellung gezeigt hat, wurden alle Interessengruppen durch entsprechende Gremien und Konsultationen an der Entwicklung dieses Programms aktiv beteiligt. Mit ihrer neuen Strategie verdeutlichte die Kommission nochmals, dass sie gegen die negativen Umwelt- und Gesundheitsauswirkungen vorgehen wolle, indem sie u. a. die Grenzwerte bestimmter Schadstoffe als Zwischenziele festlegte und einen Rechtsrahmen für die Bekämpfung der Luftverschmutzung vorschlug. Die bisher geltenden Rechtsvorschriften (bekannt als Euro-4-Norm) sollten aktualisiert und schadstoffspezifisch ausgerichtet werden. Unter Berücksichtigung dieser Vorgaben wurde der Euro-5-Vorschlag ausgearbeitet.

Am 21. Dezember 2005 stellte die EU-Kommission schließlich eine Rechtsvorschrift zur Verringerung der Schadstoffemissionen von PKW bis Mitte 2008 vor (vgl. Europäische Kommission 2005d, 2005e). Ihr Ziel war es, die bislang geltende Euro-4-Rechtsvorschrift durch eine neue Euro-5-Rechtsvorschrift mit europaweit geltenden verschärften Emissionsgrenzwerten zu ergänzen, um auch künftig ein hohes Maß an Umweltschutz zu gewährleisten. Das Kernelement des Vorschlags war eine Verschärfung der Grenzwerte für Stickstoffoxid- und Partikelemissionen von Kraftfahrzeugen. Für Emissionen aus Dieselfahrzeugen sollten die Partikelemissionen künftig um 80 % gesenkt werden. Zusätzlich sollten die Stickoxidemissionen (NOx) um 20 % reduziert werden, was den Einsatz von Partikelfiltern bei Dieselfahrzeugen unumgänglich machte.

Tabelle 5.5: *Senkung der Partikel- und Stickoxidemissionen bei Fahrzeugen mit Dieselmotor*

	Partikel (mg/km)	NOx (mg/km)
Euro 3 (2000–31.12.2004)	50	500
Euro 4 (seit 1.1.2005)	25	250
Euro-5-Vorschlag	5	200

Quelle: Europäische Kommission 2005h

Abbildung 5.4: *Senkung der Partikelemissionen von Dieselfahrzeugen*

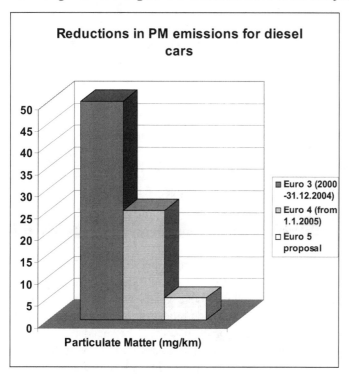

Quelle: Europäische Kommission 2005h

Für Fahrzeuge mit Ottomotoren war u. a. eine Verringerung der Stickstoffoxide um 25 % gegenüber der Euro-4-Norm vorgesehen sowie ein Partikelgrenzwert von 5 mg/km. Dieser Grenzwert war in der Euro-4-Norm
bislang nicht berücksichtigt und wurde deshalb neu eingeführt.

*Tabelle 5.6: Senkung der Stickoxid-(NOx-) und Kohlenwasserstoff-(HC-)
Emissionen bei Fahrzeugen mit Ottomotor*

	HC (mg/km)	NOx (mg/km)
Euro 3 (2000–2005)	200	150
Euro 4 (seit 2005)	100	80
Euro-5-Vorschlag	75	60

Quelle: Europäische Kommission 2005h

Darüber hinaus sollte die Verordnung auch den Zugang zu Reparaturinformationen regeln, um neben einem hohen Umweltschutzniveau auch einen funktionierenden Binnenmarkt zu gewährleisten. Dieser Vorschlag stellte ein flankierendes Element im Rahmen der thematischen Strategie zur Luftreinhaltung dar und lieferte einen wesentlichen Beitrag zur Verbesserung der Luftqualität in Europa.

Der stellvertretende Kommissionspräsident und zuständige Kommissar für Unternehmen und Industrie, Günter Verheugen, formulierte:

> „Die vorgeschlagene Strategie wird zu einer deutlichen Verbesserung der Luftqualität führen. Die neuen Grenzwerte machen die Ausrüstung von Dieselfahrzeugen mit Partikelfiltern praktisch unumgänglich. Zugleich bewirken sie, dass unsere Automobilindustrie technisch auf der Höhe und damit wettbewerbsfähig bleibt." (vgl. Europäische Kommission 2005h: 1).

Im Rahmen des Mitentscheidungsverfahrens wurde der Vorschlag schließlich an den Europäischen Rat und das Europäische Parlament weitergeleitet.

Am 9. März 2006 erfolgte eine erste Erörterung im Umweltrat. Bei der Beratung ging es insbesondere um die Frage, ob man der neuen Euro-5-Verordnung eine längerfristige Perspektive geben und zu diesem Zweck bereits eine zweite Phase mit wesentlich niedrigeren Emissionsgrenzwerten, speziell für Stickstoffoxide, vorsehen sollte? Die meisten Delegationen sprachen sich dafür aus, langfristige Grenzwerte in den Vorschlag aufzunehmen. Allerdings wies der Rat darauf hin, dass bei der Aufnahme weiterer Werte auf die technische Durchführbarkeit und die wirtschaftliche Tragbarkeit zu achten sei und eine spezifische Folgenabschätzung vorgenommen werden müsse (vgl. Rat der Europäischen Union 2006).

Auch das Europäische Parlament befasste sich mit dem Vorschlag der Kommission. Die entsprechenden Stellungnahmen der beteiligten Ausschüsse wurden an den federführenden Umweltausschuss weitergeleitet und schließlich in den Bericht des Berichterstatters aufgenommen. In Ergänzung zum Kommissionsvorschlag wurde der sogenannte Groote-Bericht über den „Vorschlag für eine Verordnung des Europäischen Parlaments und des Rates über die Typengenehmigung von Kraftfahrzeugen hinsichtlich ihrer Emissionen und über den Zugang zu Reparaturinformationen für Kfz" schließlich am 13. September 2006 angenommen und am 21. September 2006 veröffentlicht. In seinem Bericht forderte der Berichterstatter nochmals explizit eine Ausweitung des Standards auf Euro 6. Weitere Änderungsanträge wurden hinsichtlich einer Verschiebung der Einführungsfristen gestellt. Hier wurde gefordert, den neuen Euro-5-Standard für private PKW erst ab dem 1. September 2009 und für leichte Nutzfahrzeuge erst ab dem 1. September 2011 in Kraft zu setzen. Die Übergangszeiten sollten sich dementsprechend um jeweils ein Jahr verschieben. Darüber hinaus plädierte der Bericht für eine Reduzierung der Stickoxidemissionen um weitere 10 % im Vergleich zum Kommissionsvorschlag. Weiterhin sprach sich der Bericht für eine zeitnahe Einführung des Euro-6-Standards bis spätestens zum 1. September 2014 für private PKW und bis zum 1. September 2015 für leichte Nutzfahrzeuge aus. Wie im Falle von Euro 5 sollten die Übergangszeiten im jeweils darauffolgenden Jahr in Kraft treten (vgl. Europäisches Parlament 2006a).

Wie vom Umweltrat empfohlen, führte die Kommission eine weitere Folgenabschätzung bezüglich der Euro-6-Norm durch, die am 20. September 2006 veröffentlicht wurde. Dabei orientierte sich die Kommission an den bereits erhobenen Daten für die Folgenabschätzung der Euro-5-Norm (vgl. Europäische Kommission 2006b). Darauf aufbauend fand am 2. Oktober 2006 eine weitere öffentliche Anhörung statt, bei der die betroffen Interessengruppen die Möglichkeit hatten, sich zu den geplanten Euro-6-Standards zu äußern.

Am 13. Dezember 2006 schließlich nahm das EU-Parlament den Vorschlag zur schrittweisen Verschärfung der Emissiongrenzwerte für Kraftfahrzeuge an. Mit der Euro-5- und der Euro-6-Verordnung wurden die bisher gültigen Emissionsgrenzwerte (Euro 4) dem technologischen Fortschritt angepasst.

Die neuen Euro-5-Emissionsnormen gelten seit dem 1. September 2009 und schreiben strengere Grenzwerte für Partikel- und Stickoxidemissionen bei neuen PKW und leichten Nutzfahrzeugen, die in der EU verkauft werden, vor. Da die Euro-5-Norm auch eine Reduzierung des Partikelausstoßes (Feinstaub) von Dieselfahrzeugen um 80 % beinhaltet, wurde die Verwendung von Partikelfiltern gewährleistet. Gleichzeitig wurde die Einführung einer weiteren Stufe verabschiedet.

Die Euro-6-Norm, die im ursprünglichen Kommissionsvorschlag noch nicht vorgesehen war, wird ab 2014 in Kraft treten und nochmals erheblich niedrigere Grenzwerte für NOx aus Dieselfahrzeugen festlegen (vgl. Europäische Kommission 2006a). Für alle mit Dieselmotoren ausgerüsteten Fahrzeuge besteht somit eine Pflicht, die Stickstoffoxidemissionen mit Inkrafttreten der Euro-6-Norm nochmals erheblich zu verringern. Die Emissionen aus Personenwagen und anderen Kraftfahrzeugen, die der Personen- und Güterbeförderung dienen, werden auf 80 mg/km begrenzt (dies entspricht einer Verringerung um weitere 50 % gegenüber der Euro-5-Norm). Die Summe der Kohlenwasserstoff- und der Stickstoffoxidemissionen aus Dieselfahrzeugen wird ebenfalls abgesenkt und u. a für Personenwagen und sonstige Fahrzeugen, die für Beförderungsaufgaben vorgesehen sind, auf 170 mg/km begrenzt.

Gegenstand der Abstimmung im Parlament war ein Kompromiss mit dem Rat, der das Paket schließlich in seiner Sitzung am 30. Mai 2007 bestätigte. Er billigte die in der Stellungnahme des Europäischen Parlaments enthaltenen Änderungen und erließ den vorgeschlagenen Rechtsakt in der abgeänderten Fassung gegen die Stimme der britischen Delegation (vgl. Rat der Europäischen Union 2007a, 2007b, 2007c). Ursprünglich hatte man mit dem Kommissionsvorschlag zu Euro 5 das Ziel verfolgt, die neue Regelung bis Mitte 2008 für neue Fahrzeugmodelle und bis 2010 für alle neuen Fahrzeuge in Kraft treten zu lassen. Das Parlament und die Mitgliedsstaaten hatten sich letztlich jedoch darauf geeinigt, die Einführung um ein Jahr zu verschieben, um eine ausreichende Vorbereitungszeit für die Herstellung und Prüfung der angepassten Motoren zu gewährleisten.

Mit dem nunmehr von beiden Organen gebilligten künftigen Rechtsakt wurden einheitliche Vorschriften für den Bau von Kraftfahrzeugen eingeführt, um ein hohes Umweltschutzniveau in Bezug auf Luftverunreinigungen sicherzustellen, ohne dass es zu einer Beeinträchtigung des Binnenmarktes käme. Am 20. Juni 2007 wurde die Verordnung vom Rat und vom Parlament unterzeichnet und trat am 2. Juli 2007 in Kraft (vgl. Amtsblatt der Europäischen Union 2007).

5.3.2 Politische Gelegenheitsstruktur und Lobbying-Aktivitäten der Industrie

Tabelle 5.7: Chronologie der wichtigsten Lobbyingaktivitäten der Industrie auf europäischer Ebene

Zeitraum	Akteur	Aktion
März 2001 – Februar 2005	ACEA	CAFE: Interessenvertretung durch Unternehmen und Verbände in den verschiedenen Stadien der technischen Analyse und Politikentwicklung
September 2003 – Juni 2007	ACEA, Experten der Mitgliedsstaaten, Experten der Hersteller	MVEG-Sub-Group: Aktive Teilnahme der Automobilindustrie, um Interessen bei der Kommission zu positionieren und durchzusetzen
Juli 2005	ACEA, VDA	Preliminary draft proposal: Beide Verbände nehmen Stellung und äußern ihre Bedenken (Grenzwerte, Einführung etc.)
Dezember 2005 – Juni 2007	ACEA, VDA, Interessenvertreter von BMW, VW, Daimler	Interessenvertretung im Rat: Interessenvertreter werden bereits im Vorfeld bei den nationalen Ministerien aktiv, um die Industriepositionen in die nationalen Stellungnahmen einzubringen (siehe Kap. 4)
Dezember 2005 – Juni 2007	ACEA, VDA, Interessenvertreter von BMW, VW, Daimler	Interessenvertretung im Parlament: gute Zugangsmöglichkeiten in der Phase des „draftens"
Oktober 2006	ACEA, VDA, Interessenvertreter von BMW, VW, Daimler	Öffentliche Anhörung zu Euro 6: vehementer Protest aller beteiligten Akteure

Quelle: Eigene Darstellung

CAFE

Während der Ausarbeitung des Kommissionsvorschlags zur Euro 5/6-Richtlinie hatten die Interessengruppen mehrere Möglichkeiten zur Intervention. Die CAFE-Lenkungsgruppe stellte für die Kommission das wichtigste Forum dar, um Interessengruppen zu konsultieren. Im Gegenzug war die CAFE-Lenkungsgruppe die zentrale Plattform für Interessenvertreter, da sie die Kommission bei der Entwicklung ihrer Umweltstrategie maßgeblich und unmittelbar unterstützte. In den verschiedenen Stadien der technischen Analyse und der Politikentwicklung hatten sowohl Unternehmen als auch Verbände die Gelegenheit genutzt, ihre Standpunkte zu vertreten. Als Träger des technischen Wissens beteiligte sich die Industrie aktiv an den technischen Diskussionen.

Die CAFE-Lenkungsgruppe traf sich in den Jahren 2001 bis 2005 insgesamt fünfzehnmal. Zwar geht aus den zur Verfügung stehenden Teilnehmerlisten hervor, dass die Automobilindustrie, vertreten durch den ACEA, an jedem dieser Meetings teilgenommen hat (vgl. http://ec.europa.eu/envir onment/archives/cafe/pdf/steering_technical_group/steering_members_list .pdf). Allerdings stehen keine diesbezüglichen Positionspapiere, Präsentationen, „minutes" o. Ä. zur Verfügung und waren auch auf Nachfrage nicht mehr zu bekommen, weshalb eine detailliertere Darstellung der damaligen Lobbyingaktivitäten an dieser Stelle nicht möglich ist.

MVEG

Eine weitere zentrale Anlaufstelle für Interessenvertreter war die Sub-Group „Euro 5 and Euro 6 Emission Standards" der „Motor Vehicle Emissions Group". Auch diese Sachverständigengruppe wurde regelmäßig von der Kommission konsultiert, um sie bei der Ausarbeitung von Rechtsvorschriften beratend zu unterstützen. Zu den Mitgliedern dieser Arbeitsgruppe zählten Experten aus den Mitgliedsstaaten, Experten der Hersteller, die Industrieverbände, NGOs, Vertreter aus dem CAFE-Programm sowie Vertreter der EU-Kommission.

Im Rahmen der Sitzungen erhielten alle Stakeholder die Möglichkeit, je nach Interessenlage ihre Positionen zu vertreten. Von Seiten der untersuchungsrelevanten Industrievertreter beteiligten sich neben dem ACEA auch Volkswagen, BMW und Daimler an den Diskussionen. Nach der einstimmigen Aussage der befragten Unternehmenslobbyisten traten die Konzerne dabei jedoch nicht als „Einzelkämpfer" auf, sondern stets in ihrer Funktion als ACEA-Mitglieder, um bei Bedarf der gemeinsamen Position des Dachverbandes einen entsprechenden Nachdruck zu verleihen (vgl. Int. 070510; Int. 300410; Int. 200410).

Ein erstes Treffen dieser Arbeitsgruppe fand im September 2003 statt. Im Rahmen des ersten Meetings wurden zunächst die Probleme und somit der Klärungsbedarf für die Arbeit der Sub-Group definiert (vgl. Enterprise Directorate-General 2003a). Auf dieses Treffen folgten drei weitere Meetings. Dabei wurden u.a. relevante Belange bezüglich Euro 5, wie Kaltstartemissionen, Kraftstoffkompatibilität etc., diskutiert. Darüber hinaus wurde ein Fragebogen entwickelt, der die Stakeholder mit unterschiedlichen Szenarien zur Euro-5-Richtlinie konfrontieren sollte (vgl. Enterprise Directorate-General 2003b, 2003c, 2003d). Die Kommission erhoffte sich davon einen besseren Überblick über die tatsächlichen Belastungen, die für die Industrie durch eine entsprechende Verordnung entstünden. Bis zur Unterzeichnung der Verordnung kam die Sub-Group „Euro 5 and Euro 6 Emission Standards" insgesamt neunmal zusammen. Bis zuletzt nutzte die Industrie durch aktive Teilnahme an diesem Gremium die Gelegenheiten, ihre Interessen bei der Kommission zu positionieren und durchzusetzen.

Wie bereits im Falle von CAFE, stehen die relevanten Informationen zu den Meetings der MVEG-Sub-Group nur noch teilweise zur Verfügung. Neben den jeweiligen Tagesordnungen und Teilnehmerlisten handelt es sich um die entsprechenden „minutes", wenn auch in sehr begrenztem Umfang. Insgesamt lässt sich gut belegen, dass die Automobilindustrie, repräsentiert durch den europäischen Dachverband ACEA, stets an den Besprechungen teilnahm. Wie und mit welchen Mitteln der Verband intervenierte, lassen die zur Verfügung stehenden „minutes" allenfalls schemenhaft erkennen. Auch im Rahmen der Forschungsinterviews waren diesbezügliche Informationen nur eingeschränkt zu erhalten. Als Grund gaben die Gesprächspartner an, sich nicht mehr genau an die Abläufe der lange zurückliegenden Prozesse erinnern zu können. Nach Auskunft eines ACEA-Vertreters, der über die Vorgänge sowohl bei CAFE als auch bei der MVEG-Sub-Group informiert war, habe sich der Verband in diesen beiden Gremien jedoch meistens durch Wortmeldungen, Positionspapiere und Powerpoint-Präsentationen im Rahmen der Meetings eingebracht und versucht, auf diesem Wege seine Standpunkte darzustellen. Die zentralen Anliegen der Industrie seien eine Entschärfung der Grenzwerte sowie eine Verschiebung der Einführungstermine gewesen. (vgl. Int. 300410).

Onlinekonsultation zu einem ersten Entwurf

Eine weitere Gelegenheit, auf die Entwicklung des Kommissionsvorschlags Einfluss zu nehmen, bot sich der Industrie im Rahmen der Online-Stakeholder-Konsultation. Sie nahm dort zu dem „preliminary draft proposal" kritisch Stellung und äußerte ihre Bedenken. Von dem erwarteten Feedback erhoffte sich die Kommission bezüglich ihrer Vorhaben weitere Informationen hinsichtlich der Realisierbarkeit, der Kosten und der Auswirkungen auf die Umwelt.

Insgesamt gingen bei der Kommission 50 Stellungnahmen ein, darunter elf von Regierungen der Mitgliedsstaaten, 23 aus der Industrie, 13 NGO-Stellungnahmen und drei unabhängige Kommentare (vgl. Europäische

Kommission 2005g). Die für die Untersuchung relevanten Teilnehmer dieser Konsultation waren sowohl der europäische Dachverband der Automobilindustrie ACEA als auch der nationale Automobilverband VDA. Beide Verbände plädierten in ihren Stellungnahmen zum Entwurf der Europäischen Kommission zunächst für eine möglichst zeitnahe und vor allem verbindliche Definition der Euro-5-Richtlinie, um die erforderliche Planungssicherheit für die investitionsbedingten Mehrkosten sicherzustellen. Darüber hinaus bezogen sich die Stellungnahmen der Verbände in erster Linie auf die Einführungstermine und die Grenzwerte der Verordnung. Die Industrie forderte eine Einführung der Verordnung nicht vor dem Jahr 2010. In diesem Zusammenhang betonte sie, dass ein Mindestzeitraum von drei Jahren erforderlich sei, um Neuentwicklungen in die Produktpaletten zu integrieren. Insbesondere die Reduzierung des Ausstoßes von Stickstoffoxyden für die gesamte Fahrzeugflotte erfordere einen großen Entwicklungsschritt. Gleichzeitig äußerten sich die Verbände kritisch zu den vorgesehenen Grenzwerten, sowohl für Ottomotoren als auch für Dieselmotoren. Der Ottomotor sei aus Sicht der Industrie als „sauberer und effizienter Motor etabliert", weshalb eine Verschärfung der Grenzwerte, auch aufgrund der überproportionalen Kosten, ungerechtfertigt sei (vgl. VDA 2005: 1). Der VDA machte in seiner Stellungnahme deutlich, dass er eine weitere Senkung des Limits ablehne, „solange die Kosteneffizienz dieser Grenzwertabsenkung nicht bewiesen ist" (vgl. VDA 2005: 1). Bei den Grenzwerten für Dieselmotoren hatte sich die Industrie darauf verständigt, den vorgeschlagenen Partikelgrenzwert von 5 mg/km zu unterstützen und somit der politischen Forderung nach einem Dieselpartikelfilter nachzukommen.

Auch hinsichtlich einer Reduzierung der Stickstoffgrenzwerte erklärte man sich bereit, der Kommissionsforderung entgegenzukommen, sofern ein Grenzwert von 200 mg/km nicht unterschritten würde. Es wurde argumentiert, dass eine Verbesserung um 20 % gegenüber Euro 4 bereits eine große Belastung für die Konzerne darstelle und eine weitere Reduzierung bis 2010 keinesfalls realisierbar sei (vgl. ACEA 2005: 1). Die Einführung eines Partikelzählverfahrens hingegen lehnten die Verbände kategorisch ab, da die Kosten für dieses Verfahren in keiner Relation zum Nutzen stünden. Insgesamt gab es in nahezu allen Punkten eine einheitliche Position der Industrie, so dass sich die Stellungnahmen des ACEA und des VDA nicht wesentlich voneinander unterschieden. Die zusätzlichen bzw. ergänzenden Aktivitäten des VDA (in Ergänzung zu den Aktivitäten des ACEA) lassen sich u. a. dadurch erklären, dass die deutsche Automobilindustrie im weltweiten Vergleich die meisten Diesel-PKW produzierte und daher ein vitales Interesse daran hatte, die Attraktivität und Wirtschaftlichkeit solcher Fahrzeuge zu erhalten (vgl. VDA 2005: 1).

Öffentliche Anhörung zu Euro 6

Im Rahmen der öffentlichen Anhörung zur Einführung der Euro-6-Norm protestierte der ACEA vehement. In seiner Stellungnahme kritisierte der Verband sowohl die Ergebnisse der Folgenabschätzungen der Euro-5- als auch die der Euro-6-Norm mit der Begründung, man könne die erforderlichen Maßnahmen für Fahrzeuge nicht in Abhängigkeit von den durchschnittlichen Herstellungskosten analysieren. Ivan Hodac, der damalige Generalsekretär des ACEA, bezeichnete die neuen Standards als „extreme Herausforderung" und wies darüber hinaus auf eine drohende Verteuerung von Dieselfahrzeugen infolge der neuen Normen hin. Dies führe unweigerlich zu einer Zunahme von Benzinfahrzeugen, die wiederum mehr CO_2-Emissionen verursachten (vgl. ACEA 2006b).

Lobbyingaktivitäten gegenüber dem Rat und dem Parlament

Nach der Vorlage des Kommissionsvorschlags am 21. Dezember 2005 konzentrierte die Industrie ihre Lobbyingaktivitäten – wie in dieser Phase des Gesetzgebungsprozesses üblich –auf den Rat und das Parlament, da von diesem Zeitpunkt an alle weiteren Entscheidungen bei diesen Organen lagen. Da die politischen Entscheidungen der Mitgliedsstaaten und des Europäischen Parlaments in voller Kenntnis der involvierten wirtschaftlichen Interessen getroffen wurden, nutzten die Lobbyisten von nun an insbesondere die Kanäle über direkte Kontakte zum Europäischen Parlament sowie zu den Vertretern der Mitgliedsstaaten im Rat.

Wie bereits in Kapitel 4.2.2.3 erwähnt, ist indirektes Lobbying die gängigste Strategie der Interessenvertreter, um über den Rat Einfluss auf die europäische Politik auszuüben. Jedoch: „A major problem for interests is that they cannot normally direct approach the Council of Ministers. (...) More usually, however, the only way an interest can hope to establish contact with, and perhaps exert pressure on, the Council of Ministers is indirectly: through a government or governments looking favorably on its cause or feeling obliged to act on its behalf." (vgl. Nugent 2010: 249).

Dementsprechend fanden die Lobbyisten ihre Zugänge vor allem über die nationalen Ministerien, insbesondere über die entsprechenden Referatsleiter. Wie auch schon bei der CO_2–Gesetzgebung führte der Weg der Industrie- und Verbandsvertreter hierbei über das Umwelt- und das Wirtschaftsministerium, mit dem Ziel, ihre Interessen in die nationale Stellungnahme und somit in den Entscheidungsprozess der Euro 5/6-Norm einzubringen (vgl. Int.030510).

Eine weitere Taktik der verschiedenen Interessengruppen bestand darin, den Meinungsbildungsprozess im Rahmen der Beratungen innerhalb des Parlaments zu beeinflussen. Im Gegensatz zur CO_2–Fallstudie zeigte es sich im Entscheidungsprozess der Euro5/6-Norm, dass weniger die Unternehmen selbst, sondern in erster Linie die Verbände den direkten Kontakt zum Parlament gesucht haben. Dies ist darauf zurückzuführen, dass die Hersteller bei den meisten Themen zu einer einheitlichen Verbandsposition gelangten (siehe Kapitel 5.3.4). Um ihre Interessen entsprechend zu lancieren, habe sich das Lobbying primär auf die Fraktionsvorsitzenden, die Ausschussvorsitzenden und den Berichterstatter fokussiert (vgl. Int. 200410; Int. 290410-I). Wie bereits mehrfach erwähnt, ist das Parlament im vorliegenden Fall vor allem aufgrund seiner Rolle im Rahmen des Mitentscheidungsverfahrens von zentraler Bedeutung für Interessenvertreter (vgl. Eising 2004: 498). Generell verfügt das Europäische Parlament über eine Reihe von Instrumenten, die sich für Interessenvertreter stets als nützlich erwiesen haben: „Beyond its important position in legislative procedures the EP also has other potentially useful tools at its disposal that can feed into EU law making and create the possibility of interests using MEPs to influence the legislative environment. These tools include: the production of own initiative reports, that can pave the way fort he Commission to come forward with proposals; the power of formally request the Commission to submit legislative acts; and the access to a range of forums – such as political group meetings and EP committees – where ideas about legislation are discussed and exchanged both in formal sessions and on the margins of meetings." (vgl. Nugent 2010: 251).

Um Positionen zu beeinflussen haben die Lobbyisten immer wieder versucht, wie auch schon im Rahmen der CO_2-Gesetzgebung, möglichst viele Parlamentarier durch gute Argumente zu überzeugen und somit Mehrheiten innerhalb des Parlaments zu schaffen (vgl. Int. 200410). Ein Vertreter des Parlaments betonte in diesem Zusammenhang, dass insbesondere die Phase der Berichterstellung einen zentralen Zugangskanal für Lobbyisten geboten habe (vgl. Int.290410-II). Diese Sichtweise bestätigt auch Neill Nugent (2010: 252): „MEPs and officials engaged in preparing reports for EP committees often approach appropriate interests for their views, or allow themselves to be approached. This (…) is usually because they wish to make use of the knowledge and expertise of interests and/or because the future progress of reports is likely to be eased if they do not come up against stiff oppositional lobbying from interests."

Darüber hinaus boten auch mehrere Ausschussanhörungen die Möglichkeit, Industriepositionen zu benennen und somit Einfluss zu nehmen. Als Hauptbetroffene der Gesetzgebung und wesentlicher Träger des technischen Wissens übte die Automobilindustrie in formellen Gremien wie auch auf informeller Ebene Einfluss auf den politischen Entscheidungsprozess aus, vorrangig auf dem Weg bilateraler Gespräche.

5.3.3 Organisations- und Strategiefähigkeit der Industrie

Im Rahmen der Fallstudie zu Euro 5/6 sollen nachfolgend die bereits bekannten Kriterien Proaktivität, Nutzung der Zugangschancen, Verhältnis individueller und kollektiver Handlungsformen sowie die Organisation auf nationaler/europäischer Ebene herangezogen werden, um Aussagen über die Organisations- und Strategiefähigkeit der Automobilindustrie zu treffen.

Proaktivität

Auf den ersten Blick könnte man den Eindruck gewinnen, dass die Industrie abwartend reaktiv handelte, da sie bei der Euro-5-Gesetzgebung wiederholt eine passive Haltung einnahm. Diese Haltung zielte allerdings darauf ab, eine gewisse Zeitverzögerung zu erreichen. Darin liegt eine Logik, da im Fokus industrieller Interessen meist die Kosten stehen. Je später ein Gesetz in Kraft tritt, desto später fallen auch die dadurch entstehenden Kosten und die damit verbundenen Investitionen an. Diese durchaus übliche Vorgehensweise bestätigte auch der Interessenvertreter von Daimler. Laut seiner Aussage wollte man im Fall der Euro-5/6-Norm in erster Linie verhindern, dass der Vorschlag zu schnell kommt (vgl. Int. 070510). Diese Vorgehensweise bestätigte auch der Interessenvertreter von BMW (vgl. Int. 200410). Auch im Falle der CO_2-Gesetzgebung verfolgte die Industrie eine ähnliche Strategie. Dem stand allerdings ein Verlust an Reputation und Glaubwürdigkeit in der Öffentlichkeit gegenüber, der in keinem Verhältnis zu den „Opfern" stand, die die Industrie für die Verschiebung bringen musste.

Bei näherer Betrachtung handelte die Automobilindustrie im Rahmen der Euro-5/6-Regelung jedoch klar proaktiv. Da die Interessenvertreter in den vorangegangenen Verhandlungen (Euro 3, Euro 4) bereits gute Kontakte aufgebaut hatten und die relevanten Personen bereits kannten, war man auf den Prozess bestens vorbereitet und konnte entsprechend handeln, wie auch die Gesprächspartner von Daimler und BMW bestätigten (vgl. Int. 070510; Int. 200410).

An dieser Stelle ist hervorzuheben, wie Euro 6 aus Sicht der Industrie zustande kam. Im Verlauf mehrerer Gespräche mit den deutschen Lobbyisten verfestigte sich der Eindruck, dass die Verordnung in ihrer endgültigen Form insbesondere unter dem Einfluss von VW und Daimler entstand. Die ursprünglich geplante Verschärfung der Euro-5-Norm hätte die Automobilindustrie unter einen enormen Druck gebracht. Die Grundidee war daher, eine zweite Stufe (nämlich Euro 6) zu integrieren, um somit Euro 5 auf einem „vernünftigen" Maß halten zu können. Die Verschärfungen kämen dann zum Teil erst in der zweiten Stufe zum Tragen. Laut Aussage eines beteiligten Interessenvertreters wurde dieser Weg gemeinsam mit dem Umweltministerium entwickelt und weiterverfolgt (vgl. Int. 070510). An dieser Stelle ist erwähnenswert, dass es zu den Absprachen kam, obwohl der ACEA gegen dieses Vorgehen bereits formal Position bezogen hatte. Konfrontiert mit dieser Tatsache, argumentierte der in dieser Angelegenheit führende Interessenvertreter eines deutschen Herstellers, dass man sich zu einem solch unkonventionellen Vorgehen entschlossen habe, „weil es die richtige Lösung war" (vgl. Int. 070510). Da man eine von der Automobilindustrie vertretene gemeinsame Linie nicht aufbrechen wollte, sei man nach außen hin „dagegen" aufgetreten. Allerdings habe man die Angelegenheit im Stillen stets gefördert (vgl. Int. 070510). Wie die deutsche Beteiligung am Entscheidungsprozess zeigt, setzte man sich frühzeitig und somit proaktiv dafür ein, die Belastung durch die Vorschrift zu begrenzen. Als Lösung wählte man die Befürwortung einer abgestuften Umsetzung (Euro 6).

Dennoch gab es in der Industrie lange Zeit eine geteilte Meinung zur Zweistufenregelung. Den eben erwähnten proaktiven Einsatz Deutschlands, also die Intervention zu einem frühen Zeitpunkt, konnte die deutsche Industrie aus Sicht der Lobbyisten aber schließlich als einen Erfolg verzeichnen. Ihr sei es gelungen, so der Repräsentant von Daimler, den

Berichterstatter von der Zweistufenregelung zu überzeugen (vgl. Int. 070510). Obwohl dieses Konzept demnach auf Überlegungen der beteiligten Interessenvertreter basierte, erhob auch der Berichterstatter Anspruch darauf, diesen Weg entwickelt zu haben. Er argumentierte, im Laufe der Vorbereitungsdiskussionen sei klar geworden, dass zusätzliche Reduzierungen bei den Grenzwerten nötig und auch technisch realisierbar seien (vgl. Int. 270410). Durch eine gleichzeitige Einführung von Euro 6 würden langfristige Reduktionsziele festgelegt, „die für die Forschung und Entwicklung im Bereich abgasmindernder Kraftfahrzeugsysteme Planungs- und somit Investitionssicherheit für die Hersteller" bedeuteten (vgl. Europäisches Parlament 2006b: 34). Am Ende führte das proaktive Lobbying zu einer zweistufigen Lösung und einer Zeitverzögerung um sechs Monate, sodass die Einführung der neuen Norm mit den Modellprogrammen der PKW-Herstellung zu vereinbaren war.

Nutzung der Zugangschancen

Wie die Darstellung in Punkt 5.3.3 gezeigt hat, beteiligte sich die Industrie eingehend an der Entwicklung der Gesetzgebung. Die Lobbyingaktivitäten der Automobilindustrie waren systematisch und ebenenübergreifend auf die gesamte politische Landschaft ausgerichtet. In der Vorbereitungsphase des Kommissionsvorschlags konzentrierte sich die Lobbytätigkeit stark auf die Kommission. Der politische Entstehungsprozess verlief in Form eines zeitintensiven und zugleich komplexen Verfahrens, das zunächst über externe Studien zur Folgenabschätzung führte und dann zur Vorbereitung des Gesetzgebungsvorschlags überleitete. Im Rahmen der externen Studien und Folgenabschätzungen wurden öffentliche Konsultationen durchgeführt, an denen sich die Industrie intensiv beteiligte.

Die Interessenvertretung gegenüber den Parlamentariern fand insbesondere vor den Abstimmungen im Umwelt- und Industrieausschuss statt. Hierzu nutzten die Industrievertreter alle Möglichkeiten der Kommunikation. Neben einem regen Austausch von Positionspapieren, Telefonaten und E-Mails betonten alle befragten Akteure vor allem die Bedeutung der bilateralen Gespräche, da hier konkrete Formulierungen des Gesetzestextes diskutiert wurden. Darüber hinaus fanden im Parlament oftmals auch verschiedene Hearings statt, die von einer Fraktion oder mehreren Abgeordneten organisiert wurden. Im konkreten Fall gab es eine solche informelle Anhörung am 11. Mai 2006. Unter dem Titel „Air pollution Euro 5.

Thematic Strategie air pollution and the urban environment" wurden hierzu von allen Seiten Experten eingeladen, um den Vorschlag in diesem Gremium nochmals zu diskutieren (vgl. Int. 270410). Der Zugang zu den Vertretern der Mitgliedsstaaten erfolgte in erster Linie über die nationale Ebene, also die zuständigen Referatsleiter im Umwelt- und Wirtschaftsministerium.

Neben den institutionalisierten Formen der Einflussnahme wurden verstärkt auch nicht institutionalisierte Formen genutzt, um eigene Positionen einzubringen (vgl. Tömmel 2008). Daraus lässt sich ableiten, dass der informellen Ebene in diesem Zusammenhang eine entscheidende Bedeutung zukam (vgl. van Schendelen 1993b; Milinewitsch 2005; Knill 2008). Gespräche mit Parlamentariern sind vor allem dann von Nutzen, wenn ein Vertrauensverhältnis besteht. In beiden untersuchten Politikprozessen war es den Industrievertretern gelungen, solche besonderen Vertrauensverhältnisse aufzubauen. In den meisten Fällen waren die Assistenten der Parlamentarier ihre zentralen Ansprechpartner. Im Allgemeinen leisten diese Assistenten die entscheidende Vorarbeit, indem sie Dokumente verfassen, die von den Abgeordneten nur noch unterzeichnet werden. Gleiches gilt laut Aussage eines Konzernvertreters auch für Kontakte zu Kommissionsbeamten in jeder Position (vgl. Int. 070510). Zum selben Ergebnis kommt auch Rainer Eising (2007b) in seinem Artikel „Institutional Context, Organizational Resources and Strategic Choices". Darin betont er, dass Interessengruppen häufiger Kontakte zur Arbeitsebene als zur politischen Führungsebene unterhielten, da die europäische Integration aus vielen technischen Details bestehe. Da es die Referenten, die Arbeitsgruppen und die parlamentarischen Ausschüsse seien, die die Entwürfe entwickelten, benötigten vorrangig sie die Informationen (vgl. Eising 2007b: 334). Generell war der formelle Kanal zwar wichtig, wenn es darum ging, sich allgemein zu orientieren. Die befragten Interessenvertreter waren sich aber einig darin, dass die wichtigsten Entscheidungen in persönlichen Gesprächen mit den vorbereitenden Entscheidungsträgern fielen und weiterhin fallen werden (vgl. Int. 070510; Int. 200410).

Verhältnis individueller und kollektiver Handlungsformen

Wie in der vorangegangen Analyse der CO_2-Gesetzgebung bereits ausführlich dargestellt, gibt es im Verhältnis zwischen Verbandslobbying und Unternehmenslobbying eine effektive Arbeitsteilung. Ganz allgemein gilt, dass gemeinsame Interessen durch den Verband vertreten werden, während Partikularinteressen von den betroffenen Unternehmen selbst vertreten werden.

Generell unterscheidet sich das Vorgehen im vorliegenden Fall nicht wesentlich von den koordinierten Handlungsformen im CO_2-Prozess. Grundsätzlich wurde der Verband zunächst beauftragt, die Maximalpositionen zu vertreten. Darüber hinaus betonte ein Lobbyist, dass man über den Verband auch sogenannte „negative Positionen" vertreten habe, also Positionen, die die Hersteller aus Imagegründen nicht selbst kommunizieren wollten. Darüber hinaus habe man den Verband auch zum partiellen Informationsaustausch und als Koordinationsplattform genutzt (vgl. Int. 300410). Im Rahmen der Interviews wurde deutlich, dass vor allem zwischen den deutschen Herstellern immer wieder Zweckbündnisse entstanden (vgl. Coen 1998). Gleichzeitig bestand aber auch eine enge Zusammenarbeit mit dem VDA und dem ACEA, wobei sich die Zusammenarbeit mit dem europäischen Dachverband aufgrund der zu berücksichtigenden nationalen Interessenlage anderer Mitglieder zwar als effektiv, aber auch als deutlich komplexer erwies. Die Koordination mit dem VDA hingegen war für die deutsche Industrie erheblich einfacher, da sich die Verbandsmitglieder in nahezu allen Belangen auf eine gemeinsame Position verständigten. Generell haben die untersuchten Unternehmen von Beginn an gleichzeitig einzeln, in Bündnissen wie auch innerhalb der Verbände agiert. Die folgende Darstellung zeigt das Verhältnis individueller und kollektiver Handlungsformen am Beispiel der Euro-5/6-Gesetzgebung. Je nach Thema ergaben sich unterschiedliche Konstellationen, wobei man in den meisten Punkten zu einer einheitlichen Verbandsposition gelangte.

Tabelle 5.8: Verhältnis individueller und kollektiver Handlungsformen am Beispiel der Euro-5/6-Gesetzgebung

Akteur / Thema	Verband	Unternehmen	Koordiniert (U+U)
Euro 6		✘	✘ (D)
Zeitpunkt der Einführung	✘	✘	
Ausnahmen für schwere PKW	✘	✘	
Senkung des NOx-Grenzwertes	✘	✘	

Quelle: Eigene Darstellung

Die europäische Automobilindustrie war zu Beginn des politischen Prozesses in der Frage einer zweistufigen Regelung (also inkl. Euro 6) unterschiedlicher Meinung, obwohl diese Regelung der Industrie mehr Planungssicherheit ermöglichte. Trotzdem wehrten sich beispielsweise die französischen Vertreter massiv gegen ein solches Konzept. Es stellt sich die Frage, worin der Grund für diese Haltung lag. Die befragten deutschen Lobbyisten vermuteten hinter dem Verhalten der französischen Seite eine wohlüberlegte Wettbewerbstaktik und wiesen vor allem auf die Tatsache hin, dass die französischen Hersteller zu diesem Zeitpunkt bereits serienmäßig Partikelfilter in ihre Modelle integriert hatten. Somit wären sie von einer scharfen Euro-5-Regelung deutlich weniger betroffen gewesen als die deutsche Konkurrenz (vgl. Int. 070510; Int. 300410). Daraufhin sprachen sich die deutschen Unternehmen ab und versuchten, eine Mehrheit für den zweistufigen Ansatz zu gewinnen. Hier fanden insbesondere VW, Daimler und BMW zusammen. Diese Konzerne kooperierten intensiv mit ihren Außenstellen in den verschiedenen europäischen Märkten, wobei insbesondere VW eine wichtige Rolle spielte. Mit Werken in ganz Europa besaß VW im Vergleich zu den anderen Herstellern deutlich bessere Einflussmöglichkeiten auf den Europäischen Rat. Dieser Vorteil wurde nach Aussage eines Gesprächspartners auch in anderen Kernfragen regelmäßig strategisch eingesetzt (vgl. Int. 300410). Wie bereits zu einem früheren Zeitpunkt erwähnt, ergeben sich nach Ansicht von David Coen (1998) die besten Chancen zur Einflussnahme über Bündnisse und/oder solidarische Verknüpfungen. Das Gleiche gelte auch für ausländische Tochterfirmen. Die Untersuchung bestätigt also Coens Ergebnis, dass eine Tochterfirma im Ausland auch als Mittel zur Vereinfachung des politischen Zugangs zu einem anderen Markt gesehen werden kann (Coen 1998: 77).

Was den Zeitpunkt der Einführung der Verordnung betraf, so seien sich im Verband laut Aussage der ACEA-Vertreter alle einig gewesen und man habe mit einer Stimme sprechen können. Entgegen der Forderung der Kommission, die Verordnung schon nach 18 Monaten auf alle neuen PKW anzuwenden, plädierte der ACEA für einen Zeitraum von 36 Monaten. Auch hinsichtlich der Befürwortung von Ausnahmen für schwere PKW sei man sich innerhalb des ACEA einig gewesen, da die meisten Hersteller einen solchen PKW im Programm hätten. Eine weitere zentrale Forderung der Kommission war die Herabsetzung des NOx-Grenzwertes für Fahrzeuge mit Benzinmotoren. Auch in dieser Frage vertraten die Mitglieder des ACEA eine einheitliche Position und lehnten den Ansatz der Kommission ab, so der Interessenvertreter (vgl. Int. 300410).

Viele dieser Punkte konnten die Vertreter der Industrie am Ende zwar nicht durchsetzen, man hatte sich aber in den meisten Kernthemen zumindest auf eine gemeinsame Position geeinigt. In Ergänzung zur Vertretung über den Verband war es laut Aussage einiger Lobbyisten üblich, dass die Unternehmen von sich aus aktiv wurden, um den „key-issues" einen zusätzlichen Nachdruck zu verleihen. Was die Organisation auf nationaler und europäischer Ebene anging, so war der europäische Dachverband im Vergleich zur CO_2-Gesetzgebung bei der Interessenvertretung in Bezug auf Euro 5/6 deutlich schlagkräftiger, da die Interessenlage der Konzerne – mit Ausnahme der zweistufigen Regelung – überwiegend einheitlich war.

Organisation auf nationaler/europäischer Ebene

Die Tatsache, dass die Automobilindustrie sowohl auf nationaler als auch auf europäischer Ebene generell über eine starke Organisation verfügt, wurde bereits in Punkt 5.2.4 dargestellt. Darüber hinaus hat die CO_2-Fallstudie gezeigt, dass die Effektivität der jeweiligen Ebene davon abhängt, ob es eine einheitliche Position gibt. Von entscheidender Bedeutung ist also die Interessenlage der Konzerne.

Im Rahmen der Untersuchung der Euro-5/6-Gesetzgebung wurde deutlich, dass die Unternehmen in den unterschiedlichen Nationalstaaten in den meisten Punkten zu einer einheitlichen Verbandsposition gelangt waren. Dementsprechend stark war die Interessenvertretung auf europäischer Ebene. Da die deutschen Hersteller in allen Fragen der Euro-5/6-Richtline eine gemeinsame Position vertraten, konnten sie Ihre Interessen auch dementsprechend stark auf nationaler Ebene vertreten. In der Frage einer zweistufigen Regelung waren sich einige Hersteller jedoch uneinig. Die Gründe hierfür sind primär auf eine Wettbewerbstaktik französischer Hersteller zurückzuführen (Partikelfilter), wie bereits in Punkt 5.3.4 erläutert wurde. Durch intensive Interventionen seitens der deutschen Industrie hatte man sich schließlich auf eine gemeinsame Position geeinigt. Aufgrund der schlagkräftigen verbandlichen Interessenvertretung auf europäischer Ebene war der Bedarf an individueller Interessenvertretung durch die Konzerne selbst vergleichsweise gering.

6. Vergleichende Analyse der Fallstudien

Um herauszufinden, inwieweit die Unternehmen und Verbände der deutschen Automobilbranche in den politischen Entscheidungsprozessen im Vorfeld der CO_2- bzw. Euro-5/6-Verordnungen tatsächlich strategisch handelten, werden im sechsten Kapitel die beiden Fallstudien unter den in Punkt 1.4 entwickelten Aspekten miteinander verglichen. Neben der Verdeutlichung von Gemeinsamkeiten und Unterschieden ist auch die Frage zu beantworten, wie sich diese Unterschiede erklären: Von welchen Faktoren war es abhängig, was die Automobilindustrie wann, wo und wie unternahm? Gab es ein Muster? Intervenierte die Industrie in beiden Fällen zu den gleichen Zeitpunkten? Versuchte man nach der gleichen Systematik vorzugehen?

Ein Muster lag sicherlich in beiden Fällen vor: Im Verlauf beider Prozesse wurden die offiziellen Plattformen, wie Anhörungen, Konsultationen etc., intensiv genutzt. In beiden Fällen wurde auch eine umfangreiche wissenschaftliche Vorarbeit (CAFE, etc.) geleistet. Dennoch wies jeder Prozess, insbesondere die CO_2-Gesetzgebung, Besonderheiten auf.

Wettbewerbspolitische Asymmetrie in der CO_2-Debatte

Die Konstellation der CO_2-Debatte zeigte mit dem Klimaschutzziel von 120 g/km schon zu Beginn eine starke Asymmetrie zugunsten der Volumenhersteller. Diejenigen Länder, deren Automobilindustrie bereits in großem Umfang kleinere Fahrzeuge produzierte, die entsprechend weniger CO_2 emittierten, konnten die geforderten Werte mit einem wesentlich geringeren Aufwand erreichen als die Premiumhersteller, die überwiegend in Deutschland ansässig waren. Hinzu kam, dass Länder, die über keine Herstellerindustrie verfügten, überhaupt nicht betroffen waren. Insofern handelte es sich bei dem Klimaschutzziel um eine unausgewogene Regelung, da nicht alle Länder in gleicher Weise betroffen waren. Gerade in Deutschland nahm man am CO_2-Dossier Anstoß. Der damalige Bundeswirtschaftsminister Michael Glos nannte die CO_2-Regelung einen „Vernichtungsfeldzug gegen die deutsche Automobilindustrie" (vgl. Der Spiegel 2008: 30). Man war der Ansicht, dass die Kosten einseitig den deutschen Automobilunternehmen aufgebürdet werden sollten.

Sigmar Gabriel sprach in seiner damaligen Funktion als Umweltminister gar von einem „Wettbewerbskrieg gegen die deutsche Industrie" (Der Spiegel 2008: 30). Insofern ist es naheliegend, dass die Bundesregierung im Entscheidungsprozess als Exponent agierte. Auf der anderen Seite spielte die französische Ratspräsidentschaft – nicht zuletzt als Vertreter des Gemeinschaftsinteresses – eine zentrale Rolle. Hinzu kam, dass Frankreich als Land mit einer eigenen Herstellerindustrie ebenfalls betroffen war, wenn auch nicht in gleicher Weise wie Deutschland. Aufgrund dessen mobilisierten die Unternehmen zunächst ihre jeweiligen Alliierten (Regierungen, Abgeordnete etc.). Entsprechend stellte sich die deutsche Regierung auf die Seite derjenigen Automobilunternehmen, die größere Fahrzeuge produzierten, wohingegen Frankreich als Advokat der Produzenten von Kleinwagen auftrat. Aufgrund dieser unterschiedlichen Interessen kam es in der Folge zu regelrechten „Verteilungskämpfen".

Erschwerende Umstände – das Verfahren der verstärkten Zusammenarbeit

Da es nur wenige Präzedenzfälle für das Verfahren der verstärkten Zusammenarbeit und dessen formale Durchführung gab, kam es im Rahmen des CO_2-Prozesses zu einer komplexen Konfliktkonstellation. Während Guido Sacconi in seiner Funktion als Berichterstatter beabsichtigte, diesen Prozess im Alleingang voranzutreiben, war Werner Langen, der Verfasser der Stellungnahme des ITRE, der Auffassung, dass das Verfahren der verstärkten Zusammenarbeit stets ein gemeinsames Vorgehen erfordere (vgl. Int. 070510). Dabei ergab sich die seltene Situation, dass Unstimmigkeiten innerhalb der Kommission öffentlich ausgetragen wurden. Für ein Kollektivorgan wie die Europäische Kommission ist ein solches Verhalten unüblich. Im Normalfall wird ein Regulierungsentwurf erst dann in die Kommission eingebracht, wenn sich der Kommissar sicher ist, dass er von seinen Kollegen unterstützt wird. Es ist zwar keineswegs ungewöhnlich, dass bestimmte Kommissare Kritikpunkte äußern, die dann auch in das Protokoll aufgenommen werden. Diese Kritik wird aber normalerweise nicht öffentlich formuliert. Im Falle der CO_2-Gesetzgebung kam es jedoch über Wochen zu einem öffentlichen Schlagabtausch zwischen dem Umweltkommissar Stavros Dimas und dem Industriekommissar Günter Verheugen. Rückblickend betrachtet trug sicherlich auch der Kommissionspräsident zu dieser Entwicklung bei.

Allem Anschein nach hegte José Manuel Barroso die sichere Erwartung, dass die Regierungschefs die Klimapolitik ohne größeren Widerstand mittragen würden, da sie letztlich der Beschlusslage des Rates entsprach. Ein Gesprächspartner aus der Kommission vermutete, dass sich Barroso relativ früh für eine Umsetzung der Ziele der GD Umwelt einsetzte, da er möglicherweise annahm, dass diese Ziele – u. a. auch von Seiten der Bundeskanzlerin Angela Merkel – Unterstützung fanden (vgl. Int. 280410). An dieser Stelle habe er sich jedoch verschätzt, da Angela Merkel sicherlich den Ruf einer Klimakanzlerin genösse, gleichzeitig aber auch ein Land regiere, dessen Wohlstand zu einem großen Teil von der Automobilindustrie abhänge. So stelle die deutsche Automobilindustrie 50 % des Exportanteils. Darüber hinaus besitze die deutsche Automobilindustrie einen Marktanteil von 80 % im Premiumsegment (vgl. Int. 290410-II). Das Bundeswirtschaftsministerium bestätigt diese Zahlen (vgl. BMWi 2010). Unter diesen Voraussetzungen ist es nachvollziehbar, dass die Bundeskanzlerin bestimmte Vorhaben aus eben genannten Gründen nicht mittragen konnte, obgleich ihr Ansehen als Klimakanzlerin dadurch gefährdet war.

Kompromisslösung auf Betreiben der nationalen Regierungen Frankreichs und Deutschlands

Die in erheblichem Maße vom Kommissionsvorschlag abweichende Position der Bundesregierung markierte daher einen Wendepunkt in der Debatte. Im Kontext dieser Problemlage kam es schließlich auch zu einem Kompromiss zwischen Angela Merkel und Nikolas Sarkozy, in dem der deutsch-französische Gegensatz ausgeräumt wurde. Von diesem Zeitpunkt an geriet der Prozess in Bewegung, da sich nun auch der ACEA positionieren konnte. Denn wenn sich die Regierungen einig sind, ist es offensichtlich, dass sich auch die Industrie einigen muss.

Gesellschaftspolitische Bedeutung der Klimadebatte

Im Falle der CO_2-Gesetzgebung führten die Beteiligten eine außerordentlich intensive Debatte. Industrie und Politik unterschätzten lange Zeit die

Wirkung der Klimadebatte. Gerade die Industrie neigte dazu, auch dieses Thema – wie bei Umweltdebatten üblich – gleichsam „auszusitzen". Bei der Erarbeitung des Kommissionsvorschlags nahm sie keine wirklich konstruktive Haltung ein, sondern verweigerte sich konsequent, indem sie nahezu jeden Ansatz verwarf. Doch schon sehr bald wurde klar, dass eine Teilnahme an der Klimadebatte nicht mehr grundsätzlich zu vermeiden war. Vor dem Hintergrund einer solchen Generaldebatte entwickelte sich eine unvorhergesehene Gemengelage, die einen beträchtlichen gesellschaftlichen Sog erzeugte.

Es liegt die Vermutung nahe, dass die Industrie über ein Standardrepertoire zur Interessenvertretung und Einflussnahme auf politische Prozesse verfügt, also stets zu einem bestimmten Zeitpunkt durch eine bestimmte Art und Weise interveniert. Zudem wäre es denkbar, dass Industrie und Verbände eine einheitliche Lobbyingstrategie verfolgen. Dies ließ sich anhand der beiden untersuchten Fälle aufgrund der Komplexität und der Dynamik der Politikprozesse allerdings nicht bestätigen. Nicht zuletzt aufgrund unterschiedlicher Interessenkonstellationen der beteiligten Automobilhersteller setzten die Lobbyingaktivitäten in beiden Fällen unterschiedliche inhaltliche wie zeitliche Schwerpunkte.

Der größte Unterschied lag im Verlauf der beiden Politikprozesse selbst begründet. Zum einen stand die CO_2-Gesetzgebung sehr viel deutlicher im Mittelpunkt des öffentlichen Interesses und erstreckte sich über einen deutlich längeren Zeitraum. Die Erarbeitung der Euro-5/6-Richtlinie lag zum großen Teil bei Spezialisten, weshalb sie insgesamt weniger emotional debattiert wurde. In beiden Fällen gab es Interessengegensätze zwischen Deutschland und Frankreich. Die Differenzen über die CO_2-Verordnung waren allerdings ausgeprägter, da diese sich auf die jeweilige nationale Branche sehr viel stärker ausgewirkt hätte. Darüber hinaus waren im Kontext der CO_2-Richtlinien größere gesamtwirtschaftliche Auswirkungen zu erwarten.

6.1 Proaktivität

Erst nach Abschluss der Verhandlungen zur freiwilligen Selbstverpflichtung begann sich die Industrie zu formieren. Im Prozess der CO_2-Gesetzgebung wurde sie praktisch erst aktiv, als die Kommission bereits an einer Mitteilung über die CO_2-Strategie arbeitete. Allerdings war es zu dieser Zeit ausnehmend schwierig für die Industrie, miteinander zu kommunizieren, da Günter Verheugen parallel an der CARS-21-Mitteilung arbeitete. Laut Aussage mehrerer Industrievertreter behinderte der „Grabenkrieg" zwischen Verheugen und Stavros Dimas eine effektive Lobbyingaktivität erheblich (vgl. Int. 070510; Int. 200410; Int. 290410-I). Hinzu kamen Differenzen zwischen den Mitgliedsstaaten, die bis 2008 nicht ausgeräumt werden konnten. Erst nach dem Kompromiss zwischen Angela Merkel und Nikolas Sarkozy war es der Industrie möglich, effizient zu arbeiten.

Hinzu kam, dass die Industrie einen allgemeinen Trend nicht erkannte und die gesamtgesellschaftliche Entwicklung insgesamt unterschätzte. In der Vergangenheit standen beim Neukauf eines PKW Aspekte wie die Leistung des Motors, der Komfort etc. im Vordergrund. Heute fragen Käufer sehr viel häufiger nach dem Benzinverbrauch eines Fahrzeugs, da die Preise für Treibstoffe erheblich gestiegen sind. Darüber hinaus wird der Klimaschutz nicht selten mit der Treibstoffeffizienz von PKW in Verbindung gebracht. Diese Fehleinschätzung von Seiten der Industrie führte letztlich dazu, dass sich die betroffenen Konzerne insgesamt zu spät positionierten. In diesem Fall bestätigt sich also die These, dass die Automobilindustrie oftmals den geeigneten Zeitpunkt verpasst, um rechtzeitig ihre Einflussmöglichkeiten zu nutzen (vgl. McLaughlin/Jordan/Maloney 1993).

Unter Proaktivität kann neben der Intervention zu einem möglichst frühen Zeitpunkt aber auch eine Strategie verstanden werden, bei der die Industrie Informationen zur Verfügung stellt, noch bevor sie von der Politik überhaupt nachgefragt werden. Die Darstellung des Politikprozesses hat gezeigt, dass die Industrie – nachdem sie den Ernst der Lage erkannt hatte – ihre Positionen sehr schnell und flächendeckend darlegte und ihre Grundsätze verdeutlichte. In diesem Fall agierte die Industrie nachweislich proaktiv, was zugleich die Forschungsergebnisse von David Coen untermauert. In seinem Artikel „The European Business Interest and the Nation State: Large-firm Lobbying in the European Union and Member States" (1998) kommt er zu dem mit der vorliegenden Untersuchung übereinstimmenden Ergebnis, dass Unternehmen ihre politischen Ressourcen zunehmend aktivieren, um gezieltes proaktives Lobbying zu betreiben, da sich reaktives Lobbying nicht mehr als zielführend erweist (vgl. Coen 1998).

Im Ergebnis ist also festzuhalten, dass die Industrie die gesellschaftliche Bedeutung und Dynamik der Thematik unterschätzte. Zunächst setzte man auf die freiwillige Selbstverpflichtung, konnte bzw. wollte die Versprechen aber nicht einlösen. Letztlich wurde die Industrie erst aktiv, nachdem die Kommission das Ziel formuliert hatte. Von diesem Zeitpunkt an konzentrierte sich die Einflussnahme nicht mehr auf das Ziel selbst, sondern auf die Details der Umsetzung. Im Gegensatz dazu hatten die Beteiligten bei der Euro-5-Norm vieles schon im Vorfeld geklärt. Der Streit entzündete sich überwiegend an der Einführung einer zweiten Stufe und an den gesetzten Fristen. Aufgrund der Erfahrungen aus den vorangegangenen Verhandlungen (Euro 3 und Euro 4) war es der Industrie daher möglich, bereits zu einem frühen Zeitpunkt effektiv und somit proaktiv zu handeln. Zudem war das Thema eher technischer Natur, weshalb die Kommission bereits von sich aus an einem frühzeitigen Kontakt mit der Industrie interessiert war, um bei der Entwicklung des Gesetzes von deren Wissen und Know-how zu profitieren. Nicht nur Andreas Dür (2008) weist in diesem Zusammenhang darauf hin, dass die externe Expertise zur Arbeitserleichterung der Entscheidungsträger beiträgt und daher zu einer frühzeitigen Beteiligung der Interessengruppen am politischen Entscheidungsprozess führt. Auch Irina Michalowitz (2007) kommt zu dem Ergebnis, dass Interessengruppen vor allem „technischen Einfluss" ausüben können.

6.2 Nutzung der Zugangschancen

Der Politikprozess beider Verordnungen unterscheidet sich zunächst nicht vom üblichen Gesetzgebungsprozess. Generell trafen die Kommission bzw. die Mitgliedsstaaten und das Europäische Parlament ihre politischen Entscheidungen in Kenntnis der involvierten wirtschaftlichen Interessen und im Verlauf eines transparenten Prozesses. In diesem Zusammenhang wurde die Industrie ausführlich angehört und an der Entwicklung der jeweiligen Gesetzgebung beteiligt.

Gerade im Vorfeld des Kommissionsvorschlages gab es in beiden Fällen eine Reihe von Plattformen und Gremien, die für die Automobilindustrie relevant waren und auch intensiv genutzt wurden. In diesem Zusammenhang wurde auch eine umfangreiche wissenschaftliche Vorarbeit geleistet (CAFE, ECCP etc.), an der sich die Industrie als wesentlicher Träger des technischen Wissens intensiv beteiligte. Darüber hinaus fanden zahlreiche Konsultationen, Beratungen und Anhörungen statt, in denen Unternehmen und Verbände ihre Positionen als Teil des offiziellen Konsultationsprozesses einbringen konnten. Es bestätigt sich also die Feststellung von Beate Kohler-Koch et al., wonach privatwirtschaftliche Akteure die Anhörungen der Kommission intensiv nutzen, um auf ihre Interessen und Vorstellungen aufmerksam zu machen und somit den politischen Entscheidungsprozess zu beeinflussen (vgl. Kohler-Koch/Conzelmann/Knodt 2004). Um das Lobbyismusverhalten, das Unternehmen bei den europäischen Institutionen zeigen, besser verstehen zu können, hat Pieter Bouwen (2002) Variablen identifiziert, die aus seiner Sicht einen starken Einfluss auf den institutionellen Zugang von Unternehmen haben. Neben der Anzahl der Ebenen nennt er in diesem Zusammenhang die Komplexität der internen Entscheidungsfindung. Dabei begreift er die Ressource Information als eines der sogenannten Zugangsgüter. Je mehr Ebenen es gebe, so Bouwen, desto langsamer sei der Entscheidungsfindungsprozess. Folglich seien die Aktivitäten einzelner Firmen bei der Bereitstellung von Informationen viel effektiver als die Arbeit der Verbände. Es gelte zudem der Grundsatz: Je komplexer die Entscheidungsfindung ist, desto langsamer erfolgt die Bereitstellung von Informationen. Zumindest im Falle der CO_2-Gesetzgebung lassen sich beide Variablen erkennen. Vor allem die Tatsache, dass man innerhalb der Verbände zu keiner einheitlichen Position fand, führte dazu, dass der Interessenvertretung einzelner Unternehmen mehr Aufmerksamkeit geschenkt wurde. Darüber hinaus stellt Bouwen die Hypothese auf, dass Großunternehmen im Vergleich zu europäischen und nationalen Verbänden den besten Zugang zur Europäischen Kommission haben. Mit Blick auf die empirischen Ergebnisse kann diese Hypothese allerdings nicht uneingeschränkt unterstützt werden. Im Verlauf der beiden Prozesse waren die betroffenen Unternehmen zwar im Rahmen von Stakeholdergruppen direkt in den Entscheidungsprozess involviert. Allerdings war der europäische Dachverband ACEA mindestens in gleicher Intensität an den Prozessen beteiligt, obgleich er aus den genannten Gründen lange Zeit nicht schlagkräftig war.

Die untersuchten Unternehmen konzentrierten ihre Ressourcen aber nicht nur auf eine direkte Lobbyarbeit bei der Kommission. Nachdem der Kommissionsvorschlag vorlag, konzentrierten sich die Lobbyingaktivitäten überwiegend auf den Rat und das Parlament. Pieter Bouwen vertritt in seinem Aufsatz *„Corporate lobbying in the European Union: the logic of access"* (2002) die Hypothese, dass große Unternehmen im Vergleich zu nationalen und europäischen Verbänden den schlechtesten Zugang zum Europäischen Parlament besäßen. Das Gleiche gelte für den Zugang zum Ministerrat (vgl. Bouwen 2002). Einen diametralen Ansatz vertritt Rainer Eising in seinem Aufsatz *„The access of business interest to EU institutions"* (2007). Er geht davon aus, dass große Unternehmen über einen besseren Zugang zu EU-Institutionen verfügen als Verbände (vgl. Eising

2007a). Die vorliegende Untersuchung hat gezeigt, dass es Unternehmen gelang, ihre Interessen im Ministerrat einzubringen. Hierzu entwickelten sie gemeinsam mit dem VDA eine koordinierte nationale politische Strategie, um den Politikprozess über den Ministerrat zu beeinflussen. Es bestätigt sich also die Feststellung von David Coen (1997), wonach Unternehmen ihr Einflussnetz nicht nur über die interne politische Struktur aufbauen, sondern auch über die Zusammenarbeit mit nationalen Verbänden. All diese Aktivitäten beeinflussten in den untersuchten Fällen die Überlegungen der Kommission, des Parlaments und des Rates.

Darüber hinaus übte die Automobilindustrie als Hauptbetroffene der Gesetzgebung sowohl formell als auch informell einen Einfluss auf die politischen Entscheidungsprozesse aus. Dabei nutzte sie neben formelle Gremien auch die informelle Ebene, meistens erfolgte die Einflussnahme aber im Verlauf bilateraler Gespräche. Generell ist zu konstatieren, dass sich formelle und informelle Interessenvertretung in beiden Fällen ergänzten. Wenn es um die allgemeine Orientierungen ging, fand Lobbying überwiegend auf offizieller Ebene statt. Wenn die Abprüfung oder die Wirkung konkreter Details im Mittelpunkt stand, nutzte man häufiger die informelle Ebene. Sobald also konkrete Fakten verhandelt und einzelne Formulierungen des Vorschlags diskutiert wurden, pflegte man permanent informelle Kontakte. Berücksichtigt man die Aussagen der Lobbyisten, so waren stets die persönlichen Gespräche mit den vorbereitenden Entscheidungsträgern entscheidend.

Zusammenfassend ist festzuhalten: Für beide Fälle gilt, dass die Automobilindustrie die politische Landschaft sehr systematisch und flächendeckend konsultierte. Neben den offiziellen Zugangsmöglichkeiten kam auch der informellen Ebene eine erhebliche Bedeutung zu. Generell waren bilaterale bzw. informelle Gespräche wichtiger als formelle, da hier konkrete Formulierungen des Vorschlags bzw. des Gesetzestextes diskutiert wurden.

6.3 Verhältnis individueller und kollektiver Handlungsformen

Gerade bei Themen wie der CO_2-Reduzierung und dem Klimawandel lässt sich gut nachvollziehen, wie wichtig und alternativlos eine koordinierte Zusammenarbeit von Unternehmen und Verbänden ist, da von den Maßnahmen zum Klimaschutz 500 Millionen Menschen und Millionen von Unternehmen betroffen sind. Angesichts einer Mitwirkung von 27 Mitgliedsstaaten mit insgesamt 750 Abgeordneten und aufgrund der widerstrebenden Interessen innerhalb der Kommission, innerhalb der Industrie und innerhalb der Gesellschaft kann ein einzelnes Unternehmen nichts ausrichten.

Bevor der Frage nachgegangen wird, in welchem Verhältnis individuelle und kollektive Handlungsformen standen, also inwieweit Unternehmen einzeln, gemeinsam oder in Verbänden agierten, ist zunächst festzustellen, ob Verbandslobbying und Unternehmenslobbying in Konkurrenz zueinander standen oder ob es sich dabei um eine effektive Form der Arbeitsteilung handelte. Die Wissenschaft ist sich überwiegend einig, dass sich zumindest die Lobbyingstrukturen verändert haben und dass Unternehmen als Akteure eine zunehmende Bedeutung erlangen (vgl. Coen 1996, 1997, 1998; Mayer/Naji 2000; Eising 2004; Kohler-Koch 2004; Platzer 2008). Auch im Rahmen der vorliegenden Untersuchung bestätigte es sich, dass sich Konzerne nicht mehr allein auf die Interessenvertretung über nationale und europäische Verbände beschränken, sondern ergänzend ein eigenes Lobbying betreiben, um ihre Interessen in den politischen Entscheidungsprozess einzubringen. Auch wenn Klaus Mayer und Natalie Naji (2000) im zunehmenden Einfluss von Großkonzernen auf die politischen Entscheidungsträger einen Machtverlust der Verbände sehen, hat sich im Laufe der Untersuchung gezeigt, dass Unternehmen nach wie vor häufig den Weg über ihre Verbände nutzen. Insgesamt hängt es von zahlreichen Faktoren ab, welcher Einflusskanal von einem Unternehmen gewählt wird.

Grundsätzlich ist ein Verband, der für alle spricht, immer repräsentativer als ein einzelnes Unternehmen. Trotzdem lässt sich bezüglich der Effektivität keine allgemeingültige Antwort geben. Zwar sahen die Institutionen stets im europäischen Verband den gegebenen Ansprechpartner, aber auch ein einzelnes Unternehmen hatte Gewicht, da es unmittelbar für sich selbst sprechen konnte. Obwohl es immer wieder zu Konkurrenzsituationen kam, ergänzten sich Verband und Unternehmen. Bei der derzeitigen Verbandsstruktur wie auch angesichts der Interessenstruktur der Entscheider ist zumindest im Automobilbereich eine Strategie ohne Einbeziehung des Verbandes wenig erfolgversprechend. Darauf deutet neben einer sehr guten Organisation der Verbände auch ihr über die Jahre etabliertes Gewicht im politischen Prozess hin. Dies lässt sich zunächst damit begründen, dass die Verbände die Aufgabe übernehmen, die Meinungen ihrer Mitglieder zu konsolidieren. Der Vorteil dieses Verfahrens ist offensichtlich. Adressaten, also Entscheider, müssen sich nicht mühselig ein Gesamtbild der Interessen erarbeiten, da diese Aufgabe von den Verbänden übernommen wird. Es ist verständlich, dass es beispielsweise die Berichterstatter, Abteilungsleiter etc. vorziehen, mit einem Verband zu sprechen, statt 17 Unternehmensvertreter zu konsultieren. Natürlich fanden im konkreten Fall auch solche Einzelgespräche statt, die Gesamtlinie wurde aber vor allem mit dem Verband abgestimmt, dem folglich auch ein größeres Gewicht zukam.

Immer dann, wenn innerhalb des ACEA zu einem Thema keine Verbandsmeinung zustande kam, da die Interessenunterschiede zwischen den Herstellern zu groß waren, mussten die Unternehmen eigene Wege beschreiten. Ebenso verhielt es sich, wenn die Unternehmen neben der Verbandsposition eigene Interessen verfolgten. Diese Feststellung bestätigt die These von Thomas Winter und Ulrich Willems (2009), derzufolge die Vielschichtigkeit von Unternehmensinteressen die Durchsetzung von Partikularinteressen jenseits der Verbandstätigkeit begünstigt. Man kann dieses Vorgehen der Konzerne zwar als Ausdruck einer Konkurrenzsituation begreifen, genauso gut kann man es aber auch als eine Ergänzung der Strategie betrachten. Grundsätzlich lag hier eine sehr ergiebige Arbeitsteilung vor. Im Allgemeinen vertraten die Unternehmen nur selten ein Thema allein, da sich die Wirkung am Ende als zu gering erwies. Zwar beklagten viele Interessenvertreter den langwierigen Prozess, der sich aus den notwendigen Abstimmungen zwischen den Verbandsmitgliedern ergeben habe. Die einhellige Meinung war aber auch, dass effizientes Lobbying ohne Mitwirkung des Verbandes nicht funktioniere (vgl. Int. 290410-I; Int. 300410; Int. 070510).

Entgegen der Erwartung, dass zuerst die Verbände aktiv werden, bevor die Unternehmen ins Spiel kommen, ist in beiden Fälle festzustellen, dass die untersuchten Unternehmen von Beginn an sowohl einzeln als auch zusammen oder in Verbänden agierten. Generell vertrat der jeweilige Konzern in beiden Fällen seine ureigenen Unternehmensinteressen selbst und ließ sich bei gemeinsamen Interessen durch den Verband repräsentieren. Allerdings fand sowohl zwischen den in Europa ansässigen Unternehmensrepräsentanzen als auch innerhalb des Verbandes wiederholt eine Arbeitsteilung statt. In der Regel wurden die Aufgaben entsprechend der Nationalität bzw. der regionalen Zugehörigkeit verteilt. Üblicherweise wandte sich der Dachverband an den Berichterstatter, während die jeweiligen Konzernlobbyisten – je nach Standort ihres Unternehmens oder der Produktionsstätten – die Abgeordneten bzw. die Regierungen der Mitgliedsstaaten kontaktierten. Dies war aber kein unumstößlicher Grundsatz. Den Konzernlobbyisten stand es jederzeit offen, ebenfalls mit dem Berichterstatter in Kontakt zu treten. In den konkreten Fällen bestanden die Kontakte jedoch primär zwischen dem ACEA-Verbandpräsidenten und den jeweiligen Berichterstattern, wie die verschiedenen Interessenvertreter bestätigten (vgl. Int. 200410; Int. 070510; Int. 300410).

In Brüssel agiert eine große Zahl von Industrielobbyisten, was zu zahlreichen Interessenkonflikten führt. Die besten Chancen, Einfluss auf das offene politische System zu nehmen, bieten sich daher für Allianzen und solidarische Partnerschaften. Erfolgreicher Lobbyismus beinhaltet laut David Coen (1998) die Etablierung von organisatorischen Kapazitäten für die Koordination von möglichen Ad-hoc-Allianzen und die Entwicklung bzw. Verstärkung von bestehenden politischen Kanälen. Diese Aussagen bestätigten sich auch im Rahmen der vorliegenden Untersuchung. Grundsätzlich war eine Vernetzung zwischen Verbänden und Konzernen in beiden Gesetzgebungsprozessen erstrebenswert. Das galt neben der nationalen Ebene insbesondere auch für die europäische Ebene, da die Industrievertreter möglichst viele Mitgliedsstaaten vernetzen mussten, um ihre Ziele zu erreichen. Um schließlich eine Mehrheit im Rat zu finden, versuchte die Automobilindustrie durch intensives Lobbying möglichst viele Regierungen von ihrer Position zu überzeugen. Letztendlich war dieser Sektor aber nur für wenige Mitgliedsstaaten von Bedeutung. Neben Deutschland sind hier Frankreich, Spanien, Italien und Großbritannien zu nennen, ergänzt durch einige osteuropäische Staaten, in denen die Hersteller Werke unterhalten. Ein weiteres Problem stellten somit diejenigen Mitgliedsstaaten dar, die über keine Autoindustrie verfügten und entsprechend desinteressiert am Wohlergehen dieses Sektors waren. Dementsprechend wichtig war es für die Automobilindustrie, diejenigen Mitgliedsstaaten zu koordinieren, die eine vergleichbare Position vertraten. Gelegentlich kam es auch vor, dass der Staat selbst als Lobbyist für die Industrie auftrat. Im Falle der CO_2-Gesetzgebung reisten die politischen Vertreter Deutschlands sogar nach Frankreich und Großbritannien, um bei den dortigen Ministerien für die deutsche Position zu werben, wie eine Mitarbeiterin des Wirtschaftsministeriums berichtete (vgl. Int. 030510).

Die Konzerne kooperierten zudem sehr stark mit ihren Außenstellen in den Märkten. David Coen (1998) betont in diesem Zusammenhang, dass ein Firmensitz im Ausland als Mittel zur Vereinfachung des politischen Zugangs zu einem anderen nationalen Markt gesehen werden könne (vgl. Coen 1998). Die Lobbyisten bestätigten im Rahmen der Interviews, dass jedes Land, in dem ein Konzern ein Werk betreibe, für die Vertretung seiner Interessen relevant gewesen sei (vgl. Int. 200410; Int. 070510). In seinen europäischen Aktivitäten war VW am ehesten international aufgestellt. Mit Werken in Spanien, Tschechien, der Slowakei und Ungarn verfügte VW über einen wesentlich besseren Zugang zu den dortigen Regierungen. Im Falle von BMW konzentrierte man sich auf die Ministerien in Deutschland, Österreich und England. Die Produktion von Daimler hingegen beschränkte sich (in Europa) überwiegend auf Deutschland.

Im Rahmen der Arbeitsteilung fand aber auch innerhalb des ACEA eine Zusammenarbeit mit weiteren Regierungsstellen statt. Das ist nachvollziehbar, da in fast jedem Mitgliedsstaat ein Standort oder eine sonstige Verbindung eines Unternehmens zur Regierung dieses Landes existierte. Nach Aussage der Interviewpartner sei die Führung vor Ort dann üblicherweise von dem dort ansässigen Unternehmen übernommen worden (vgl. Int. 300410; Int. 200410). Bezogen auf den Ministerrat, hätten an dieser Stelle auch die nationalen Verbände eine Rolle gespielt. Diese habe man ebenfalls systematisch eingebunden (vgl. Int. 290410-I). Dennoch habe sich die Komponente des Rates immer wieder als schwierig erwiesen, da andere Mitgliedsstaaten denjenigen Nationen, die in dieser Angelegenheit einen starken Führungsanspruch vertraten, nicht ohne Weiteres gefolgt seien. Stattdessen habe es eine große Vielfalt an Partikularinteressen einzelner Mitgliedsstaaten gegeben. Daher sei es einfacher gewesen, bei der Kommission und im Parlament zu intervenieren, da es dort eher möglich gewesen sei, offen zu reden (vgl. Int. 070510). Dieses Ergebnis zieht die These von Pieter Bouwen (2002) zumindest in Zweifel, wonach Großunternehmen die geringsten Möglichkeiten hätten, einen Zugang zum Europäischen Parlament zu finden.

Neben der engen Zusammenarbeit zwischen den in Europa ansässigen Unternehmensrepräsentanzen waren auch die wechselnden Allianzen mit anderen Herstellern von zentraler strategischer Bedeutung. Je nach Zielsetzung kam es hierbei zu immer wieder neu formierten Interaktionen. Koordinierte Handlungen wurden immer dann erschwert, wenn Unternehmen in unmittelbarer Konkurrenz zueinander standen, während sie in Fällen, in denen ein gemeinsames Interesse offensichtlich war, unproblematisch verliefen. Entscheidend war, dass gemeinsame Positionen entsprechend energisch vorangetrieben werden konnten. Im Rahmen der CO_2-Gesetzgebung wie auch der Euro 5/6-Verordnung gab es folgerichtig eine enge Zusammenarbeit von BMW, Daimler und VW, wie ein Konzernvertreter nachdrücklich bestätigte (vgl. Int. 200410).

Im Rahmen der geführten Interviews stellte sich heraus, dass es bei der CO_2-Gesetzgebung – insbesondere zwischen BMW und Daimler – zu einer Art von Zweckbündnis kam, da beide als Premiumhersteller direkt betroffen waren. Darüber hinaus betrieben beide Konzerne weiterhin ihr eigenes Lobbying. Da VW als Volumenhersteller deutlich weniger von der CO_2-Gesetzgebung betroffen war als die eben genannten Premiumhersteller und dementsprechend weniger in dieses Spannungsfeld der Interessen geriet, gestaltete sich das Lobbying des Konzerns auch weniger aktiv. Volkswagen produzierte zwar mehr Fahrzeuge, zu seiner Produktpalette zählten aber auch kleinere Fahrzeuge mit geringeren Emissionswerten, wodurch es dem Konzern leichter gefallen wäre, die Ziele zu erreichen.

Aufgrund der ungleichen Belastungen waren es also vor allem die deutschen Premiumhersteller, die sich zu strategischen Allianzen zusammenschlossen, da sie überproportional von den Maßnahmen betroffen waren. Eine Zusammenarbeit mit den anderen europäischen Herstellern – insbesondere zum Thema Burdensharing – konnte es aufgrund der beschriebenen Umstände nicht geben. Streckenweise arbeitete man in dieser Angelegenheit sogar gegeneinander. Somit lagen ganz unterschiedliche Einflussströmungen und Allianzen vor, die in diesem Kontext zu berücksichtigen sind.

Anders gestaltete sich die Situation, wenn alle Hersteller gleichgerichtete Interessen vertraten und entsprechend zusammenarbeiteten. In einem solchen Fall brachte sich der ACEA aktiv in den Lobbyingprozess ein und stimmte sich gleichzeitig mit den Repräsentanzen der unterschiedlichen Unternehmen vor Ort ab. Nach Aussage eines Gesprächspartners seien die Verbände bei ihrer multinationalen Koordination grundsätzlich ähnlich „generalstabsmäßig" vorgegangen wie die Konzerne (vgl. Int. 200410; Int. 070510).

Des Weiteren stellte sich im Verlauf der Forschungsinterviews heraus, dass es aus taktischen Gründen immer wieder zu einer verstärkten Zusammenarbeit zwischen den Verbänden und dem VW-Konzern kam. Denn neben seiner europäischen Marktführerschaft deckte VW mit seiner Produktpalette auch sämtliche Klassen und Segmente ab. Hinzu kam die bereits erwähnte Verbindung mit den Marken in Spanien, in Tschechien, in Portugal und anderen Mitgliedsstaaten. Darüber hinaus unterscheidet sich VW deutlich von den anderen Konzernen, da der Betriebsrat eine wesentlich wichtigere Rolle in der Unternehmensführung spielt als beispielsweise bei BMW oder Daimler. Nicht nur in Deutschland hat der VW-Konzern daher einen enormen Einfluss auf die Gewerkschaften und somit auch auf die sozialdemokratischen Parteien. Dies machten sich die Verbände zu Nutze, indem sie den VW-Betriebsratschef regelmäßig zu gemeinsamen Veranstaltungen einluden, um so die Teilnahmequote sozialdemokratischer Abgeordneter zu erhöhen: „Wenn wir mit Herrn Wießmann ein Gespräch im Parlament veranstalten und dazu 23 sozialdemokratische Abgeordnete einladen, dann kommen maximal drei. Wenn man den Betriebsratschef von VW mitbringt, dann kommen alle 23. Allerdings erzählt der auch nichts anderes als der Wießmann", so ein Vertreter der VDA (vgl. Int. 290410-I).

Folgendes ist also festzuhalten: Trotz der unterschiedlichen ökonomischen und technischen Ausgangslage der Unternehmen ist es der Industrie gelungen, sehr eng miteinander zu kooperieren. In beiden Fällen – wenn auch mit einer unterschiedlichen Gewichtung – wurde das Lobbying eng aufeinander abgestimmt und arbeitsteilig mit dem VDA, dem europäischen ACEA und allen anderen Herstellern (insbesondere den Premiumherstellern) durchgeführt. Solange die Industrie weitestgehend geschlossen auftrat und einflussreiche Regierungen auf ihrer Seite hatte, ist es ihr gelungen, wichtige Interessen durchzusetzen.

6.4 Organisation auf nationaler/europäischer Ebene

Generell ist die Gesetzgebung im Automobilsektor europäisch. Da die Vorstandsvorsitzenden der einzelnen Automobilhersteller Mitglieder in den Führungsgremien des ACEA sind, ist die Automobilindustrie auf europäischer Ebene über den Verband sehr stark organisiert. Im nationalen Bereich besitzt der VDA ebenfalls eine starke Position. Allerdings reicht seine Zuständigkeit über die Automobilhersteller hinaus, indem er beispielsweise auch Zulieferer vertritt. Diese breiter angelegte Interessenvertretung beeinträchtigt die politische Wirkungskraft des VDA.

Aus Sicht der Verbände hingen die Möglichkeiten der Einflussnahme davon ab, wie homogen die Interessen der europäischen Automobilindustrie waren. Wie bereits dargestellt, vertraten die Hersteller gerade bei der CO_2-Gesetzgebung in zentralen Punkten abweichende Positionen. Wenn der europäische Dachverband aufgrund unterschiedlicher Stellungnahmen der Konzerne nicht sprachfähig war, dann fiel es schwer, überhaupt eine gemeinsame Linie zu finden. Folglich war die Vertretung im Falle der CO_2-Gesetzgebung auf europäischer Ebene wenig schlagkräftig. Insbesondere die Positionen der französischen, italienischen und deutschen Hersteller erschienen unvereinbar. Hätten die Konzerne dieser Staaten ähnliche Interessen verfolgt, so hätte der europäische Dachverband wirkungsvoller argumentieren können. Es bestätigt sich also die Hypothese von Robert J.

Bennett (1999), wonach die Effektivität eines Verbandes von der gemeinsamen Interessenlage der Unternehmen abhängt.

Für eine starke Organisation der untersuchten Konzerne spricht, dass sie über Konzernrepräsentanzen in Berlin und Brüssel verfügen. Zudem sind sie Mitglieder des nationalen Automobilverbandes VDA und des europäischen Dachverbandes ACEA. Darüber hinaus haben sie sich auch im Rahmen des „Round Table of Industrialists" auf europäischer Ebene organisiert. Letztendlich ist die Automobilindustrie auf beiden Ebenen gut aufgestellt. Alle Interviewpartner aus Kommission und Parlament attestierten dem nationalen Verband VDA, dem europäischen Dachverband ACEA und den einzelnen deutschen Unternehmen eine starke Organisation. In diesem Zusammenhang wurden die Objektivität der Informationen sowie die konstruktiven Vorschläge der Industrie besonders hervorgehoben (vgl. Int. 300410; Int. 290410-II; Int. 270410).

Im Grunde genommen war die Interessenlage der Konzerne der entscheidende Faktor. Waren die Positionen der Hersteller in den unterschiedlichen Nationalstaaten einheitlich (wie größtenteils bei der Euro-5/6-Verordnung), dann war eine Vertretung auf europäischer Ebene vorzuziehen. Waren die Interessenlagen sehr heterogen (wie bei der CO_2-Gesetzgebung), dann war es vorteilhafter, wenn die Unternehmen einzeln oder über ihre nationalen Verbände agierten. Dennoch kam es in Brüssel zu deutlich mehr Kontakten zum ACEA. Aber auch der VDA brachte sich neben dem Lobbying auf nationaler Ebene immer wieder in die europäische Diskussion ein. Insofern lag hier zwar ein quantitativer, aber kein qualitativer Unterschied vor.

7. Fazit

7.1 Theorieorientierte Interpretation

Die für die Untersuchung relevanten Typologien aus Punkt 2.2 entwickeln jeweils unterschiedliche Gelegenheitsstrukturen für die Einflussnahme von Unternehmen auf staatliche Entscheidungsprozesse. Um die Strategiefähigkeit von Unternehmen im Verlauf der jeweiligen Entscheidungsprozesse analysieren zu können, muss zunächst geklärt werden, welche Faktoren sich diesbezüglich begünstigend und welche Faktoren sich behindernd auswirken. In diesem Zusammenhang ergeben sich die typischen Gelegenheitsstrukturen für eine strategische Einflussnahme aus dem vorherrschenden Muster der Interessenvermittlung.

Im Rahmen der Untersuchung geht es jedoch nicht darum, zu verifizieren, welche dieser Typologien tatsächlich auftreten. Vielmehr ist es entscheidend, die politischen Gelegenheitsstrukturen für die Einflussnahme von Unternehmen auf staatliche Entscheidungsprozesse zu identifizieren. Im Mittelpunkt steht also die Frage, inwieweit sich das im Einzelfall dominierende Muster der Interessenvermittlung auf die strategischen Möglichkeiten zur Einflussnahme ausgewirkt hat. Vereinfacht lässt sich dies folgendermaßen darstellen: Wenn X (= eine der Typologien) das dominierende Muster der Interessenvermittlung ist, dann ergibt sich daraus Y (= gute Einflusschancen bzw. schlechte Einflusschancen). Der Zugang zu Entscheidungsprozessen ist hierbei der entscheidende Faktor.

Im Klientelismus verfügen bestimmte Sektorinteressen über einen privilegierten Zugang zu Entscheidungsprozessen. Prinzipiell kann man davon ausgehen, dass klientelistische Beziehungen besonders günstig sind wenn es um die Frage geht was Einfluss, im Sinne von Zugangsmöglichkeiten zu Entscheidungsmöglichkeiten, bedeutet. Allerdings gilt dies nur, sofern die Unternehmen selbst Teil dieser klientelistischen Beziehungen sind. Andernfalls ist es in klientelistischen Netzwerken ausgeschlossen, dass sie Chancen haben, da die Interessenvermittlung sozusagen in einem geschlossenen Umfeld von Interessen erfolgt. Gleiches gilt, sobald korporatistische Muster der Interessenvermittlung dominieren, da sich der Korporatismus dadurch definiert, dass die Interessenvermittlung über wenige hierarchisch strukturierte Interessenverbände mit Vertretungsmonopol erfolgt. In diesem Fall wäre es selbst für große Unternehmen extrem schwierig, einen effektiven Zugang zu den Entscheidungsprozessen zu finden. Die Möglichkeiten, Einfluss zu nehmen, sind vor allem dann günstig, wenn offene, pluralistische Muster der Interessenvermittlung bzw. weitgehend offene Netzwerke vorhanden sind.

Daraus ergibt sich folgender Sachverhalt: Wie bereits erwähnt, bieten die beiden erstgenannten Muster der Interessenvermittlung (Klientelismus und Korporatismus) verhältnismäßig ungünstige Bedingungen für Unternehmen, einen unmittelbaren Einfluss auszuüben, wohingegen die beiden anderen Muster (Pluralismus und Issue-Networks) relativ günstige Bedingungen bieten. Gleichzeitig sind Klientelismus und Korporatismus aber diejenigen Muster, die Interessengruppen eine besonders große Möglichkeit zur Einflussnahme eröffnen. Im Falle der ersten beiden Typologien hätten die Unternehmen nur geringe Chancen. Theoretisch könnten sie zwar in hohem Maße mitentscheiden, in der Praxis ist es aber relativ unwahrscheinlich, dass sie dazu kommen. Liegen die beiden anderen Typen vor, so sind die Chancen auf eine Beteiligung wesentlich höher. Gleichzeitig ist aber auch die Wahrscheinlichkeit, einen substanziellen Einfluss auszuüben, sehr viel geringer.

Die vorliegende Untersuchung hat gezeigt, dass weder Korporatismus noch Pluralismus (im engeren Sinne) die dominanten Muster der Interessenvermittlung waren. Die Tatsache, dass man keinen Korporatismus empirisch beobachtet ist nahe liegend, da die untersuchten Unternehmen, anders als im Korporatismus, eigenständige Akteure sind. Gegen den Pluralismus spricht, dass der Kreis der Beteiligten Akteure nicht beliebig offen ist. Zu Beobachten war eine zwar große, aber dennoch abgegrenzte Anzahl von Akteuren, die in mehr oder weniger stabilen Beziehungen zu den staatlichen Akteuren stehen. Betrachtet man die beiden Fälle, dann ist festzustellen, dass es sich hier um eine Art sektorspezifische Netzwerke handelt. In den vorliegenden Fällen handelt es sich demzufolge um organisierten Pluralismus (vgl. Sebaldt 1997) bzw. um das gleichbedeutende Muster der Issue-Networks. Man könnte sagen, dass es sich im konkreten Fall um ein pluralistisches Netzwerk der Interessenvermittlung handelte, in dem es den Akteuren aber gleichzeitig gelang, eine Koalition mit besonders einflussreichen Regierungen zu bilden. Unter diesen Voraussetzungen war es den Lobbyisten schließlich möglich, ihre Interessen durchzusetzen.

7.2 Bilanzierung / Zusammenfassendes Ergebnis

Im Rahmen dieser Arbeit wurde versucht, aktuelle Entwicklungen der Interessenvermittlung mit besonderem Fokus auf die Unternehmensinteressen eines konkreten Wirtschaftssektors darzustellen. Hierzu wurde das Zusammenspiel von Politik, Industrieverbänden und eigenständigen Interessenvertretungen der Automobilindustrie auf europäischer Ebene analysiert. Ausgangspunkt war die Beobachtung, dass die Europäisierung zu einem Paradigmenwechsel in der Interessenpolitik geführt hat. Die Formation in der Interessenvermittlung zwischen staatlichen und gesellschaftlichen Akteuren hat sich gewandelt. Zwischen politischen Institutionen und Unternehmen sind neue Interdependenzen entstanden. Neben den bislang vorherrschenden staatlich-verbandlichen Kooperationsstrukturen hat sich ein umfassendes Feld von Akteuren mit neuen Strategien entwickelt. Während die politikwissenschaftliche Analyse der Handlungsweise von Interessenvertretungen bislang überwiegend auf Grundlage der Verbändeforschung stattfand, suchen Einzelunternehmen heutzutage immer häufiger den direkten Kontakt zur Politik, um durch eigenständige Interessenvertretung die inhaltliche Ausgestaltung wirtschaftspolitischer Entscheidungen mitzugestalten. Zudem führten die wachsenden Kompetenzen der Kommission dazu, dass Unternehmen ihre politischen Aktivitäten in Brüssel verstärkt haben. Die Europäische Union wird zunehmend als bevorzugter Kanal für die politische Einflussnahme genutzt. Die bisherige Balance einer dualen Strategie des nationalen und europäischen Lobbyismus verschiebt sich zugunsten der europäischen Ebene. Obwohl ein Bedeutungsverlust der nationalen Kanäle zu konstatieren ist, bleibt die nationale Ebene dennoch wichtig, da die Interessenvertretung von Unternehmen nur dann effektiv ist, wenn sie auf sämtlichen Ebenen stattfindet.

Das Ziel dieser Arbeit war es, die Organisationsfähigkeit und die strategische Handlungsfähigkeit von Wirtschaftsinteressen im Bereich der Automobilindustrie zu analysieren. In Anbetracht der Tatsache, dass nur wenige empirische Untersuchungen zu den Strategien von Interessengruppen existieren, wurde die Frage gestellt, welches Strategierepertoire Interessengruppen tatsächlich nutzen. Es sollte herausgearbeitet werden, ob Unternehmen strategisch handeln und somit in der Lage sind, auf politische Entscheidungsprozesse Einfluss zu nehmen. Insgesamt hängt es von vielen Faktoren ab, welchen Einflusskanal ein Unternehmen wählt. Die empirische Untersuchung hat diesbezüglich zu einem klaren Ergebnis geführt: In den beiden untersuchten Fällen konnte nachgewiesen werden, dass Automobilkonzerne durchaus strategisch handeln, indem sie verschiedene Wege und verschiedene Instrumente kombinieren, um ihre Erfolgschancen zu vergrößern.

Mit Blick auf die aktuelle Forschungsliteratur zum Einfluss von Interessengruppen fiel auf, dass diese durch widersprüchliche empirische Befunde gekennzeichnet ist. Eine Gruppe von Wissenschaftlern kommt zu dem Ergebnis, dass Konzerne über Einfluss auf EU-Ebene verfügen, wohingegen eine andere Gruppe die gegenteilige Auffassung vertritt. Gerade in Bezug auf die Automobilindustrie kommen Andrew McLaughlin, Grant Jordan und William A. Maloney (1993) in ihrer Untersuchung zum Einfluss von Interessengruppen zu dem Ergebnis, dass dieser Sektor keine besonders starke Rolle im politischen Entscheidungsprozess spielt. Die Fallstudien der vorliegenden Untersuchung liefern jedoch empirische Anhaltspunkte für eine abweichende Feststellung.

Dieses Ergebnis basiert nicht zuletzt auf der Analyse von fünf Kriterien, die die strategische Kompetenz von Akteuren beeinflussen. Hierbei ging es zunächst um die Frage, ob die Industrie proaktiv handelte. Ein weiterer wichtiger Faktor war die flächendeckende Nutzung der vorhandenen Zugangschancen. Darüber hinaus war entscheidend, in welchem Verhältnis individuelle und kollektive Handlungsformen standen und wie stark die Industrie auf nationaler und europäischer Ebene organisiert war. Das fünfte und letzte Kriterium war die Reaktionsfähigkeit von Akteuren auf kurzfristig veränderte Handlungssituationen. Mittels dieser Kriterien konnte die Organisations- und Strategiefähigkeit von Automobilunternehmen gegenüber der Politik in den konkreten Fällen nachgewiesen werden.

Die Analyse anhand der Kriterien für die Organisations- und Strategiefähigkeit der europäischen Automobilindustrie zur Vertretung ihrer Interessen im europäischen Politikprozess führte zu folgenden Ergebnissen:

– Die europäische Automobilindustrie nimmt in der Regel frühzeitig Einfluss auf den politischen Meinungsbildungs- und Entscheidungsprozess. Sowohl die Verbände als auch die einzelnen Unternehmen versuchen zu einem möglichst frühen Zeitpunkt eines Gesetzgebungsverfahrens, mit der Politik in Kontakt zu treten, um ihre Interessen bei der Realisierung der geplanten Verordnungen zu kommunizieren. Dabei sind sie dank ihrer Fach- und Sachkompetenz sowie ihres technologischen Know-hows ein gern gesehener Gesprächspartner. Die Wirkung dieser proaktiven Vorgehensweise wird vor allem dann gemindert, wenn – wie im Falle der CO_2-Gesetzgebung – die beteiligten Unternehmen und Verbände unterschiedliche Interessen verfolgen und kein koordinierter und inhaltlich abgestimmter „Auftritt" gegenüber den relevanten Ansprechpartnern möglich ist.

– Die europäische Automobilindustrie nutzt ihre Zugangschancen zu den politischen Entscheidungsträgern und Gremien auf nationaler und europäischer Ebene sehr systematisch und flächendeckend. Sie greift nicht nur punktuell in den Politikprozess ein, sondern agiert auf allen formellen und informellen Plattformen. Das Spektrum reicht dabei von der Bereitstellung von Informationen, z. B. bei öffentlichen Konsultationen und in institutionellen Fachgremien, bis hin zur individuellen Einflussnahme auf das politische Abstimmungsverhalten der Abgeordneten im Europäischen Parlament. Dabei beklagen die Verantwortlichen der politischen Institutionen bisweilen, dass die Industrie zwar politische Entwürfe ablehne, aber keine adäquaten Alternativvorschläge einbringe. Das Verhalten in der CO_2-Gesetzgebung hat zudem gezeigt, dass die europäische Automobilindustrie bisweilen die gesellschaftspolitische Bedeutung und Dynamik bestimmter Themen unterschätzt oder an Lösungsstrategien festhält, die sich als nicht zielführend erwiesen haben.

– Die Interessenvertretung von Unternehmen und Verbänden der europäischen Automobilindustrie ist gut koordiniert. Der Schwerpunkt liegt nicht auf den Lobbyingaktivitäten einzelner Unternehmen, sondern auf einer strategischen Zusammenarbeit von Unternehmen und Verbänden, die ihr Handeln in hohem Maße aufeinander abstimmen. Ihre Grenzen erfährt diese Zusammenarbeit, sobald die beteiligten Unternehmen aus Eigeninteressen unterschiedliche Positionen vertreten und abweichende Ziele verfolgen. In diesem Fall gelingt es gar nicht oder erst nach Kompromissvorschlägen seitens der Politik, sich auf auf eine gemeinsame Linie zu einigen und dadurch die für eine Einflussnahme notwendige Durchsetzungskraft zu entfalten.

– Des Weiteren ist die deutsche Automobilindustrie auf europäischer Ebene stärker organisiert als auf nationaler Ebene und auch das Schwergewicht der Organisation liegt auf europäischer Ebene bei dem europäischen Dachverband. Da alle untersuchten Konzerne sowohl in Berlin als auch in Brüssel ein ständiges Büro unterhalten und zugleich Mitglieder des nationalen Verbandes und somit seines europäischen Dachverband sind, ist dennoch festzuhalten, dass sie auf beiden Ebenen gut organisiert sind.

– Unternehmen sind generell dazu in der Lage, schnell zu reagieren. Sobald kurzfristige Interventionen auf selektiver Basis erfolgen, bestehen die größten Aussichten auf Erfolg. In den untersuchten Fällen kam es nur selten zu kurzfristigen Veränderungen. Alle Fragen, die sowohl im Parlament als auch im Rat sehr kontrovers diskutiert wurden, waren im Grunde genommen von Anfang an absehbar. Generell lässt sich jedoch feststellen, dass die Industrie den Prozess sehr genau begleitete. Die Industrievertreter waren stets bestens informiert und dementsprechend in der Lage, spontan mit Materialien, Daten und Fakten zu reagieren.

Das Dogma einer „Entweder-oder-Haltung" weicht zunehmend einer „Sowohl-als-auch- Überzeugung". Als klarer Trend ist die Entwicklung hin zu einem sogenannten „Multi-Voice-Lobbying" erkennbar. Unternehmen nutzen hierzu verstärkt diverse Kommunikationskanäle, um ihre Interessen im politischen Raum angemessen zu artikulieren und die Durchsetzungskraft ihrer Einflussnahme zu erhöhen. Gleichzeitig verfolgen Unternehmen eine „Multi-Level-Strategie", um im Mehrebenensystem der Europäischen Union sowohl auf nationaler wie auch auf europäischer Ebene ihre Interessen zu vertreten. Wie bereits in Punkt 2.1.3 dargestellt, bedarf es einer komplexen Strategie, sobald Unternehmensinteressen in einem Mehrebenensystem des Regierens erfolgreich durchgesetzt werden sollen. Diesbezüglich hat die Untersuchung gezeigt, dass Unternehmen über ausgereifte strategische und organisatorische Fertigkeiten verfügen, die nicht zuletzt auf ein hohes Maß an Koordinations-, Kommunikations- und Kooperationsfähigkeit zurückzuführen sind.

8. Interviewpartner und Literaturverzeichnis

8.1 Interviewpartner

Organisation / Institution	Abteilung / Referat	Funktion
Bayerische Motoren Werke (BMW)	Konzernkommunikation und Politik	Referent im EU-Verbindungsbüro (a.D.)
Bayerische Vertretung in Brüssel	Referat C II 10: Angelegenheiten des Bayerischen Staatsministeriums für Umwelt und Gesundheit	Referatsleiter (a.D.)
Bundesministerium für Wirtschaft und Technologie (BMWi)	Referat IV A 5: Fahrzeugindustrie	Referatsleiterin
Daimler, Vertretung Brüssel	Politik und Außenbeziehungen	Repräsentant für Europaangelegenheiten (a.D.)
Europäische Kommission	GD Unternehmen und Industrie Kabinett Verheugen	Kabinettsmitglied (a.D.), zuständig für Automobilindustrie, Industriepolitik und Umwelt
Europäische Kommission	DG Environment Unit: Clean Air and Transport	Deputy Head of Unit (a.D.)
Europäische Kommission	Secretariat-General Unit: Strategic Objective Solidarity	Policy Coordinator for Climate and Environment
Europäisches Parlament	Committee on Environment, Public Health and Food Safety (ENVI)	Rapporteur Euro 5/6
Europäisches Parlament	Committee on Industry, Research and Energy (ITRE)	Parlamentarischer Referent des Verfassers der Stellungnahme zu CO2
European Automobile Manufacturers Association (ACEA)	Environmental Policy	Director (a.D)
Verband der Automobilindustrie (VDA)	Büro Brüssel	Büroleiter
Volkswagen, Konzernrepräsentanz Brüssel	Konzernkommunikation	Büroleiter (a.D.)

8.2 Literaturverzeichnis

8.2.1 Literatur

ACEA, 2005: Response to Stakeholder Consultation – Euro 5 Emission Limits for Light Duty Vehicles. Brussels: 07.09.2005.

ACEA, 2006a: Press Release. New Euro 5 and Euro 6 Emission Standards are extremely challenging. Brussels: 13.09.2006.

ACEA, 2006b: ACEA Feedback to the interim report „Review and analysis of the reduction potential and costs of technological and other measures to reduce CO_2 emissions from passenger cars". Online im Internet: http://circa.europa.eu/Public/irc /env/eccp_2/library?l=/light-duty_vehicles/meeting_january_2006/acea_feedback_e ccp2/_EN_1.0_&a=d (eingesehen am 15.07.2009).

ACEA, 2006c: ACEA feedback to draft TNO representation/scenario presentation. Online im Internet: http://circa.europa.eu/Public/irc/env/eccp_2/library?l=/light-duty_v ehicles/4th_meeting/acea_contribution/_EN_1.0_&a=d (eingesehen am 15.07.2009).

ACEA, 2006d: ACEA comments following the 5th meeting of the multistakeholder group on CO_2 emissions from cars within the European Climate Change Programme. Online im Internet: http://circa.europa.eu/Public/irc/env/eccp_2/library?l=/ light-duty_vehicles/5th_meeting/acea_meeting_eccp2/_EN_1.0_&a=d (eingesehen am 15.07.2009).

ACEA, 2006e: ACEA contribution to the consultation on the CARS 21 final report. Brussels: 25.04.2006.

ACEA, 2008: ACEA position on key issues regarding the Commission proposal on setting emission standards for new passenger cars as adopted by the Commission on 19th December 2007. Summary version. Brussels: 15.02.2008.

ACEA, 2010: What is ACEA? Online im Internet: www.acea.be/index.php/collection/ about_us (eingesehen am 12.02.2010).

Alemann, Ulrich von (Hrsg.), 1981: Neokorporatismus. Frankfurt am Main: Campus Verlag.

Alemann, Ulrich von, 1989: Organisierte Interessen in der Bundesrepublik. 2. Auflage. Opladen: Leske + Budrich.

Alemann, Ulrich von, 2000: Vom Korporatismus zum Lobbyismus? Die Zukunft der Verbände zwischen Globalisierung, Europäisierung und Berlinisierung. In: Aus Politik und Zeitgeschichte, 26/27, S. 3–6.

Almond, Gabriel A., 1956: Comparative Political Systems. In: Journal of Politics, 18/3, S. 391–409.

Almond, Gabriel A., 1983: Corporatism, Pluralism, and Professional Memory. In: World Politics, 35/2, S. 245–260.

Almond, Gabriel A., 1988: The Return to the State. In: American Political Science Review, 82/3, S. 853–874.

Andersen, Svein S. / Eliassen, Kjell A., 1995: EU lobbying: The new research agenda. In: European Journal of Political Research, 27/4, S. 427–441.

Arnim, Hans Herbert von, 2005: Herrschaft der Lobby? Zur Notwendigkeit und zum Missbrauch des Einflusses der Wirtschaft auf die Politik. In: Rubin Ritter / David Feldmann (Hrsg.): Lobbying zwischen Eigeninteresse und Verantwortung. Baden-Baden: Nomos, S. 15–28.

Atkinson, Michael M. / Coleman, William Donald, 1989: The State, Business and Industrial Change in Canada. Toronto: University of Toronto Press.

Bache, Ian / Flinders, Matthew (Hrsg.), 2004: Multi-level Governance. Oxford: Oxford University Press.

Bennett, Robert J., 1997: The impact of European economic integration on business associations: The UK Case. In: West European Politics, 20/3, S. 61–90.

Bennett, Robert J., 1999: Business Routes of Influence in Brussels: Exploring the Choice of Direct Representation. In: Political Studies, XLVII, S. 240–257.

Bentley, Arthur F., 1949: The Process of Government. A Study of Social Pressures. Bloomington: Principia Press.

Benz, Arthur, 1998: Politikverflechtung ohne Politikverflechtungsfalle – Koordination und Strukturdynamik im europäischen Mehrebenensystem. In: Politische Vierteljahreszeitschrift, 39/3, S. 558–589.

Benz, Arthur, 2009: Politik in Mehrebenensystemen. Wiesbaden: VS Verlag für Sozialwissenschaften.

Benz, Arthur / Dose, Nicolai (Hrsg.), 2010: Governance – Regieren in komplexen Regelungssystemen. 2. aktualisierte und veränderte Auflage. Wiesbaden: VS Verlag für Sozialwissenschaften.

Berger, Suzanne (Hrsg.), 1981: Organizing Interests in Western Europe: Pluralism, Corporatism, and the Transformation of Politics. Cambridge: Cambridge University Press.

Bernhagen, Patrick / Mitchell, Neil J., 2009: The determinants of Direct Corporate Lobbying in the European Union. In: European Union Politics, 10/2, S. 155-176.

Berkhout, Joost, 2010: Political Activities of Interest Organizations: Conflicting Interests, Converging Strategies. Doctoral Thesis, Leiden University.

Bernstein, Marver, 1955: Regulating Business by Independent Commission. Princeton: Princeton University Press.

Beyers, Jan, 2002: Gaining and seeking access. The European adaption of domestic interest associations. In: European Journal of Political Research, 41/5, S. 585–612.

Beyers, Jan, 2004: Voice and Access: Political Practices of European Interest Associations. In: European Union Politics, 5/2, S. 211–240.

Beyers, Jan, 2008: Policy Issues, Organisational Format and the Political Strategies of Interest Organisations. In: West European Politics, 31/6, S. 1188–1211.

Beyers, Jan / Eising, Rainer / Maloney, William A., 2008a: Researching Interest Group Politics in Europe and Elsewhere: Much We Study, Little We Know? In: West European Politics, 31/6, S. 1103–1128.

Beyers, Jan / Eising, Rainer / Maloney, William A., 2008b: Conclusion: Embedding Interest Group Research. In: West European Politics, 31/6, S. 1292–1302.

Bieling, Hans-Jürgen / Lerch, Marika (Hrsg.), 2012: Theorien der europäischen Integration. Wiesbaden: VS Springer.

Binderkrantz, Anne Skorkjær, 2005: Interest group strategies: Navigating between privileged access and strategies of pressure. In: Political Studies, 53/4, S. 694-715.

Binderkrantz, Anne Skorkjær, 2008: Different groups, different strategies: How interest groups pursue their political ambitions. In: Scandinavian Political Studies, 31/2, S. 137-200.

Binderkrantz, Anne Skorkjær / Kroyer, Simon, 2012: Customizing strategy: Policy goals and interest group strategies. In: Interest Groups and Advocacy, 1/1, S. 115-138.

Bindi, Federiga M., 1994: The Role of Eurogroups in the EU Decission-Making Process. Dissertation. Florenz: European University Institute.

Blavoukos, Spyros / Pagoulatos, George, 2008: „Enlargement Waves" and Interest Group Participation in the EU Policy-Making System: Establishing a Framework of Analysis. In: West European Politics, 31/6, S. 1147–1165.

BMW AG (Hrsg.), 2012: Geschäftsbericht 2011. München: Bayerische Motoren Werke Aktiengesellschaft.

Böckem, Alexandra, 1998: The political economy of climate policy-making in the European Union. In: Intereconomics, 33/6, S. 260–273.

Bomberg, Elizabeth / Peterson, John / Corbett, Richard, 2012: The European Union: How does it work? 3rd edition. Oxford: Oxford University Press.

Bongardt, Daniel, 2007: Multi-Level-Governance und Europäische Umweltpolitik – Akteurskonstellationen und Interaktionen im politischen System der Europäischen Union. In: Achim Brunnengräber / Heike Walk (Hrsg.): Multi-Level-Governance, Klima-, Umwelt- und Sozialpolitik in einer interdependenten Welt. Baden-Baden: Nomos, S. 49–74.

Bouwen, Pieter, 2002: Corporate lobbying in the European Union: towards a theory of access. In: Journal of European Public Policy, 9/3, S. 365–390.

Braun, Marcel / Santarius, Tilman, 2007: Erfolgsstory Emissionshandel? Prüfstein für Souveränität, Demokratie und Verflechtung. In: Achim Brunnengräber / Heike Walk (Hrsg.): Multi-Level-Governance, Klima-, Umwelt- und Sozialpolitik in einer interdependenten Welt. Baden-Baden: Nomos, S. 99–129.

Brunnengräber, Achim / Randeria, Shalini, 2008: Multi-Level-Governance in der transnationalen Politik – neue Perspektiven auf Nord-Süd-Verhältnisse? In: Achim Brunnengräber / Hans-Jürgen Burchhardt / Christoph Görg (Hrsg.): Mit mehr Ebenen zu mehr Gestaltung? Multi-Level-Governance in der transnationalen Sozial- und Umweltpolitik. Baden-Baden: Nomos, S. 19–40.

Brunnengräber, Achim / Walk, Heike, 2007: Der Mehrwert der Mehrebenenbetrachtung. In: Achim Brunnengräber / Heike Walk (Hrsg.): Multi-Level-Governance, Klima-, Umwelt- und Sozialpolitik in einer interdependenten Welt. Baden-Baden: Nomos, S. 17–32.

Bundesverband der Deutschen Industrie e. V. (BDI), 2010: Die Industrie – Fundament der deutschen Wirtschaft. Online im Internet: http://www.bdi.eu/540htm (eingesehen am 22.03.2010).

Bundeszentrale für politische Bildung, 2010: Gesetzgebung. Online im Internet: http://www.1.bpb.de/popup/popup_lemmata.html?guid=WOBIWN (eingesehen am 10.01.2010).

Bunea, Adriana, 2013: Issues, preferences and ties: determinants of interest groups preference attainment in the EU environmental policy. In: Journal of European Public Policy, 20/4, S. 552-570.

Burgmer, Inge Maria, 1999: Die Zukunft der Wirtschaftsverbände am Beispiel des Bundesverbandes der Deutschen Industrie e. V. Bonn: Institut für wissenschaftliche Publikationen.

Burns, Charlotte, 2013: The European Parliament. In: Michelle Cini / Nieves Pérez-Solózarno Borragán (Hrsg.): European Union Politics. Oxford: Oxford University Press, S. 159-171.

Butt-Philip, Alan, 1985: Pressure Groups in the European Community. London: Butterworth.

Callanan, Mark, 2011: EU decision-making: reinforcing interest group relationships with national governments. In: Journal of European Public Policy, 18/1, S. 17-34.

Chalmers, William A., 2011: Interests, Influence and Information: Comparing the Influence of Interest Groups in the European Union. In: Journal of European Integration, 33/4, S. 471-486.

Chalmers, William A., 2013a: Trading information for access: informational lobbying strategies and interest group access to the European Union. In: Journal of European Public Policy, 20/1, S. 39-58.

Chalmers, William A., 2013b: With a lot of help from their friends: Explaining the social logic of informational lobbying in the European Union. In: European Union Politics, 14/4, S. 475-496.

Cini, Michelle / Nieves Pérez-Solózarno Borragán (Hrsg.), 2013: European Union Politics. Oxford: Oxford University Press.

Coen, David, 1996: The large firm as a political actor in the European Union: an empirical study of the behavior and logic. Dissertation. Department of Political and Social Sciences. Florenz: European University Institute.

Coen, David, 1997: The evolution of the large firm as a political actor in the European Union. In: Journal of European Public Policy, 4/1, S. 91–108.

Coen, David, 1998: The European Business Interest and the Nation State: Large-firm Lobbying in the European Union and Member States. In: Journal of Public Policy, 18/1, S. 76–100.

Coen, David, 2007: Empirical and theoretical studies on EU lobbying. In: Journal of European Public Policy, 14/3, S. 333–345.

Coen, David, 2009: Lobbying the European Union: Institutions, Actors and Policy. Oxford: Oxford University Press.

Coen, David / Grant, Wyn / Wilson, Graham, 2012: The Oxford Handbook on Business and Government. New York: Oxford University Press.

Consilium, o. J.: Leitfaden für das Mitentscheidungsverfahren. Online im Internet: http://www.consilium.europa.eu/uedocs/cmsUpload/CodecGuide.DE.pdf (eingesehen am 12.03.2009).

Corbett, Richard / Jacobs, Francis / Shakleton, Michael, 2011: The European Parliament. 8th edition. London: John Harper Publishing.

Crombez, Christophe, 2002: Information, Lobbying and the Legislative Process in the European Union. In: European Union Politics, 3/1, S. 7–32.

Czerwick, Edwin, 1999: Verhandlungsdemokratie – ein Politikstil zur Überwindung von Politikblockaden. In: Zeitschrift für Politikwissenschaft, 9/2, S. 415-438.

Daimler AG (Hrsg.), 2012a: Geschäftsbericht 2011. Stuttgart: Daimler AG

Daimler AG (Hrsg.), 2012b: Daimler im Überblick. Geschäftsjahr 2011. Stuttgart: Daimler AG

Der Spiegel, 2008: Umweltpolitik: Heikler Spagat. 4/2008: S. 30–31.

Dür, Andreas, 2008: Interest Groups in the European Union: How Powerful Are They? In: West European Politics, 31/6, S. 1212–1230.

Dür, Andreas / Bievre, Dirk de, 2007: The Question of Interest Group Influence. In: Journal of Public Policy, 27/1, S. 1–12.

Dür, Andreas / Mateo, Gemma, 2012: Who lobbies the European Union? National interest groups in a multilevel polity. In: Journal of European Public Policy, 19/7, S. 969-987.

Dür, Andreas / Mateo, Gemma, 2013: Gaining access or going public? Interest group strategies in five European countries. In: European Journal of Political Research, 52/5, S. 660-686.

Ehrmann, Henry W. (Hrsg.), 1958: Interest Groups on Four Continents. Pittsburgh: Pittsburgh University Press.

Eising, Rainer, 2000: Business interests in the European Union. European University Institute, European Forum Seminar Paper EUR/20.

Eising, Rainer, 2001: Interessenvermittlung in der Europäischen Union. In: Werner Reutter / Peter Rütters (Hrsg.): Verbände und Verbandssysteme in Westeuropa. Opladen: Leske + Budrich, S. 453–476.

Eising, Rainer, 2004: Multilevel Governance and Business Interests in the European Union. In: Governance: An International Journal of Policy, Administration, and Institutions, 17/2, S. 211–245.

Eising, Rainer, 2007a: The access of business interests to EU institutions: towards elite pluralism? In: Journal of European Public Policy, Special Issue 'The empirical study of interest groups in the EU' (Ed. David Coen),14/3, S. 384–403.

Eising, Rainer, 2007b: Institutional Context, Organizational Resources and Strategic Choices: Explaining Interest Group Access in the European Union. In: European Union Politics, 8/3, S. 329–362.

Eising, Rainer, 2008: Clientelism, Committees, Pluralism and Protests in the European Union: Matching Patterns? In: West European Politics, 31/6, S. 1166–1187.

Eising, Rainer, 2009: The Political Economy of State-Business Relations in Europe. Interest Mediation, Capitalism and EU Policy Making. London / New York: Routledge.

Eising, Rainer, 2012: Interessenvermittlung in der Europäischen Union. In: Werner Reutter (Hrsg.): Verbände und Interessengruppen in den Ländern der Europäischen Union. Wiesbaden: Springer VS, S. 837–860.

Eising, Rainer / Kohler-Koch, Beate, 1994: Inflation und Zerfaserung: Trends der Interessenvermittlung in der Europäischen Gemeinschaft. In: Wolfgang Streeck (Hrsg.): Staat und Verbände, PVS Sonderheft 25. Opladen: Westdeutscher Verlag, S. 175–206.

Eising, Rainer / Kohler-Koch, Beate, 2005: Interessenpolitik im europäischen Mehrebenensystem. In: Rainer Eising / Beate Kohler-Koch (Hrsg.): Interessenpolitik in Europa. Baden-Baden: Nomos, S. 11–75.

Elcock, Howard, 2001: Political Leadership. New Horizons in Public Policy. Cheltenham: Elgar.

Elgie, Robert, 1995: Political Leadership in Liberal Democracies. London: Palgrave Macmillan.

Eschenburg, Theodor, 1955 Herrschaft der Verbände? Stuttgart: Deutsche Verlags-Anstalt.

EurActiv, 2008a: Fahrzeugemissionen: Merkel und Sarkozy erreichen „Durchbruch". Brüssel: 10.06.2008.

EurActiv, 2008b: CO_2-Einsparungen: Europaabgeordnete stellen sich auf die Seite der Autohersteller. Brüssel: 02.09.2008.

EurActiv, 2008c: Europaabgeordnete zufrieden mit „CO_2-Sieg" über Industrie-Lobby. Brüssel: 26.09.2008.

EurActiv, 2008d: Frankreich drängt auf weniger strenge Obergrenzen für CO_2-Emissionen von Autos. Brüssel: 01.10.2008.

EurActiv, 2008e: CO_2-Senkung bei Autos: EU-Gespräche gehen in die letzte Runde. Brüssel: 04.11.2008.

EurActiv, 2008f: EU erzielt Abkommen über CO_2-Emissionen von Autos. Brüssel: 02.12. 2008.

Evans, Peter B. / Rueschemeyer, Dietrich / Skocpol, Theda (Hrsg.), 1985: Bringing the State Back In. Cambridge: Cambridge University Press.

Farnel, Frank, 1994: Am richtigen Hebel. Strategie und Taktik des Lobbying. Landsberg/Lech: Verlag Moderne Industrie.

Fischer, Thomas / Kießling, Andreas / Novy, Leonard, 2008: Synthese und Perspektiven: vom Strategietool zum Optionsreservoir. In: Thomas Fischer / Andreas Kießling / Leonard Novy (Hrsg.): Politische Reformprozesse in der Analyse. Untersuchungsthematik und Fallbeispiele. Gütersloh: Bertelsmann Stiftung, S. 309-320.

Fraenkel, Ernst, 1991: Deutschland und die westlichen Demokratien. Frankfurt am Main: Suhrkamp.

Freedman, Lawrence, 2013: Strategy. Oxford: Oxford University Press.

Fuchs, Doris, 2007: Business Power in Global Governance. Boulder: Lynne Rienner.

Fuch, Doris / Lederer, Markus, 2007: Business Power in Global Governance. A Framework for Analysis. In: Business and Politics, 9/3, S. 1-17.

Fuhr, Harald / Lederer, Markus / Schröder, Miriam, 2008: Neue Formen des Regierens und Klimaschutz durch private Unternehmen? In: GIGA Focus Global (German Institute of Global and Area Studies), 7, S. 2.

Gardner, James, 1991: Effective Lobbying in the European Community. Deventer/ Boston: Kluwer.

Glaab, Manuela, 2007a: Strategie und Politik. Das Fallbeispiel Deutschland. In: Thomas Fischer / Gregor Peter Schmitz / Michael Seberich (Hrsg.): Die Strategie der Politik. Ergebnisse einer vergleichenden Studie. Gütersloh: Bertelsmann Stiftung, S. 67-115.

Glaab, Manuela, 2007b: Politische Führung als strategischer Faktor. In: Zeitschrift für Politikwissenschaft, 17/2, S. 303-332.

Glaab, Manuela, 2008a: Leadership matters – auch und gerade in Strategiefragen. In: Forschungsjournal Neue Soziale Bewegungen, 21/1, S. 97-101.

Glaab, Manuela, 2008b: Leistungen und Grenzen politischer Strategieberatung. In: Zeitschrift für Politikberatung, 1/2, S. 280-288.

Glagow, Manfred / Schimank, Uwe, 1983: Korporatistische Verwaltung: Das Beispiel Entwicklungspolitik. In: Politische Vierteljahreszeitschrift, 24/3, S. 253–275.

Grande, Edgar, 1994: Vom Nationalstaat zur europäischen Politikverflechtung. Expansion und Transformation moderner Staatlichkeit – untersucht am Beispiel der Forschungs- und Technologiepolitik. Habilitationsschrift Universität Konstanz.

Grande, Edgar, 1995: Forschungspolitik in der Politikverflechtungsfalle? Institutionelle Strukturen, Konfliktdimensionen und Verhandlungslogiken europäischer Forschungs- und Technologiepolitik. In: Politische Vierteljahreszeitschrift, 36/3, S. 460–483.

Grande, Edgar, 1996: The State and Interest Groups in a Framework of Multi-level Decision-making: The Case of the European Union. In: Journal of European Public Policy, 3/3, S. 318–338.

Grande, Edgar, 1998: Politik im europäischen Mehrebenensystem. In: Forum Politische Bildung (Hrsg.): Informationen zur Politischen Bildung, Nr. 15. Innsbruck: Studien Verlag, S. 6–17.

Grande, Edgar, 2000a: Verbände und Verbändeforschung in Deutschland. In: Werner Bührer / Edgar Grande (Hrsg.): Unternehmensverbände und Staat in Deutschland. Baden-Baden: Nomos, S. 15-22.

Grande, Edgar, 2000b: Multi-Level Governance: Institutionelle Besonderheiten und Funktionsbedingungen des europäischen Mehrebenensystems. In: Edgar Grande / Markus Jachtenfuchs (Hrsg.): Wie problemlösungsfähig ist die EU? Regieren im europäischen Mehrebenensystem. Baden-Baden: Nomos, S. 11–30.

Grande, Edgar, 2003: How the Architecture of the EU Political System Influences Business Associations. In: Justin Greenwood (Hrsg.): The Challenge of Change in the EU Business Associations. Houndmills: Palgrave, S. 45–59.

Grande, Edgar / Hartenberger, Ute, 2007: Regulatory Governance im europäischen Mehrebenensystem. In: Ingeborg Tömmel (Hrsg.): Die Europäische Union. Wiesbaden: VS Verlag, S. 209-230.

Grant, Wyn, 1993: Pressure Groups and the EC. In: Sonia Mazey / Jeremy Richardson (Hrsg.): Lobbying in the European Community. Oxford: Oxford University Press, S. 28–45.

Green Cowels, Maria, 1998: The Changing Architecture of Big Business. In: Justin Greenwood / Mark Aspinwall (Hrsg.): Collective Action in the European Union. London: Routledge, S. 109–125.

Greenwood, Justin, 1997: Representing Interests in the European Union. New York: St. Martins Press.

Greenwood, Justin (Hrsg.), 2002a: The Effectiveness of EU Business Associations. Basingstoke: Palgrave.

Greenwood, Justin, 2002b: Inside the EU Business Associations. Basingstoke: Palgrave.

Greenwood, Justin, 2011: Interest Representation in the European Union. 3rd edition. Basingstoke: Palgrave Macmillian.

Greenwood, Justin / Aspinwall, Mark (Hrsg.), 1998: Collective Action in the European Union. Interests and the New Politics of Associability. London: Routledge.

Greenwood, Justin / Ronit, Karsten, 1994: Interest groups in the European community: Newly emerging dynamics and forms. In: West European Politics, 17/1, S. 31–52.

Greer, Scott / Massard da Fonseca, Elize / Adolph, Christopher, 2008: Mobilizing bias in Europe. Lobbies, democracy and EU health policy-making. In: European Union Politics, 9/3, S. 403-433.

Hanf, Kenneth / Scharpf, Fritz W. (Hrsg.), 1978: Interorganizational Policy Making: Limits to Coordination and Central Control. London: Sage Publications.

Hayes-Renshaw, Fiona / Wallace, Helen, 2006: The Council of Ministers, 2nd edition. Basingstoke: Palgrave Macmillan.

Heclo, Hugh, 1978: Issue Networks and the Executive Establishment. In: Anthony King (Hrsg.): The New American Political System. Washington, D. C.: American Enterprise Institute, S. 87–124.

Heinze, Rolf Gero, 1981: Verbändepolitik und „Neokorporatismus". Zur politischen Soziologie organisierter Interessen. Opladen: Westdeutscher Verlag.

Hennis, Wilhelm, 1985: Verfassungsordnung und Verbandseinfluss – Bemerkungen zu ihrem Zusammenhang im politischen System der Bundesrepublik. In: Rudolf Steinberg (Hrsg.): Staat und Verbände. Darmstadt: Wissenschaftliche Buchgesellschaft, S. 77–96.

Héritier, Adrienne / Knill, Christoph / Mingers, Susanne, 1996: Ringing the Changes in Europe. Regulatory Competition and Redefinition of the State. Britain, France, Germany. Berlin: Walter de Gruyter.

Héritier, Adrienne / Rhodes, Martin (Hrsg.), 2011: New Modes of Governance in Europe. Basingstoke: Palgrave.

Herring, Pendelton, 1929: Group representation before Congress. Washington, D. C.: Brookings Institution.

Hill, Charles W. / Jones, Gareth R., 2004: Strategic Management: An integrated approach. 6th edition. Boston: Houghton Mifflin.

Hix, Simon, 1998: The study of the European Union II: The New Governance Agenda and its Rival. In: Journal of European Public Policy, 5/1, S. 38–65.

Hix, Simon, 2008: What´s Wrong With the European Union and How to Fix It. Cambridge: Polity Press.

Hix, Simon / Hoyland, Bjorn 2011: The Political System of the European Union. 3rd edition. London: Macmillan.

Hooghe, Liesbet / Marks, Gary, 2001: Multi-Level Governance and European Integration. Lanham: Rowman & Littlefield.

Holzinger, Katharina, 1994: Politik des kleinsten gemeinsamen Nenners? Umweltpolitische Entscheidungsprozesse in der EG am Beispiel des Katalysatorautos. Berlin: Edition Sigma.

Hrbek, Rudolf, 1996: Kommission. In: Beate Kohler-Koch / Wichard Woyke (Hrsg.): Lexikon der Politik, Band 5: Die Europäische Union. München: C. H. Beck, S. 180–187.

Hull, Robert, 1993: Lobbying Brussels: A View from Within. In: Sonia Mazey / Jeremy Richardson (Hrsg.): Lobbying in the European Community. Oxford: Oxford University Press, S. 82–92.

IPCC, 2007: Summary for Policymakers. In: M.L. Parry / O.F. Canziani / J.P. Palutikof / P.J. van der Linden / C.E. Hanson (Hrsg.): Climate Change 2007: Impacts, Adaptation and Vulnerability. Contribution of Working Group II to the Fourth Assessment Report of the Intergovernmental Panel on Climate Change. Cambridge: Cambridge University Press, S. 7-22.

Isleib, Sören, 2010: Das Projekt der Vielen. Der Bologna-Prozess als europäisches Mehrebenensystem. Marburg: Tectum Verlag.

Jachtenfuchs, Markus, 1997: Die Europäische Union – ein Gebilde sui generis? In: Klaus-Dieter Wolf (Hrsg.): Projekt im Übergang? Probleme, Modelle und Strategien des Regierens in der EU. Baden-Baden: Nomos, S. 15–35.

Jachtenfuchs, Markus, 2003: Regieren jenseits der Staatlichkeit. In: Gunther Hellmann / Klaus-Dieter Wolf / Michael Zürn (Hrsg.): Die neuen internationalen Beziehungen. Forschungsstand und Perspektiven in Deutschland. Baden-Baden: Nomos, S. 495–518.

Jachtenfuchs, Markus, 2008: Institutionelle Struktur und Governance in der EU. In: Gunnar Folke Schuppert / Michael Zürn (Hrsg.): Governance in einer sich wandelnden Welt. Wiesbaden: VS Verlag, S. 383-400.

Jahn, Detlef, 2007: Was ist vergleichende Politikwissenschaft? Standpunkte und Kontroversen. In: Zeitschrift für Vergleichende Politikwissenschaft, 1/10, S. 9–27.

Jahn, Detlef, 2011: Vergleichende Politikwissenschaft. Wiesbaden: VS Verlag.

Johnson, Gerry / Scholes, Kevan / Whittington, Richard, 2004: Exploring Corporate Strategy. 7th edition. Harlow: Pearson.

Johnson, Stanley P. / Corcelle, Guy, 1989: The Environmental Policy of the European Communities. London: Graham and Trotman.

Jordan, Grant / McLaughlin, Andrew, 1993: The Rationality of Lobbying in Europe: Why are Euro-Groups so Numerous and so Weak? Some Evidence from the Car Industry. In: Sonia Mazey / Jeremy Richardson (Hrsg.): Lobbying in the European Community. Oxford: Oxford University Press, S. 122-161.

Judge, David / Earnshaw, David, 2009: The European Parliament. 2nd edition. Basingstoke: Palgrave.

Kaiser, Christian, 2006: Korporatismus in der Bundesrepublik Deutschland. Eine politikfeldübergreifende Übersicht. Marburg: Metropolis-Verlag.

Kirst, Michael W. / Meister, Gail / Rowley, Stephen R., 1984: Policy Issue Networks. Their Influence on State Policymaking. In: Policy Studies Journal, 13/2, S. 247-263.

Klüver, Heike, 2010: Europeanization of Lobbying Activities: When National Interest Groups Spill Over to the European Level. In: Journal of European Integration, 32/2, S. 175-191.

Klüver, Heike, 2011: The contextual nature of lobbying: Explaining lobbying success in the European Union. In: European Union Politics, 12/4, S. 483-506.

Klüver, Heike, 2012: Biasing Politics? Interest Group Participation in EU Policy-Making. In: West European Politics, 35/5, S. 1114-1133.

Klüver, Heike, 2013a: Lobbying as a collective enterprise: winners and losers of policy formulation in the European Union. In: Journal of European Public Policy, 20/1, S. 59-76.

Klüver, Heike, 2013b: Lobbying in the European Union. Interest Groups, Lobbying Coalitions and Policy Change. Oxford: Oxford University Press

Knill, Christoph, 2000: Policy-Netzwerke. Analytisches Konzept und Erscheinungsform moderner Politiksteuerung. In: Johannes Weyer (Hrsg.): Soziale Netzwerke. Konzepte und Methoden der sozialwissenschaftlichen Netzwerkforschung. München: Oldenbourg, S. 111-133.

Knill, Christoph, 2008: Europäische Umweltpolitik. Steuerungsprobleme und Regulierungsmuster im Mehrebenensystem. 2. Auflage. Wiesbaden: VS Verlag.

Knill, Christoph / Liefferink, Duncan, 2007: Environmental Politics in the European Union: Policy-Making, Implementation and Patterns of Multi-Level Governance. Manchester: Manchester University Press.

Knodt, Michèle / Große Hüttmann, Martin, 2006: Der Multi-Level Governance-Ansatz. In: Hans-Jürgen Bieling / Marika Lerch (Hrsg.): Theorien der Europäischen Integration. Wiesbaden: VS Verlag für Sozialwissenschaften, S. 223–249.

Knodt, Michèle / Greenwood, Justin / Quitkatt, Christine, 2011: Territorial and Functional Interest Representation in EU-Governance. In: Journal of European Integration, 33/4, S. 349-367.

Kohler-Koch, Beate, 1992: Interessen und Integration. Die Rolle organisierter Interessen im westeuropäischen Integrationsprozess. In: Politische Vierteljahreszeitschrift, Sonderheft 33, S. 81-120.

Kohler-Koch, Beate, 1996: Interessen und Integration. Die Rolle organisierter Interessen im westeuropäischen Integrationsprozess. In: Beate Kohler-Koch / Markus Jachtenfuchs (Hrsg.): Europäische Integration. Opladen: Westdeutscher Verlag, S. 193-222.

Kohler-Koch, Beate, 1997: Organized interests in the EC and the European Parliament. In: European Integration Online Papers, 1/9, S. 27.

Kohler-Koch, Beate, 1999: The Evolution and Transformation of European Governance. In: Beate Kohler-Koch / Rainer Eising (Hrsg.): Transformation of European Governance in the European Union. London: Routledge, S. 14-35.

Kohler-Koch, Beate, 2000: Unternehmensverbände im Spannungsfeld von Globalisierung und Europäisierung. In: Werner Bührer / Edgar Grande (Hrsg.): Unternehmensverbände und Staat in Deutschland. Baden-Baden: Nomos, S. 132-148.

Kohler-Koch, Beate / Conzelmann, Thomas / Knodt, Michèle, 2004: Europäische Integration – Europäisches Regieren. Wiesbaden: VS Verlag für Sozialwissenschaften.

Kohler-Koch, Beate / Quitkatt, Christine, 2013: De-Mystification of Participatory Democracy. EU Governance and Civil Society. Oxford: Oxford University Press

Kollman, Ken, 1998: Outside lobbying: Public opinion and interest group strategies. Princeton: Princeton University Press.

König, Markus / Pfister, Patrick / Sterzel, Paul, 2004: Neue Formen des Regierens im Kontext gesellschaftlichen Strukturwandels. Online im Internet: www.ihs.ac.at/powi04/papers (eingesehen am 23.04.2009).

König, Thomas / Rieger, Elmar / Schmitt, Hermann (Hrsg.), 1996: Das europäische Mehrebenensystem. New York: Campus Verlag.

Köppl, Peter, 2001: Die Macht der Argumente. Lobbying als strategisches Interessenmanagement. In: Marco Althaus (Hrsg.): Kampagne! Neue Strategien für Wahlkampf, PR und Lobbying. Münster: Lit-Verlag, S. 215–225.

Köppl, Peter, 2003: Power Lobbying: Das Praxishandbuch der Public Affairs. Wie professionelles Lobbying die Unternehmenserfolge absichert und steigert. Wien: Linde international.

Kriesi, Hanspeter / Tresch, Anke / Jochum, Margit, 2007: Going public in the European Union. In: Comparative Political Studies, 40/1, S. 48-73.

Lahusen, Christian / Jauß, Claudia, 2001: Lobbying als Beruf. Interessengruppen in der Europäischen Union. Baden-Baden: Nomos.

Lehmbruch, Gerhard, 1979a: Liberal Corporatism and Party Government. In: Gerhard Lehmbruch / Philippe C. Schmitter (Hrsg.): Trends toward Corporatist Intermediation. London – Beverly Hills: Sage, S. 147-183.

Lehmbruch, Gerhard, 1979b: Wandlungen der Interessenpolitik im liberalen Korporatismus. In: Ulrich von Alemann / Rolf G. Heinze (Hrsg.): Verbände und Staat. Vom Pluralismus zum Korporatismus. Analysen, Positionen, Dokumente. Opladen: Westdeutscher Verlag, S. 50-71.

Lehmbruch, Gerhard, 1987: Administrative Interessenvermittlung. In: Annette Windhoff-Héritier (Hrsg.): Verwaltung und ihre Umwelt. Festschrift für Thomas Ellwein. Opladen: Westdeutscher Verlag, S. 11–43.

Lijphart, Arend, 1971: Comparative Politics and the Comparative Method. In: The American Political Science Review, 65/3, S. 682 – 693.

Lowery, David / Gray, Virginia, 2004: Bias in the heavenly chorus: Interests in society and before government. In: Journal of Theoretical Politics, 16/1, S. 5-30.

Lowery, David / Poppelaars, Caelesta / Berkhout, Joost, 2008: The European Union Interest System in Comparative Perspective: A Bridge Too Far? In: West European Politics, 31/6, S. 1231–1252.

Mack, Charles S., 1989: Lobbying and Government Relations: A Guide for Executives. New York: Quorum Books.

Mahoney, Christine, 2004: The Power of Institutions: State and Interest Group Activity in the European Union. In: European Union Politics, 5/4, S. 441–466.

Mahoney, Christine, 2007: Lobbying Success in the United States and the European Union. In: Journal of Public Policy, 27/1, S. 35–56.

Mahoney, Christine / Baumgartner, Frank, 2008: Converging Perspectives on Interest Group Research in Europe and Amerika. In: West European Politics, 31/6, S. 1253–1273.

Marks, Gary, 1993: Structural Policy and Multilevel Governance in the European Community. In: Alan W. Cafruny / Glenda G. Rosenthal (Hrsg.): The State of the European Community II: The Maastricht Debates and Beyond. Boulder: Lynne Rienner, S. 391–410.

Marks, Gary / Hooghe, Liesbet / Blank, Kermit, 1996: European Integration since the 1980s: State-Centric vs. Multi-Level Governance. In: Journal of Common Market Studies, 34/3, S. 342–378.

Massing, Otwin, 1969: Vergleichende Regierungslehre (Comparative Government) – Zur Konvergenz von Soziologie und Politikwissenschaft. In: Gisela Kress / Dieter Senghaas (Hrsg.): Politikwissenschaft. Eine Einführung in ihre Probleme. Frankfurt am Main: Europäische Verlags-Anstalt, S. 286–323.

Matthes, Felix Christian, 2008: Klimawandel und Klimaschutz. In: Informationen zur politischen Bildung, 287, S. 21-30.

Mayer, Klaus / Naji, Natalie, 2000: Die Lobbyaktivitäten der deutschen Wirtschaft. In: Recht und Politik. Vierteljahreszeitschrift für Rechts- und Verwaltungspolitik, 35/1, S. 31–43.

Mayntz, Renate, 1993: Policy-Netzwerke und die Logik von Verhandlungssystemen. In: Politische Vierteljahreszeitschrift, Sonderheft Policy Analyse, S. 39-56.

Mayntz, Renate, 2009: Über Governance. Institutionen und Prozesse politischer Regelung. Schriften aus dem Max-Planck-Institut für Gesellschaftsforschung, Band 62. Frankfurt am Main: Campus.

Mayntz, Renate / Scharpf, Fritz, 2005: Politische Steuerung – Heute?, MPIfG Working Paper 05/1, Januar 2005, Köln: Max-Planck-Institut für Gesellschaftsforschung.

Mazey, Sonia / Richardson, Jeremy (Hrsg.), 1993: Lobbying in the European Community. Oxford: Oxford University Press.

Mazey, Sonia / Richardson, Jeremy, 2006: Interest Groups and EU Policy-making: Organisational Logic and Venue Shopping. In: Jeremy Richardson (Hrsg.): European Union. Power and Policy-making. Milton Park: Routledge, S. 247–268.

McLaughlin, Andrew / Jordan, Grant / Maloney, William A., 1993: Corporate Lobbying in the European Community. In: Journal of Common Market Studies, 31/2, S. 191–212.

Meuser, Michael / Nagel, Ulrike, 1991: Experteninterviews – vielfach erprobt, wenig bedacht. In: Detlev Garz / Klaus Kraimer (Hrsg.): Qualitativ-empirische Sozialforschung. Konzepte, Methoden, Analysen. Opladen: Westdeutscher Verlag, S. 441–471.

Michalowitz, Irina, 2007: Lobbying in der EU. Wien: facultas.

Milinewitsch, Mirko, 2005: Professionalisierung der Interessenvermittlung durch externes Public Affairs Management. Berlin/München: poli-c-books.

Mintzberg, Henry, 1990: Strategy Formation: Schools of Thought. In: James Frederickson (Hrsg.): Perspectives on Strategic Management. New York: Harper Business, S. 105-235.

Mintzberg, Henry, 1995: Die Strategische Planung. Aufstieg, Niedergang und Neubestimmung. München: Hanser.

Müller-Rommel, Ferdinand / Pieper, Gabriele, 1991: Das Bundeskanzleramt als Regierungszentrale. In: Aus Politik und Zeitgeschichte. Beilage zur Wochenzeitung Das Parlament. B21-22.

Nowens, Anthony / Freeman, Patricia, 1998: Interest group activity in the States. In: Journal of Politics, 60/1, S. 86-112.

Nugent, Neill, 2001: The European Commission. Houndmills: Palgrave Macmillan.

Nugent, Neill, 2010: The Government and Politics of the European Union. 7th edition. Basingstoke: Palgrave Macmillan.

Nyenhuis, Martin, 2008: Wirtschaftspolitische Steuerungsmöglichkeiten zur CO2-Emissionsreduktion im Automobilsektor. Eine ökonomische Analyse am Beispiel des Reduktionsziels der Europäischen Kommission von 130 g CO2/km für Pkw. Norderstedt: Grin Verlag.

Pappi, Franz Urban / Schornpfeil, Willi, 1996: Das Ausschusswesen der Europäischen Kommission: Grundstrukturen und Kommunikationsmöglichkeiten für Verbände. In: Thomas König / Elmar Rieger / Hermann Schmitt (Hrsg.): Das europäische Mehrebenensystem. Frankfurt am Main / New York: Campus Verlag, S. 135–159.

Peschke, Anke, 2001: Transnationale Kooperation und Interessenvermittlung in der europäischen Forschungs- und Technologiepolitik: Die Rolle europäischer Wissenschaftsvereinigungen. Dissertation. München: Technische Universität München.

Pfeifer, Georg, 1995: Eurolobbyismus – Organisierte Interessen in der Europäischen Union. Frankfurt am Main: Europäischer Verlag für Wissenschaften.

Platzer, Hans-Wolfgang, 2008: Interessenverbände und europäischer Lobbyismus. In: Werner Weidenfeld (Hrsg.): Die Europäische Union. Politisches System und Politikbereiche. Bonn: Bundeszentrale für politische Bildung, S. 187–205.

Pollack, Mark A., 1997a: Representing diffuse interests in EC policy-making. In: Journal of European Public Policy, 4/4, S. 572–590.

Pollack, Mark A., 1997b: Delegation, agency, and agenda setting in the European Community. In: International Organization, 51/1, S. 99–134.

Princen, Sebastiaan / Kerremans, Bart, 2008: Institutions and Interest Groups. In: West European Politics, 31/6, S. 1129–1146.

Raecke, Florian, 2011: Umweltpolitische Strategieentwicklung. Das Beispiel einer Strategie zur Schonung natürlicher Ressourcen. Forschungszentrum für Umweltpolitik. Freie Universität Berlin. FFU-Report 04-2011.

Raschke, Joachim, 2002: Politische Strategie. Überlegungen zu einem politischen und politologischen Konzept. In: Frank Nullmeier / Thomas Saretzki (Hrsg.): Jenseits des Regierungsalltags. Strategiefähigkeit politischer Parteien. Frankfurt/M.: Campus, S. 207-241.

Raschke, Joachim / Tils, Ralf, 2010 (Hrsg.): Strategie in der Politikwissenschaft. Konturen eines neuen Forschungsfelds. Wiesbaden: VS Verlag.

Raschke, Joachim / Tils, Ralf, 2012 (Hrsg.): Politische Strategien. Eine Grundlegung. 2. Auflage. Wiesbaden: VS Verlag.

Reuters, 2008: EU-Ausschuss für Kompromiss bei CO_2-Auto-Richtlinie. Online im Internet: http://de.reuters.com/article/worldNews/idDEMIG21974820080902 (eingesehen am 08.05.2009).

Richardson, Jeremy (Hrsg.), 1993: Pressure Groups. Oxford: Oxford University Press.

Richardson, Jeremy, 1997: Interest Groups, Multi-Arena Politics and Policy Change. Paper presented to the Panel on "Policy Networks, Communities and Coalitions". American Political Science Annual Meeting. Washington, D. C.: 28.–30. August 1997.

Richardson, Jeremy, 2000: Government, Interest Groups and Policy Change. In: Political Studies, 48/5, S. 1006–1025.

Richardson, Jeremy (Hrsg.), 2012: Constructing a Policy-Making State. Policy Dynamics in the EU. Oxford: Oxford University Press.

Rieger, Elmar, 1995: Politik supranationaler Integration. Die Europäische Gemeinschaft in institutionentheoretischer Perspektive. In: Politische Institutionen im Wandel, Sonderheft 35 der Kölner Zeitschrift für Soziologie und Sozialpsychologie. Opladen: Westdeutscher Verlag, S. 349–367.

Ronit, Karsten / Schneider, Volker, 1998: The Strange Case of Regulating Lobbying in Germany. In: Parliamentary Affairs. A Journal of Comparative Politics, 51/4, S. 559–567.

Rosenau, James, 1992: Governance, Order and Change in World Politics. In: James Rosenau / Ernst-Otto Czempiel (Hrsg.): Governance without Government: order and change in world politics. Cambridge: Cambridge University Press, S. 1–29.

Roth-Behrendt, Dagmar / Büchler, Frank, 2008: Die Umweltpolitik der Europäischen Union. In: Werner Weidenfeld (Hrsg.): Die Europäische Union. Politisches System und Politikbereiche. Bonn: Bundeszentrale für politische Bildung, S. 362-384.

Rudzio, Wolfgang, 2011: Das politische System der Bundesrepublik Deutschland. 8. aktualisierte und erweiterte Auflage. Wiesbaden: VS Verlag für Sozialwissenschaften.

Rumelt, Richard, 2012: Good Strategy, Bad Strategy. London: Profile Books.

Sartori, Giovanni, 1991: Comparing and Miscomparing. In: Journal of Theoretical Politics, 3/3, S. 243–257.

Saurugger, Sabine, 2008: Interest Groups and Democracy in the European Union. In: West European Politics, 31/6, S. 1247–1291.

Sbragia, Alberta M., 2000: Environmental Policy. In: Hellen Wallace / William Wallace (Hrsg.): Policy Making in the European Union. 4th edition. Oxford: Oxford University Press, S. 293–316.

Scharpf, Fritz W., 1973: Planung als politischer Prozess. Aufsätze zur Theorie der planenden Demokratie. Frankfurt/M.: Suhrkamp.

Scharpf, Fritz W., 1978: Organisatorische Voraussetzungen der Funktionsfähigkeit der Gewerkschaften in der Bundesrepublik. In: Gewerkschaftliche Monatshefte, 10, S. 578–588.

Scharpf, Fritz W., 1985: Die Politikverflechtungs-Falle: Europäische Integration und deutscher Föderalismus im Vergleich. In: Politische Vierteljahreszeitschrift, 26/4, S. 323–356.

Scharpf, Fritz W., 1999: Regieren in Europa. Effektiv und demokratisch? Frankfurt am Main / New York: Campus Verlag.

Scharpf, Fritz W., 2002: Regieren im europäischen Mehrebenensystem – Ansätze zu einer Theorie. In: Leviathan, 30/1, S. 65-92.

Schattenschneider, Elmer Eric, 1935: Politics, Pressures and the Tariff. A Study of Free Private Enterprise in Pressure Politics, as Shown in the 1929–1930 Revision of the Tariff. New York: Prentice-Hall.

Schendelen, Rinus van, 1993a: Die wachsende Bedeutung des europäischen Lobbyings. In: Zeitschrift für Parlamentsfragen, 1/24, S. 64–72.

Schendelen, Rinus van (Hrsg.), 1993b: National Public and Private EC Lobbying. Aldershot: Dartmouth.

Schendelen, Rinus van, 2002: Machiavelli in Brussels. The Art of Lobbying the EU. Amsterdam: Amsterdam University Press.

Schimank, Uwe, 2005: Die Entscheidungsgesellschaft. Komplexität und Rationalität der Moderne. Wiesbaden: VS Verlag für Sozialwissenschaften.

Schlozman, Kay Lehman / Tierney, John T., 1986: Organized Interests and American Democracy. New York: Harper & Row.

Schmidt, Manfred G., 2004: Wörterbuch zur Politik, 2. Auflage, Stuttgart: Körner.

Schmitter, Philippe C., 1979a: Still the century of corporatism? In: Philippe C. Schmitter / Gerhard Lehmbruch (Hrsg.): Trends Towards Corporatist Intermediation. London / Beverly Hills: Sage Publications, S. 7–49.

Schmitter, Philippe C., 1979b: Interessenvermittlung und Regierbarkeit. In: Ulrich von Alemann / Rolf G. Heinze (Hrsg.): Verbände und Staat: Vom Pluralismus zum Korporatismus. Analysen, Positionen, Dokumente. Opladen: Westdeutscher Verlag, S. 92–114.

Schmitter, Philippe, C., 1981: Interest Intermediation and Regime Governability in Contemporary Western Europe and North America. In: Suzanne Berger (Hrsg.): Organizing Interests in Western Europe. Pluralism, Corporatism and the Transformation of Politics. Cambridge: Cambridge University Press, S. 285-327.

Schmitter, Philippe C. / Lehmbruch, Gerhard (Hrsg.), 1979: Trends Towards Corporatist Intermediation. London / Beverly Hills: Sage Publications.

Schmitter, Philippe C. / Streeck, Wolfgang, 1999: The organization of business interests: studying the associative action of business in advanced industrial societies. Köln: Max-Planck-Institut für Gesellschaftsforschung.

Schneider, Gerald / Baltz, Konstantin, 2003: The Power of Specialization: How Interest Groups Influence EU Legislation. Rivista di Politica Economica, 1/2, S. 253–283.

Schneider, Volker / Janning, Frank / Leifeld, Philip / Malang, Thomas, 2009: Politiknetzwerke. Modelle, Anwendungen und Visualisierungen. Wiesbaden: VS-Verlag.

Schumann, Diana, 2007: Kollektive und individuelle Interessenvermittlung großer Unternehmen im europäischen Mehrebenensystem. In: Ulrich Widmaier / Nils C. Bandelow / Wilhelm Bleek (Hrsg.): Einzelinteressen und kollektives Handeln in modernen Demokratien. Wiesbaden: VS Verlag für Sozialwissenschaften, S. 75-90.

Schumann, Diana / Widmaier, Ulrich, 2003: Political strategies of large companies and their significance for implementation of the European single electricity market: the examples of France and Germany. In: Journal of Public Affairs, 3/3, S. 260-272.

Sebaldt, Martin, 1997: Organisierter Pluralismus. Kräftefeld, Selbstverständnis und politische Arbeit deutscher Interessengruppen. Opladen: Westdeutscher Verlag.

Sebaldt, Martin, 2004: Die „Stille Revolution" organisierter Interessenvertretung: Entwicklungs- und Transformationsmuster westlicher Verbandssysteme in komparativer Perspektive. In: Zeitschrift für Politik, 51/1, S. 1–28.

Sebaldt, Martin / Straßner, Alexander (Hrsg.), 2004: Verbände in der Bundesrepublik Deutschland. Eine Einführung. Wiesbaden: VS Verlag für Sozialwissenschaften.

Seidel, Wolfgang / Kerth, Yvonne, 2006: Umsetzungsprobleme internationaler Umweltschutzkonventionen: das Beispiel des Kyoto-Protokolls – Emissionshandel als Instrument internationaler, europäischer und staatlicher Umweltpolitik. In: Peter Christian Müller-Graf / Eckhard Pache / Dieter H. Scheuing (Hrsg.): Die Europäische Gemeinschaft in der internationalen Umweltpolitik. Baden-Baden: Nomos, S. 149–168.

Simon, Herbert Alexander, 1960: The New Science of Management Decision. New York: Harper.

Solomon, S. / Qin, D. / Manning, M. / Chen, Z. / Marquis, M. / Averyt, B. / Tignor, M. / Miller, H. L. (Hrsg.), 2007: Climate Change 2007: The Physical Science Basis. Contribution of Working Group I to the Fourth Assessment Report of the IPCC. Cambridge: Cambridge University Press.

Stahl, Gerhard, 2008: Referat des Generalsekretärs der Regionen. Dr. Gerhard Stahl über neue Formen des Regierens im Rahmen der Fachtagung komplexer Grenzregionen am 23. April 2008 in Eupen.

Statham, Paul / Trenz, Hans-Jörg, 2012: The Politicization of Europe. London: Routledge.

Stern, Nicholas, 2007: The Economics of Climate Change. The Stern Review. Cambridge: Cambridge University Press.

Strauch, Manfred, 1993: Lobbying in Bonn und Brüssel. In: Manfred Strauch (Hrsg.): Lobbying: Wirtschaft und Politik im Wechselspiel. Frankfurt am Main: Gabler, S. 61–90.

Streeck, Wolfgang / Schmitter, Philippe C., 1991: From National Corporatism to Transnational Pluralism: Organized Interests in the Single European Market. In: Politics and Society, 19/2, S. 133-164.

Teuber, Jörg, 2009: Interessenverbände und Internationalisierung. Dachverbände, Automobilindustrie und Einzelhandel in der Europäischen Union. Dissertation. Wiesbaden: VS Verlag für Sozialwissenschaften.

Thomas, Clive S., / Hrebenar, Ronald J., 2009: Comparing lobbying across liberal democracies: Problems, approaches and initial findings. In: Journal of Comparative Politics, 2/1, S. 131-154.

Tils, Ralf, 2005: Politische Strategieanalyse. Konzeptionelle Grundlagen und Anwendung in der Umwelt- und Nachhaltigkeitspolitik. Wiesbaden: VS Verlag für Sozialwissenschaften.

TNO Built Environment and Geosciences, 2005: TNO report B&O-A R 2005/100. Public views on air pollution in the European Union. Results of the European Commission's public consultation on air pollution. The Netherlands: April 2005.

TNO Science and Industry, 2005: TNO report 05.OR.VM.032.1/NG. Euro 5 technologies and costs for Light-Duty vehicles. The expert panels summary of stakeholders responses. The Netherlands: 20.10.2005.

Tömmel, Ingeborg (Hrsg.), 2007: Die Europäische Union: Governance und Policy-Making. Wiesbaden: VS Verlag.

Tömmel, Ingeborg, 2008: Das politische System der EU. 3. Auflage. München: Oldenbourg.

Tömmel, Ingeborg / Verdun, Amy (Hrsg.), 2009: Innovative Governance in the European Union. The Politics of Multilevel Policy-Making. Boulder, Co.: Lynne Rienner.

Umweltbundesamt, 2009: Luft und Luftreinhaltung. Clean Air for Europe (CAFE). Online im Internet: http://www.umweltbundesamt.de/luft/reinhaltungsstrategien/caf e.htm (eingesehen am 13.06.2009).

UN-Klimagipfel in Kopenhagen, 2009: Decision-/CP.15: Copenhagen Accord of 18 December 2009.

UNFCCC, 1992: Rahmenübereinkommen der Vereinten Nationen über Klimaänderungen. Online im Internet: http://unfccc.int/resource/docs/convkp/convger.pdf (eingesehen am 07.08.2010).

VDA, 2005: VDA-Stellungnahme zum Entwurf der Europäischen Kommission zu Euro 5. Brüssel: 07.09.2005.

VDA, 2006: VDA Statement on the Final Report of CARS 21. Online im Internet: http://ec.europa.eu/enterprise/sectors/automotive/files/pagesbackground/competitiv eness/cars21_finalreport_consultation/vda_en.pdf (eingesehen am 08.05.2009).

VDA, 2007a: Mitteilung der Kommission zur CO_2-Minderung bei PKW. Stellungnahme des VDA im Rahmen der Internet-Konsultation der Europäischen Kommission. Online im Internet: http://www.bvek.de/side-event/beitraege/Side_Event_12.3.08_ VDA_Stellungnahmel.pdf (eingesehen am 08.05.2009).

VDA, 2010: Der VDA. Garant für die Mobilität der Zukunft. Imagebroschüre herausgegeben vom Verband der Automobilindustrie. Online im Internet: http://vda.de/de/ publikationen/publikationen_downloads/detail.php?id=663 (eingesehen am 07.10.2010).

VW AG (Hrsg.), 2012a: Geschäftsbericht 2011. Wolfsburg: Volkswagen Aktiengesellschaft.

VW AG (Hrsg.), 2012b: Zahlen, Daten, Fakten. Navigator 2012. Wolfsburg: Volkswagen Aktiengesellschaft.

Wallace, Helen / Pollack, Mark A. / Young, Alasdair R. (Hrsg.), 2014: Policy-Making in the European Union. 7th edition. Oxford: Oxford University Press.

Warleigh, Alex, 2000: The Hustle: Citizenship Practice. NGO's and "Policy Coalitions" in the European Union. The Cases of Auto Oil, Drinking Water and Unit Pricing". In: Journal of European Public Policy, 7/2, S. 229–243.

WBGU, 2001: Wissenschaftlicher Beirat der Bundesregierung Globale Umweltveränderungen 2001 – WBGU (Hrsg.): Welt im Wandel: Neue Strukturen globaler Umweltpolitik, Berlin/Heidelberg: Springer Verlag.

Webber, Douglas, 1999 (Hrsg.): The Franco-German Relationship in the European Union. Routledge: London.

Weber, Werner, 1957: Diskussionsbeitrag. In: Wilhelm Beutler / Gustav Stein / Hellmuth Wagner (Hrsg.): Der Staat und die Verbände. Gespräch, veranstaltet vom Bundesverband der Deutschen Industrie in Köln am 27. März 1957. Heidelberg: Verlag Recht und Wirtschaft, S. 22.

Weidenfeld, Werner / Wessels, Wolfgang (Hrsg.), 2013: Europa von A–Z. Taschenbuch der europäischen Integration. 13. Auflage. Baden-Baden: Nomos.

Weidenfeld, Werner, 2013: Die Europäische Union. 3. aktualisierte Auflage. Paderborn: Wilhelm Fink.

Weißbuch der Europäischen Kommission, 2001: Europäisches Regieren – Ein Weißbuch. Brüssel: 25.07.2001 (KOM 2001) 428 endgültig.

Wessels, Wolfgang, 1996: Verwaltung im EG-Mehrebenensystem: Auf dem Weg zur Megabürokratie? In: Markus Jachtenfuchs / Beate Kohler-Koch (Hrsg.): Europäische Integration. Opladen: Leske + Budrich, S. 165–192.

Wessels, Wolfgang, 2008: Das politische System der Europäischen Union. In: Werner Weidenfeld (Hrsg.): Die Europäische Union. Politisches System und Politikbereiche. Bonn: Bundeszentrale für politische Bildung, S. 83–104.

Wheeler, David / Ummel, Kevin, 2007: Another Inconvenient Truth: A Carbon-Intensive South Faces Environmental Desaster, No Matter What the North Does. Washington, D. C.: Center for Global Development.

Wiesendahl, Elmar, 2010: Rationalitätsgrenzen politischer Strategie. In: Joachim Raschke / Ralf Tils (Hrsg.): Strategie in der Politikwissenschaft. Konturen eines neuen Forschungsfelds. Wiesbaden: VS Verlag, S. 21-44.

Wiesenthal, Helmut, 2006: Gesellschaftssteuerung und gesellschaftliche Selbststeuerung. Eine Einführung. Wiesbaden: VS Verlag für Sozialwissenschaften.

Wilson, Graham, 1990: Interest Groups. Cambridge: Blackwell.

Wiener Motoren Symposium, 2006: Verkehr/Umwelt, 27./28.04.2006, Integrated Approach. Konzept einer nachhaltigen CO_2-Reduktion. Online im Internet: http://www.bmwgroup.com/publikationen/d/2006/pdf/integrated_approach_vortrag_2006.pdf (eingesehen am 12.06.2009).

Winter, Thomas / Willems, Ulrich, 2009: Zum Wandel der Interessenvermittlung in Politikfeldern. Zentrale Befunde aus der Verbände- und der Policy-Forschung. In: Britta Rehder / Thomas Winter / Ulrich Willems (Hrsg.): Interessenvermittlung in Politikfeldern. Zentrale Befunde aus der Verbände- und der Policy-Forschung. Wiesbaden: VS Verlag für Sozialwissenschaften, S. 9–29.

Wolf, Klaus-Dieter, 1997: Die Integrationsforschung integrieren. In: Klaus-Dieter Wolf (Hrsg.): Das Projekt Europa im Übergang? Probleme, Modelle und Strategien des Regierens in der EU. Baden-Baden: Nomos, S. 7–13.

Woll, Cornelia, 2006a: Lobbying in the European Union: From sui generis to a comparative perspective. In: Journal of European Public Policy, 13/3, S. 456–469.

Woll, Cornelia, 2006b: Herrschaft der Lobbyisten in der Europäischen Union? In: Aus Politik und Zeitgeschichte, 15/16, S. 33–38.

Woll, Cornelia, 2007: Leading the Dance? Power and Political Resources of Business Lobbyists. In: Journal of Public Policy, 27/1, S. 57–78.

Woll, Cornelia, 2008: Firm Interests: How Governments Shape Business Lobbying on Global Trade. Ithaca: Cornell University Press.

Woll, Cornelia, 2012: The brash and the soft-spoken: Lobbying styles in a transatlantic comparison. In: Interest Groups and Advocacy, 1/2, S. 193-214.

World Meteorologic Organization, 1989: Conference Proceedings - The Changing Atmosphere: Implications for Global Security. Geneva: WMO - Nr. 710.

Zimmer, Stefan, 1999: Verbände in der Globalisierung. Exogene und endogene Faktoren intermediärer Instanzen. Universität der Bundeswehr. München-Neubiberg: IFS.

8.2.2 Amtliche Dokumente

Amtsblatt der Europäischen Union, 2007: Verordnung (EG) Nr. 715/2007 des Europäischen Parlaments und des Rates vom 20. Juni 2007 über die Typengenehmigung von Kraftfahrzeugen hinsichtlich der Emissionen von leichten Personenkraftwagen und Nutzfahrzeugen (Euro 5 und Euro 6) und über den Zugang zu Reparatur- und Wartungsinformationen für Fahrzeuge. Brüssel: 29.06.2007.

BMWi, 2013: Bundeswirtschaftsministerium: Branchenfokus Automobilindustrie. Online im Internet: http://www.bmwi.de/DE/Themen/Wirtschaft/branchenfokus,did=1 95924.html (eingesehen am 26.08.2014).

Bundesministerium für Umwelt, 2009: Bundesministerium für Umwelt, Naturschutz und Reaktorsicherheit: Klimaschutz in Deutschland. Online im Internet: http://www.bmu.de/klimaschutz/nationale:Klimapolitik/doc.php (eingesehen am 07.08.2009).

Bundesministerium für Umwelt, Naturschutz, Bau und Reaktorsicherheit, 2013: Die EU-Verordnung zur Verminderung der CO2-Emissionen von Personenkraftwagen. Online im Internet: http://www.bmub.bund.de/fileadmin/bmuimport/files/pdfs/allge mein/application/pdf/eu_verordnung_co2_emissionen_pkw.pdf (eingesehen am 16.10.2013).

Bundesregierung, 2007: Die Automobilindustrie: eine Schlüsselindustrie unseres Landes. Online im Internet: http://www.bundesregierung.de/Content/DE/Magazine/ema gs/economy/051/sp-2-die-automobilindustrie-eine-schluesselindustrie-unseres-land es.html (eingesehen am 22.03.2010).

Deutscher Bundestag, 2005: Der aktuelle Begriff: CARS 21. Wissenschaftliche Dienste des Deutschen Bundestages. Berlin: 15.02.2005, Nr. 06/05.

ECCP I Review: ECCP I review working group under the ECCP II. Online im Internet: http://www.ec.europa.eu/clima/policies/eccp/second_follow-up_en.htm (eingesehen am 14.11.2009).

Enterprise Directorate-General, 2003a: Subject: MVEG sub-group on future vehicle emission standards (Euro 5 for passenger cars and light commercial vehicles and Euro 6 for heavy duty vehicles). Brussels: 06.08.2003 D(2003).

Enterprise Directorate-General, 2003b: Minutes of the 2nd meeting of the MVEG sub-group on Euro 5 Emission Standards. Brussels: 27.10.2003 ENTR/F5/AK D(2003).

Enterprise Directorate-General, 2003c: Minutes of the 3rd meeting of the MVEG sub-group on Euro 5. Brussels: 17.11.2003 F5/JLG D(2003).

Enterprise Directorate-General, 2003d: Draft minutes of the 4th meeting of the MVEG sub-group on Euro 5 and Euro 6 Emission Standards. Brussels: 09.12.2003.

Europäische Kommission, 1995: Eine Strategie der Gemeinschaft zur Minderung der CO_2-Emissionen von Personenkraftwagen und zur Senkung des durchschnittlichen Kraftstoffverbrauchs. Brüssel: 25.06.1995 KOM(95)689 endgültig.

Europäische Kommission, 1999: Agreement with European car manufacturers. Brussels: 05.02.1999 (1999/125/EC).

Europäische Kommission, 2001: Mitteilung der Kommission an das Europäische Parlament und den Rat. Das Programm „Saubere Luft für Europa" (CAFE): Eine thematische Strategie für die Luftqualität. Brüssel: 04.05.2001 KOM(2001) 245 endgültig.

Europäische Kommission, 2002: Mitteilung der Kommission an das Europäische Parlament und den Rat. Über die Einholung und Nutzung von Expertenwissen durch die Kommission: Grundsätze und Leitlinien. Brüssel: 11.12.2002 KOM(2002) 713 endgültig.

Europäische Kommission, 2004: Codecision. Flow Chart. Online im Internet: http://ec. europa.eu/codecision/stepbystep/diagram_en.htm# (eingesehen am 12.03.2009).

Europäische Kommission, 2005a: Communication from the Commission to the Council and the European Parliament. Thematic Strategy on air pollution. Brussels: 21.09.2005 COM (2005) 446 final.

Europäische Kommission, 2005b: Commission Staff working paper. Annex to the Communication from the Commission to the Council and the European Parliament. Thematic Strategy on air pollution. Brussels: 21.09.2005 SEC(2005) 1132.

Europäische Kommission, 2005c: Preliminary draft proposal for a Regulation of the European Parliament and of the Council relating to emissions of atmospheric pollutants from motor vehicles (Euro 5).

Europäische Kommission, 2005d: Vorschlag für eine Verordnung des Parlaments und des Rates über die Typengenehmigung von Kraftfahrzeugen hinsichtlich ihrer Emissionen, über den Zugang zu Reperaturinformationen für Kraftfahrzeuge und zur Änderung der Richtlinien 72/306/EWG und ../../EG. Brüssel: 21.12.2005 KOM(2005) 683 endgültig.

Europäische Kommission, 2005e: Commission staff working document. Annex to the regulation of the European Parliament and of the Council on type approval of motor vehicles with respect to emissions and on access to vehicle repair information, amending Directive 72/306/EEC and Directive ../../EC. Impact Assessment. Brussels: 21.12.2005 SEC(2005) 1745.

Europäische Kommission, 2005f: Pressemitteilung der Kommission. Autos sollen sauberer werden: Kommission startet Konsultation zu strengeren Emissionsgrenzwerten. Brüssel: 15.07.2005 IP/05/938.

Europäische Kommission, 2005g: Stakeholder Consultation on Euro 5 emission limits for light duty vehicles – Summary of the results. Online im Internet: http://ec.europ a.eu/enterprise/sectors/automotive/documents/consultations/light-duty-contributions /summary_en.htm (eingesehen am 12.05.2009).

Europäische Kommission, 2005h: Pressemitteilung der Kommission. Kommission schlägt verschärfte Emissionsgrenzwerte für Autos vor. Brüssel: 21.12.2005 IP/ 05/1660.

Europäische Kommission, 2005i: Mitteilung der Kommission an den Rat und das Europäische Parlament. Umsetzung der Gemeinschaftsstrategie zur Verminderung der CO_2-Emissionen von Kraftfahrzeugen: Fünfter Jahresbericht über die Wirksamkeit der Strategie. Brüssel: 22.06.2005 KOM (2005)269.

Europäische Kommission, 2005j: CARS 21 – A Competitive Automotive Regulatory System for the 21st century. Final Report. Online im Internet: http://ec.europa.eu/en terprise/sectors/automotive/files/pagesbackground/competitiveness/cars21finalrepor t_en.pdf (eingesehen am 16.01.2009)

Europäische Kommission, 2005k: ECCP Conference – 24. October 2005, Summary of the Workshop CO_2 and cars.

Europäische Kommission, 2006: Review of the EU strategy to reduce CO_2 emissions and improve fuel efficiency from cars. Report on the Public Consultation June–August 2006.

Europäische Kommission, 2006a: Pressemitteilung der Kommission. Strengere Emissionsgrenzwerte für Kraftfahrzeuge nach Verabschiedung von Euro 5 und Euro 6 durch EP. Brüssel: 13.12.2006 IP/06/1800.

Europäische Kommission, 2006b: Comission Staff working document. Impact Assesment for Euro 6 emission limits for light duty vehicles. Brussels: 20.09.2006.

Europäische Kommission, 2006c: Belgien Government, Contribution belge au Rapport " Cars 21". Online im Internet: http://ec.europa.eu/enterprise/sectors/automotiv e/files/pagesbackground/competitiveness/cars21_finalreport_consultation/belgium_ en.pdf (eingesehen am 16.05.2010).

Europäische Kommission, 2006d: UK Government, Commission consultation on CARS 21. Online im Internet: http://ec.europa.eu/enterprise/sectors/automotive/file s/pagesbackground/competitiveness/cars21_finalreport_consultation/uk_governmen t_en.pdf (eingesehen am 16.05.2010).

Europäische Kommission, 2006e: The European Climate Change Programme. EU action against climate change. Brussels: January 2006.

Europäische Kommission, 2006f: Grünbuch: Eine europäische Strategie für nachhaltige, wettbewerbsfähige und sichere Energie. Brüssel: 08.03.2006 KOM(2006) 105 endgültig.

Europäische Kommission, 2007a: Bekämpfung des Klimawandels – Europa in der Vorreiterrolle. In: Europäische Kommission (Hrsg.): Europa in Bewegung. Brüssel: September 2007.

Europäische Kommission, 2007b: Mitteilung der Kommission an den Rat und das Europäische Parlament. Ergebnisse der Überprüfung der Strategie der Gemeinschaft zur Minderung der CO_2-Emissionen von Personenkraftwagen und leichten Nutzfahrzeugen. Brüssel: 07.02.2007 KOM(2007) 19 endgültig.

Europäische Kommission, 2007c: Press Release. Kommission plant Rechtsrahmen, um die Erfüllung der EU-Ziele für geringere CO_2-Emissionen von Kraftfahrzeugen sicherzustellen. Brüssel: 07.02.2007 IP/07/155.

Europäische Kommission, 2007d: Mitteilung der Kommission an das Europäische Parlament und den Rat. Ein wettbewerbsfähiges Kfz-Regelungssystem für das 21. Jahrhundert. Stellungnahme der Kommission zum Schlussbericht der hochrangigen Gruppe CARS 21. Brüssel: 07.02.2007 KOM(2007) 22 endgültig.

Europäische Kommission, 2007e: Arbeitsdokument der Kommissionsdienstellen. Begleitdokument zur Mitteilung der Kommission an den Rat und das Europäische Parlament. Ergebnisse der Überprüfung der Strategie der Gemeinschaft zur Minderung der CO_2-Emissionen von Personenkraftwagen und leichten Nutzfahrzeugen. Zusammenfassung der Folgenabschätzung. Brüssel: 07.02.2007 SEK(2007) 61.

Europäische Kommission, 2007f: Öffentliche Anhörung zur Umsetzung der CO_2- und PKW-Strategie der Kommission. Brüssel: 03.07.2007 IP/07/996

Europäische Kommission, 2007g: Vorschlag für eine Verordnung des Europäischen Parlaments und des Rates zur Festsetzung von Emissionsnormen für neue Personenkraftwagen im Rahmen des Gesamtkonzepts der Gemeinschaft zur Verringerung der CO_2-Emissionen von Personenkraftwagen und leichten Nutzfahrzeugen. Brüssel: 19.12.2007 KOM(2007)856 endgültig.

Europäische Kommission, 2007h: Press Release. Kommissionsvorschlag zur Begrenzung der CO_2-Emissionen von Personenkraftwagen: ein Beitrag zur Bekämpfung des Klimawandels, zur Senkung der Kraftstoffkosten und zur Stärkung der europäischen Wettbewerbsfähigkeit. Brüssel: 19.12.2007 IP/07/1965.

Europäische Kommission, 2007i: Public hearing „Reducing CO_2 from passenger cars and light-commercial vehicles", Final Report. Brussels: 11.07.2007.

Europäische Kommission, 2007j: Arbeitspapier der Kommissionsdiensstellen. Begleitende Unterlage zu dem Vorschlag der Kommission an das Europäische Parlament und den Rat für eine Verordnung zur Minderung der CO_2-Emissionen von Personenkraftfahrzeugen. Zusammenfassung der Folgenabschätzung. Brüssel: 19.12.2007 SEK(2007)1724.

Europäische Kommission, 2007k: Questions and answers on the proposed regulation to reduce CO2 emissions from cars. Brüssel: 19.12.2007 MEMO/07/597.

Europäische Kommission, 2008: Maßnahmen der EU gegen den Klimawandel: Mit Forschung und Entwicklung den Klimawandel bekämpfen. Luxemburg: Amt für amtliche Veröffentlichungen der Europäischen Gemeinschaft.

Europäisches Parlament, 2005: Entschließungsantrag zur Halbzeitprüfung der Lissabon-Strategie. Brüssel: 03.03.2005, B6-0186/2005.

Europäisches Parlament, 2006a: Bericht über den Vorschlag für eine Verordnung des Europäischen Parlaments und des Rates über die Typengenehmigung von Kraftfahrzeugen hinsichtlich ihrer Emissionen, über den Zugang zu Reparaturinformationen für Kraftfahrzeuge. Brüssel: 21.09.2006 A6-0301/2006.

Europäisches Parlament, 2006b: ENTWURF EINES BERICHTS über den Vorschlag für eine Verordnung des Europäischen Parlaments und des Rates über die Typgenehmigung von Kraftfahrzeugen hinsichtlich ihrer Emissionen, über den Zugang zu Reparaturinformation für Kraftfahrzeuge und zur Änderung der Richtlinien 72/306/EWG und ../../EG (KOM(2005)0683 – C6-0007/2006 – 2005/0282(COD)). Brüssel: 05.05.2006 2005/0282(COD) vorläufig.

Europäisches Parlament, 2007: Plenardebatte zu Klimawandel. Brüssel: 31.01.2007. Online im Internet: http://www.europarl.europa.eu/sides/getDoc.do?pubRef=-//EP//TEXT+CRE+20070131+ITEM-016+DOC+XML+V0//DE (eingesehen am 27.04.2009).

Europäisches Parlament, 2008a: Press Release. Environment Committee insists on 2012 target for reducing CO_2 from new cars. Brüssel: 25.09.2008.

Europäisches Parlament, 2008b: Draft Report on the proposal for a regulation of the European Parliament and the Council setting emission performance standards for new passenger cars as part of the Community's integrated approach to reduce CO_2 emissions from light duty vehicles. Brüssel: 08.05.2008 2007/0297(COD).

Europäisches Parlament, 2008c: Press Release. MEPs and Council Presidency reach deal on CO_2 emissions from cars. Brüssel: 02.12.2008.

Rat der Europäischen Union, 2006: Mitteilung an die Presse. 2713. Tagung des Rates Umwelt. Emissionen von Kraftfahrzeugen. Brüssel: 09.03.2006 C/06/58.

Rat der Europäischen Union, 2007a: Mitteilung an die Presse. 2803. Tagung des Rates Beschäftigung, Sozialpolitik, Gesundheit und Verbraucherschutz. Brüssel: 30.–31.05.2007 C/07/119.

Rat der Europäischen Union, 2007b: Entwurf eines Protokolls. 2803. Tagung des Rates Beschäftigung, Sozialpolitik, Gesundheit und Verbraucherschutz vom 30.–31. Mai 2007 in Brüssel. Brüssel: 01.08.2007 10155/07.

Rat der Europäischen Union, 2007c: Addendum zum Entwurf eines Protokolls. 2803. Tagung des Rates Beschäftigung, Sozialpolitik, Gesundheit und Verbraucherschutz vom 30.–31. Mai 2007 in Brüssel. Brüssel: 01.08.2007 10155/07 ADD 1.

Rat der Europäischen Union, 2008a: Mitteilung an die Presse. 2856. Tagung des Rates Umwelt. Brüssel: 03.03.2008 C/08/50.

Rat der Europäischen Union, 2008b: Entwurf eines Protokolls. 2856. Tagung des Rates Umwelt am 03. März 2008 in Brüssel. Brüssel: 27.05.2008.

Rat der Europäischen Union, 2008c: Mitteilung an die Presse: 2874. Tagung des Rates Umwelt. Luxemburg: 05.06.2008 C/08/149.